제2언어로서의

영어 습득의 이론과 실제

제2언어로서의

영어 습득의 이론과 실제

박 혜 숙 지음

한국문화사

머리말

영어습득에 대하여 진지한 공부를 시작한지 꽤 오랜 시간이 지났다. 강산이 거의 세 번이나 바뀌는 긴 시간에도 불구하고 아직도 이 분야에 대한 나의 지식은 부족하기만 한 것 같다. 아마도 그렇기에 이제서 부족하나마 이 책을 출판하게 된 것이 아닌가 한다. 사실 이 책은 주위 동료 학자들의 활기찬 학문 활동이 자극제가 되어 시작하게 되었다. 1980년대 중반부터 영어습득, 특히나 제2언어로서의 영어습득을 공부하였건만 이 분야를 소개하는 작은 책자도 발표하지 못한 나 자신을 다소 책망하면서 원고를 한 장씩 작성하였다.

모국어가 아닌 다른 언어의 학습에 대한 관심은 아마도 인류의 시작과 함께 나타났을 것이다. 그리고 실제로 고대 시대부터 외국어 학습과 교수는 실용적 목적이나 학문적 목적으로 동서양 모든 사람들의 관심사였다. 오늘날 과학의 발달로 사람들 간의 지리적 거리는 이제 더 이상 장애물이 아닌 21세기에 우리는 살고 있고 서로 다른 언어와 문화권 간의 만남이 어느 때 보다도 자연스럽게 그리고 빠르게 이루어지고 있다. 그 결과 자연스럽게 거의 모든 사람들이 외국어 학습과 교육에 대해서는 개인적인 의견과 학습비법을 말할 수 있을 지도 모른다. 그럼에도 불구하고 이 분야를 좀 더 진지한 시선으로 살펴본다면 '언어가 어떻게 습득/학습되는가'의 문제가 얼마나 풀기 어려운 문제인지 알게 될 것이다.

이 책은 바로 이러한 일견 쉽게 보이지만 결코 '풀기 어려운 복잡한 문제'인 제2언어 습득을 영어를 중심으로 소개하고 독자의 이해를 돕기 위하여 계획되었다. 영어 습득에 관심을 가진 학부학생과 대학원생들이 이 분야를 보다 쉽게 접근할 수 있도록 하고, 특히 모국어 이후에 배우게 되는 영어 습득과 관련된 다양한 여러 양상들을 쉽게 소개하고 설명하는 것을 목표로 하였다.

제2언어 습득분야는 다학문적multidisciplinary 성격의 학문분야이다. 가장 두드러지게는 언어학, 심리학, 교육학적 이론이 이 분야에 가장 많이 적용되어 연구되고 있다. 역사적으로 구조주의 언어학과 행동주의 심리학은 이 분야의 가장 전통적인 이론을 형성하고 있다. 다학문적인 성격을 갖춘 학문이기에 다양한 접근과 연구방법으로 제2언어 습득과정이 연구되고 설명되어 풍성한 학문분야를 구성한다는 장점이 있다. 그러나 경우에 따라서는 그러한 이유로 이 학문분야가 다소 혼돈스럽게 느껴질 수도 있다. 이 책에서는 이러한 이 분야의 특성을 반영하여 제2언어 습득의 다양한 이론을 제시하면서 가능한 그 내용을 쉽게 소개하고자 하였다.

희망하기는 이 책을 통하여 영어 습득에 관심을 가진 독자가 지적 자극과 도전을 받거나, 새로운 아이디어를 얻거나, 영어 습득과 교육 분야에 집중하고 헌신할 수 있는 계기를 얻을 수 있기를 진정으로 바란다.

이 책이 나오기까지 많은 분들이 도움을 주었다. 먼저 이 책을 출판할 수 있도록 실질적 도움을 주신 한국문화사 사장님을 비롯한 관계자 분들, 그리고 원고교정의 지루한 과정을 함께 애써준 이은하 편집담당자에게 진심으로 고마운 마음을 전한다. 또한 든든한 버팀목이 되어 내가 이 책을 마무리할 수 있도록 지속적인 후원을 아끼지 않은 가족에게 깊은 사랑의 마음을 전한다. 그리고 무엇보다도 군산대학교의 학부 학생들과 대학원생들을 가르치면서 나는 이 책을 완성할 수 있는 용기와 힘을 얻었다. 우리 소중한 학생들이 없었더라면 이 책은 아마도 탄생하지 못하였을 것이다. 우리 학생들에게 깊은 사랑과 고마운 마음을 듬뿍 전하고 싶다.

작은 동산을 바라보는
연구실에서
박 혜 숙

|차|례|

제1장

들어가며

1. 제2언어 습득

제2언어 습득second language acquisition은 20세기 후반에서부터 체계적으로 연구가 이루어진 비교적 최근의 학문 분야이다. '제2언어'라 함은 언어 학습자가 모국어 이후에 배우는 모든 언어를 가리키는 용어이다. 경우에 따라서는 '외국어'라는 어휘와 구분되어서 사용되어지기도 하지만, 목표 언어가 사용되는 사회에서 살면서 언어를 자연스럽게 배우는 경우나, 또는 그렇지 않은 사회적 상황, 즉 교실 수업을 통하여 외국어 교과목으로 목표 언어를 배우는 경우 모두를 '제2언어' 습득으로 부르는 것이 일반적이다. 따라서 '제2언어 습득'이란 교실 내에서나 교실 밖에서 모국어native language or mother tongue 이외의 다른 언어를 학습하는 것으로 정의할 수 있다. '제2언어'라는 용어에 '외국어'를 포함시키는 것은 언어 학습자에 따라서 언어학습의 목적이나 환경이 다를지라도 언어를 배워나가는 기저 학습

과정underling learning processes은 보편적이라는 가정에 근거한다.

그렇다면 제2언어 습득은 무엇을 연구하는 분야인가? 가장 간단하게 기술한다면, 제2언어 습득은 제2언어 학습자들이 어떻게 해당 언어를 배워나가는가를 연구하는 학문 분야이다. 학습자들이 제2언어에 대한 제한된 노출을 통하여 어떻게 새로운 언어체계를 만들어 나아가는가를 연구하는 것이다. 오늘날 21세기 글로벌시대에 실제로 수많은 사람들이 제2언어 습득을 경험하고 있으며 어떤 방식 또는 활동이 제2언어를 배우는데 효과적인가에 대해서 개인적 경험을 통한 직관을 갖고 있을 수 있다. 그러나 이러한 우연적인 경험과 상식적 직관만으로는 제2언어 습득(학습)과정을 충분히 체계적으로 기술하고 이해할 수는 없다. 일반적으로 제2언어 습득은 모국어 습득보다 훨씬 더 복잡한 현상을 동반한다. 따라서 다양한 환경속의 학습자들이 새로운 언어의 정보를 어떻게 내재화하며 어떤 내적 메커니즘을 통하여 언어 정보를 처리하고, 저장하고, 인출하는가를 체계적으로 연구하는 분야가 바로 제2언어 습득 분야이다.

제2언어 습득 과정에 대한 일련의 체계적인 주장을 우리는 이론theory이라고 한다. 즉, 이론은 개별적으로 존재하는 사실들을 체계화하여 예측력 있는 통합적 원리들의 집합체로 조직한 것이다. 제2언어 습득을 다루는 이론은 속성이론property theory과 과정이론transition theory으로 구분할 수 있다(Mitchell & Myles, 2004). 속성이론은 제2언어 습득 과정에서 습득되는 언어체계의 본질에 주안점을 두고 그 체계를 모형화하는 것을 목표로 한다. 반면에 과정이론은 언어습득의 변화나 발달 과정, 즉 학습의 특정 단계 또는 특정 언어 양상의 학습 과정 등을 모형화하는 것이 주요 관심 대상이다. 소위 가치 있는 이론들은 상호 협력적으로 만들어지며 체계적인 탐구과정을 거치면서 진화된다. 가설검증hypothesis-testing, 실험연구, 생태학적 절차ecological procedure 등을 통해서 제2언어 습득 과정상에 생성되는 자료가 분석되고 해석되어지면서 이론이 발전을 해 나간다. 그 이론이 어디에 주안점을 두든지 제2언어 습득이론은 그 이론이 담고자 하는 것을 명확하게 설명하고 제시해야 하며, 그 이론을 검증할 수 있는 체계적인 절차를 담고 있어야 한다. 즉, 어떤 방식이든 그 이론을 확인할 수 있어야 이론으로서 가치를 가진다. 또한 제2언어 습득 현상에 대한 기술을 넘어서 그러한 현상이 왜 일어나는가에 대하여 설명할 수 있어야 하고 학습 과정 체계를 제안해야 한다.

Brown(1991)은 식물의 성장 과정에 비유하여 제2언어 습득의 생태학적 모델을 다음과 같이 나타내고 있다(그림 1.1).

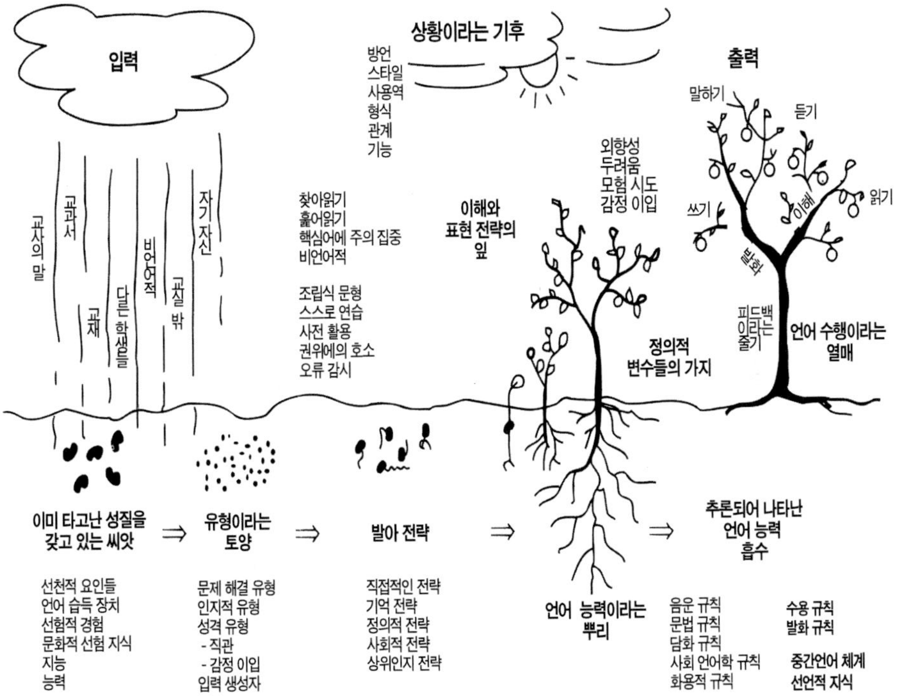

그림 1.1 Brown의 제2언어 습득의 생태학적 모델(Brown, 1991)

식물이 성장하려면 토양 속에 뿌려져 있던 씨앗에 적절한 환경이 조성되어야 한다. 씨앗이 뿌려지는 토양의 상태는 환경에 따라 다양하여 기름진 토양일 수도 있고 그렇지 않은 경우도 있지만, 식물은 이미 자연에 의해서 정해진 프로그램에 따라서 적절한 영양분이 공급된다면 뿌리를 내리고 싹을 틔워서 자라고 열매를 맺게 된다. 이러한 과정을 언어습득에 비유하여 Brown은 위의 그림과 같은 모델을 제시하고 있다. 적절한 비는 토양 속의 씨앗을 자극하듯이 학습 환경에서 교사의 말, 교재, 수업자료와 같은 언어입력은 학습자의 생득적 언어 능력, 경험, 문화적 배경지식의 씨앗에 자극을 준다. 토양은 학습스타일과 같은 학습자 개인적 특성이다. 학습자는 기억전략, 인지전략, 상위인지전략과 같은 다양한 발아 전략germination strategies을 사용하여 언어 습득의 싹을 틔운다. 언어 능력이 발아를 할 때 토양 아래의 뿌리와 같이 능력의 결합체가 형성되고 학습자는 적극적으로 목표어를 이해하고 산출하는 데 참여하면서 언어 능력의 뿌리를 내린다. 이때 외향성, 불안감 등과 같은 학습자의 정의적 특성affective variables은 입력의 흡수intake에 영향을 줄 수 있다. 다른 사람들로 부터의 피드백을 포함하여 다양한 요인들과 작용하면서 학습자는 언어의 문법적, 음운적, 담화적, 화용적 측면을 흡수해 가면서 언어 능력을 축적한다. 축적된 능력으로부터 산출 가지에서 듣기, 말하기, 읽기, 쓰기의 언어 수행의 열매가 만들어진다. 이러한 언어 수행은 많은 상황적 변수contextual variables라는 기후에 의해서 조건화되는 것으로 Brown은 자신의 이론을 모형화하고 있다. Brown의 제2언어 습득 모델은 실증적 연구를 통해서 입증하거나 확인할 수 있는 그런 명료한 도식화를 구체적으로 제시하고 있지는 않다. 그러나 언어습득을 식물의 성장으로 비유한 이 모델은 학습자의 생득적 능력, 학습 환경, 교사의 역할, 언어 산출의 변이성 등과 같은 제2언어 습득의 중요한 특성을 반영하고 있는 모델이다.

다른 한편 <그림 1.2>은 Spolsky(1989)의 제2언어 학습이론의 모델을 나타낸 것이다. 이 모델은 상황문맥적 요인들contextual factors, 학습자 개인차individual learner differences, 학습 기회learning opportunities 그리고 학습 성과learning outcomes의 전반적인 관계에 대한 Spolsky의 이론적 견해를 압축하여 보여주고 있다. 상자안의 변인들은 연구자가 학습에 가장 의미 있는 영향을 미칠 것으로 간주하는 요인이며 상자를 연결하는 화살표는 영향의 방향성을 보여준다.

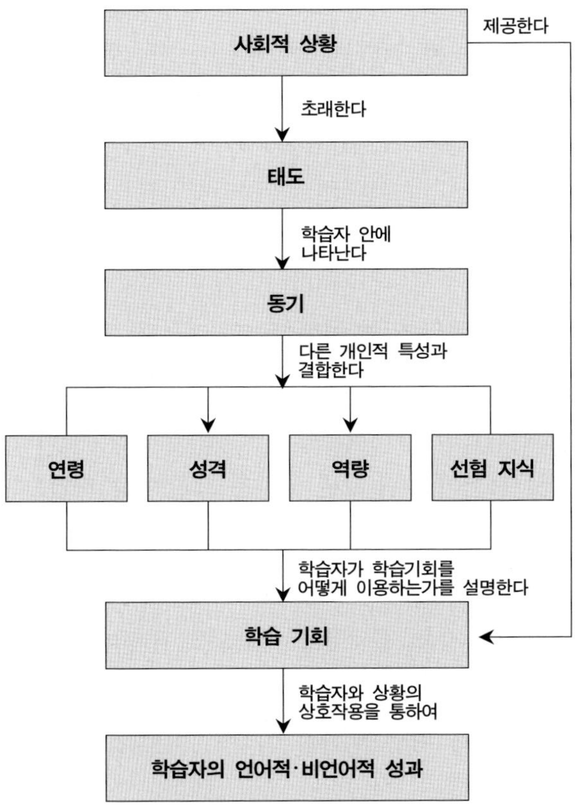

그림 1.2 Spolsky의 제2언어 습득이론 모델(1989)

제2언어 습득과 관련된 여러 변인의 상호관계가 화살표와 함께 설명이 주어져서 변인들이 학습자의 언어 학습의 성공에 어떠한 영향 관계를 미치는가를 파악할 수 있다. 또한 이 모델은 자료수집과 분석을 통하여 이 모델이 제시하는 이론을 확인할 수 있도록 제시되어 있다.

이와 같이 제2언어 습득이론은 이론이 다루는 영역에 대하여 분명하고 명시적인 진술이 체계적인 절차로 제시되어서 현상에 대한 기술뿐만 아니라 그 현상에 대한 설명을 제시할 수 있어야 한다.

이 책의 각 장에서는 학습자, 외부환경, 학습의 결과가 정교하게 상호 연관된 복잡한 언어 습득 과정에 대하여 지금까지 제안된 다양한 이론과 실증 연구를 중심으로 살펴 볼 것이다.

2. 언어 지식

제2언어 습득의 본질을 잘 이해하려면 먼저 제2언어 학습자가 학습하는 언어 지식의 특성을 알아야 한다. 따라서 이 절에서는 인간의 언어 지식에 대하여 간단히 살펴보도록 하자. 일반적으로 태어나서 자연 언어에 정상적으로 노출이 되면 모든 인간은 그 언어를 자연스럽게 습득하여 그 언어에 대한 무의식적 암시적 지식을 가진다. 즉, 원어민 화자들은 자신의 모국어에 대한 무의식적 직관적 언어 지식을 가지며 그 지식을 바탕으로 무한한 문장을 생성해낼 수도 있고 문장이 지니는 다양한 의미를 이해할 수도 있다. 언어 학습자가 습득하는 언어를 이해하기 위하여 언어를 구성하는 각 세부 분야를 간략히 보도록 하자.

(1) 음운 지식

어떤 언어의 원어민 화자는 그 언어의 분절음segmentals(자음과 모음)과 초분절음suprasegmentals(강세와 억양)의 음성학적 특성과 조음법을 알고 있으며, 분절음 또는 초분절음들이 모여서 이루는 음운 단위의 특성과 규칙에 대하여 직관적 지식을 가진다. 즉, 원어민 화자는 그 언어의 음운 체계에 대한 지식을 바탕으로 그 언어에 가능한 소리와 가능하지 않은 소리에 대하여 구분할 수 있다. 예를 들어, 영어 원어민 화자는 'G*oe*the' 라는 단어를 들으면 그 단어의 첫 모음이 영어에 있는 소리가 아니라는 것을 알 것이며, 한국어 원어민 화자는 '*th*ink'의 첫 자음이 한국어 자음 소리가 아니라는 것을 안다. /th/에 해당하는 영어음은 한국어 음체계에는 없으며, 따라서 잘못된 한국어식 영어 발음은 한국어 원어민 화자의 한국어에 대한 무의식적 지식을 반영한다. 원어민 화자는 자신의 모국어의 자음과 모음에 대하여 식별할 수 있을 뿐만 아니라 모국어의 자음과 모음이 어떻게 결합되어야 모국어로 적절한 단어가 만들어질 수 있는가에 대해서도 직관적 지식을 가진다. 예를 들어, 영어 원어민 화자는 'b'와 'r'은 'brain'으로 결합되어 영어단어이지만 'b', 'n'은 '*bnick'으로 영어 단어로 결합될 수 없다는 것을 안다.

또한 영어 원어민 화자는 천천히 말할 때(1a)와 빠르게 말할 때(1b) 어디서 소리를 결합해 발음을 해야 할지 알고 있다. 따라서 영어 원어민 화자는 빠르게 말할 때는 (1b)와 같이 모음 사이의 /t/의 발음을 /d/와 비슷하게 소리 낸다.

1. a. I'm going to write a letter.
   b. I'm gonna wriDa leDer.

더 나아가 영어 원어민 화자는 어떤 경우에 축약contraction을 해야 하고 어떤 경우에는 축약이 안 된다는 것을 알고 있다. 예를 들어, 다음의 예를 보자.

2. a. Who do you want to visit?
   b. Who do you wanna visit?

영어 원어민 화자라면 (2a)를 (2b)와 같이 축약하여 발음을 할 수 있는 경우와 그렇지 않은 경우에 대하여 알고 있다. 'Want'와 'to' 사이에 아무런 흔적trace이 없이 연결된 (3a)의 경우 'want to'는 'wanna'로 축약이 가능하지만 그 사이에 보이지 않는 흔적이 있는 (3b) 경우에는 'want to'는 'wanna'로 축약하여서 발음할 수 없다.

3. a. Who do you wanna visit ______?
   b. Who do you want _t_ to visit?

영어 원어민 화자가 이러한 지식을 가지고 있는가를 알아보기 위하여 아동(이 책에서는 아동의 기준을 2~12세까지 적용한다)을 대상으로 실험을 실시하였다. 아동들에게 배고픈 쥐의 그림을 보여주면서 쥐가 무엇을 먹고 싶어 하는지 물어보도록 하였다. 아동은 다음과 같이 (4a)나 (4b)로 물어 볼 수 있다.

4. a. What do you want to eat?
   b. What do you wanna eat?

실제로 아동들의 85%가 (4b)와 같은 묻는 발화를 만들었다. 이번에는 세 동물이 있는 그림을 보여주고 어떤 사람이 그 중 하나와 산책을 할 수 있다고 알려 주면서 그 사람에게 누구와 산책을 하면 좋을지 물어 보도록 하였다. 이러한 의미를 담고 있는 문장의 구조는 (5a)와 같다.

5. a. Who do you want [t [to take a walk]]?
   b. Who do you want to take a walk?
   c. *Who do you wanna take a walk?

(5a)와 같은 문장의 경우 'want'와 'to take' 사이에 'who'의 흔적이 남겨져 있어서 'want to'는 'wanna'로 발음의 축약이 이루어지지 않는다. 이러한 상황에서 아동들은 대부분 (5b)와 같이 물어보았고 (5c)와 같은 문장을 말한 경우는 10%가 안 되었다. 이러한 실험 결과는 영어 원어민 화자는 'wanna' 축약에 대한 직관적 지식을 아동시기에 습득한다는 증거이다.

---

*는 비문법적인 문장임을 표시함.

(2) 구문 지식

음운 지식knowledge of sounds과 마찬가지로 원어민 화자는 그 언어에 어떤 어순의 문장이 가능한지, 문장 안의 구문 규칙의 특성은 어떠한지에 대한 판단능력을 지닌다. 즉, 자신의 모국어의 구문 체계에 대한 지식을 가진다. 구문 체계는 단어를 어떻게 결합하여 구와 문장을 만드는지 그리고 하나의 문장을 다른 문장으로 변형시키는 규칙들을 포함한다. 문장 안에 요소들이 어떤 순서로 배열될 수 있는지에 대한 지식이 구문 지식 knowledge of sentences이며 우리는 일반적으로 '문법' 지식이라고 말한다. 어떤 언어의 구문 체계에 대한 지식을 가진다는 것은 그 화자가 무한한 새로운 문장을 만들어 낼 수 있으며 문법적인 문장과 비문법적인 문장에 대하여 인식할 수 있다는 것을 의미한다. 어떤 언어의 원어민 화자는 무한한 새로운 문장을 만들어 내고 또한 다른 화자가 만들어 내는 무한한 새로운 문장을 이해할 수 있다. 언어학자 Noam Chomsky는 이러한 인간의 능력을 언어 사용의 창의적인 측면이라고 말하였다. 우리 인간이 한 언어 속에 있는 모든 가능한 문장을 단순히 암기하여 우리의 기억 속에 저장하는 것은 불가능하다. 예를 들어, 영어 화자는 'the poor little pink plastic doll'과 같이 명사의 수식어로서 형용사를 계속 추가할 수 있는 지식이 있으며, 'the girl that Jack met'와 같이 절을 넣어서 무한히 문장을 만들 수 있다. 모든 인간 언어의 화자는 이러한 방법으로 문장의 길이와 복잡성을 늘려갈 수 있으며 이러한 인간 언어 사용의 창의성은 인간 언어의 보편적인 특성이다.

또한 영어 화자는 다음과 같은 문장들에 대하여 영어로 가능한 문장인지 아닌지에 대하여 알 수 있다. 예를 들어, 영어 원어민 화자는 6, 7은 영어문장으로 가능하지만 8, 9는 비문법적인 영어문장이라는 것을 알 것이다.

6. A beautiful vase is on the table.
7. The man whom I met the other day is presenting a lecture on TV.
8. *A beautiful vase table the on is.
9. *Whom I met the other day the man presenting is a lecture on TV.

다른 한편, 영어 원어민 화자는 문장안의 요소들을 이동시키는 것이 문장의 의미에 어떠한 영향을 미치는가에 대하여 내재적 지식을 가진다.

10. Sally often eats cookies.
11. Often Sally eats cookies.
12. Yesterday Sally hit Tom.
13. Yesterday Tom hit Sally.

10와 11의 문장은 'often'의 위치를 변화시켜도 문장의 의미에 영향을 미치지 않지만, 12과 13의 경우 'Sally'와 'Tom'과 같은 명사의 위치가 바꾸어지면 문장의 의미가 완전히 달라진다.

(3) 단어와 의미 지식

영어 화자는 boy가 어떤 의미인지를 알며 또한 boy는 girl, man과는 다른 의미라는 것을 알고 있다. 또한 의미의 차이를 가져오는 최소의 단위인 형태소morpheme의 특성과 형태소들이 모여서 단어를 이룰 때 적용되는 규칙에 대한 지식을 가진다. 형태소는 일반적으로 의존 형태소bound morpheme와 자유 형태소free morpheme로 구분된다. 자유 형태소는 독립된 단어로 존재하는 형태소로 'book, table, cat, danger'과 같은 단어들이다. 반면에, 의존 형태소는 그 자체로 하나의 독립적인 단어가 될 수 없는 형태소로 예를 들어 'books, unclear'와 같은 단어에는 복수의 의미를 가지는 -s와 같은 복수형태소나 부정의 의미를 가진 un과 같은 의존 형태소가 포함된 경우이다. 의존 형태소는 예를 들어, -ness와 같은 의존 형태소는 형용사 'happy'를 명사 'happiness'로 바꾸어 주는 것과 같이 단어의 품사를 변형시킬 수 있다.

원어민 화자들은 접두사prefixes, 접미사suffixes, 삽입사infixes를 이용해서 모국어의 단어를 만드는 방식을 알고 있어서 이를 이용하여 파생 단어를 만들어 낼 수 있다. 이러한 접두사, 접미사, 삽입사는 새로운 단어를 파생시키는데 사용되어지기에 파생 형태소derivational morpheme라고 한다.

파생 형태소와는 달리 기본 단어의 의미에 시제tense, 인칭person, 수number, 격case, 성gender을 나타내어 주는 형태소가 있는데 이를 굴절 형태소inflectional morpheme라 한다. 러시아어, 독일어와 같은 언어는 굴절이 많은 언어인 반면에, 영어는 역사를 거치면서 거의 모든 굴절이 사라지게 되면서 현재에 사용되는 굴절 형태소는 별로 없는 상황이다. 예를 들어, 현재 시제에 3인칭 단수에 대하여 동사에 -s를 붙이며('He likes') 다른 인칭에 대하여는 아무런 굴절 형태소도 사용하지 않는다(I, you, they like). 또한 영어의 경우 인칭 대명사(예, I me, my)와 소유격('It's the *dog's* dish')의 사용에 격case을 나타내는 굴절 형태소가 남아있는 상태이다. 인칭 대명사의 경우에도 영어에서는 어순이 중요하여 'Me saw it'이라는 영어 문장을 들은 영어화자들은 대부분 'me'가 'seeing'을 하였다고 비록 비문법적이지만 가정한다.

또한 영어 원어민 화자는 다음의 두 문장을 들었을 때 첫 번째 문장은 비록 문법적이지는 않지만 유의미한 문장이고 두 번째 문장은 문법적이지만 의미론적으로 유의미하지 않다는 것을 알 것이다.

14. That girl beautiful is my sister.
15. The bachelor is married.

어떤 한 언어의 의미에 대한 지식은 단어의 지시reference에 대한 지식을 포함한다. 지시는 언어적 표현이 가리키는 것이 무엇인가에 대한 것이다. 예를 들어, 다음의 문장을 보자.

16. Washington DC is the capital of the United States.

위의 16 문장에 대하여 영어 원어민 화자는 Washington DC와 the capital of the United States가 하나의 실체를 가리킨다는 것을 알고 있다.

(4) 화용 지식

화용 지식knowledge of pragmatics은 의사소통을 할 때 상대나 상황 등에 맞게 언어를 사용하는 능력이다. 일반적으로 어떤 언어의 원어민 화자는 맥락 안에서 그 언어를 적절하게 사용하는 능력을 가지며 우리는 이것을 화용 능력을 갖추었다고 말한다. 예를 들어, 영어 요청하기request 화행speech acts을 직접성과 공손성에 따라서 유형을 나누면 다음과 같다 (Blum-Kulka, 1987).

표 1.1 요청하기 화행 유형과 예문 (Blum-Kulka, 1987, p. 133)

	유형	예문
직접적	1. Mood derivable imperative	Clean up the kitchen. Move the car.
	2. Performative	*I'm asking you to* move the car.
	3. Hedged performative	*I would like to ask you to* move your car.
↑	4. Obligation statement	*You'll have to* move your car.
	5. Want statement	*I would like you to* clean the kitchen. *I want you to* move your car.
	6.Suggestory formulas	*How about* cleaning up? *Why don't you* come and clean up the mess you made last night?
↓	7. Query preparatory	*Could you* clean up the mess in the kitchen? *Would you mind* moving your car?
간접적	8. Strong hints	You've left the kitchen in a right mess.
	9. Weak hints	We don't want any crowding(as a request to move the car)

위의 표에서 제시하듯이 가장 직접적인 요청 표현은 명령형mood derivable imperative으로 가장 공손하지 않은 유형이다. 반면에 힌트hints전략은 가장 간접적인 요청전략이다. 힌트전략보다는 덜 간접적이면서 가장 공손한 요청 형태는 준비 질문형query preparatory이다.

따라서 영어 원어민 화자는 'Would you mind opening the door, please?'와 'You! Open the door'가 모두 창문을 열라는 뜻이지만 맥락에 따라서 위의 문장중의 하나는 적절할 수도 또는 부적절할 수도 있다는 것을 안다. 즉, 영어 화용 지식을 적절히 갖추고 있는 화자는 상대방에게 공손하게 요청을 할 필요가 있는 상황에서는 'Would you mind opening the door, please?'가 적절한 표현이며 상대방에게 직설적으로 지시하듯 명령을 해도 되는 상황에서는 'You! Open the door'가 맥락에 맞는 영어 표현이라는 것을 안다.

3. 의사소통능력

우리는 앞에서 제2언어 학습자가 학습하는 언어 지식에 대하여 살펴보았다. 그러나 언어 화자가 다른 사람과 대화를 나눌 때 위에서 살펴본 언어 지식만으로 성공적인 언어활동을 할 수 있을까? 우리가 실제 상황에서 성공적인 언어생활을 하기 위해서는 언어적 지식을 가리키는 언어능력만으로는 충분하지 않으며 보다 넓은 의미의 능력이 필요하다. 즉, 언어 화자는 실제적 상황에서 적절하고 합당하게 의사소통을 이끌어 나갈 수 있는 능력이 필요하며 이것을 의사소통능력communicative competence이라고 한다. Chomsky의 언어능력linguistic competence이 이상적인 청자와 화자의 순수한 언어 지식을 다루고 있는 반면에 의사소통능력은 인간의 보다 실제적 언어 사용 능력을 개념화하기 위해 Hymes(1972)가 처음 사용한 용어이다. 이러한 개념의 의사소통능력을 구성하는 요소들로 Canale과 Swain(1980)은 다음의 네 가지 구성성분을 주장하였다.

- 문법적 능력grammatical competence
- 담화 능력discourse competence
- 사회언어학적 능력sociolinguistic competence
- 전략적 능력strategic competence

문법적 능력은 어휘, 문법, 발음, 단어형성 등과 같은 언어적 지식에 대한 것이다. 담화 능력은 문장이상의 수준에서 형식의 응집력cohesion과 사고의 일관성coherence을 얻기 위해 메시지를 결합하는 능력이다. 사회언어학적 능력은 다양한 사회 맥락에서 적절하게 발화를 사용하고 이해하는 능력이다. 전략적 능력은 언어 지식의 한계를 극복하기 위해 취해지는 언어적, 비언어적 소통전략에 대한 지식으로 성공적인 의사소통을 결정짓는 중요한 요소이다. 예를 들어, 모르는 단어를 쉽게 풀어서 다른 말로 하거나 언어 이외에 몸짓, 동작 등을 사용하는 능력이다. Canale과 Swain의 의사소통 구성성분이 보여주듯이 언어 지식은 의사소통능력의 부분을 형성함을 알 수 있다.

Bachman(1990)은 의사소통능력을 다섯 가지 구성성분의 상호작용으로 제시한다. Bachman의 의사소통능력은 언어 능력과 전략적 능력뿐만 아니라 주어진 상황을 이해하고 선험지식을 활용할 수 있는 능력, 구두와 문자 언어의 이해와 표현기술을 내포하는 심리·생리학적 기제psychophysiological mechanism를 포함하는 능력으로 구성된다(그림 1.3).

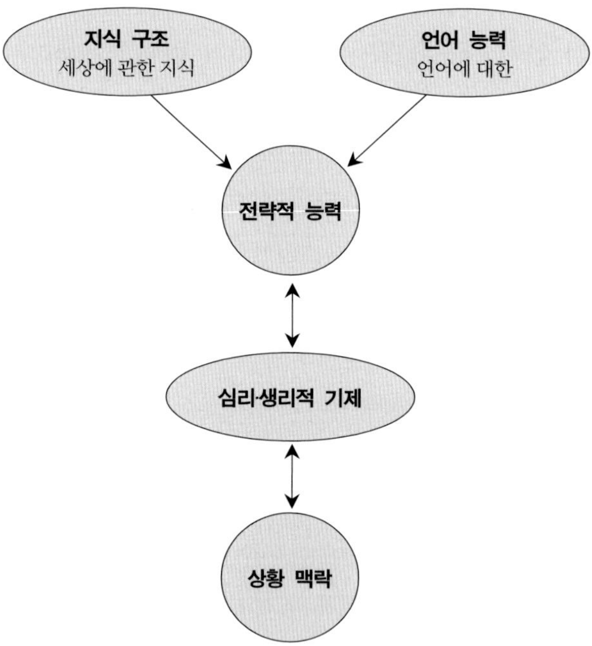

그림 1.3 Bachman의 의사소통적 언어능력

Bachman은 전략적 능력을 통해서 언어적 능력이 실제적 문맥 안에서 적절하게 사용된다는 것을 주장한다. 전략적 능력은 학습자의 언어능력, 세상지식, 그리고 언어가 사용되는 실제적 맥락을 서로 연결하는 포괄적인 능력이다. Bachman의 의사소통능력에서는 전략적 능력의 중요성이 부각되고 있으며 상황맥락 속에서 언어능력과 언어수행을 설명하고자 한다.

이와 같이 의사소통능력은 언어의 구조적, 기능적 지식뿐만 아니라 사회적 상황에서 적절하게 의미를 이해하고 표현하는 능력을 포함하는 것으로 언어 화자가 타인과 원활한 의사소통을 하기 위해서 꼭 필요한 능력이다.

4. 제2언어 학습자 언어 사용의 특성

제2언어 학습자가 제2언어를 안다는 것은 무엇인가? 그 언어의 원어민 화자가 그 언어에 대하여 지니는 지식과 유사한 지식을 가지며 사용한다는 의미이다. 그렇다면 제2언어 학습자는 어떻게 제2언어 지식을 구축하여 사용하는가? 제2언어 습득연구를 통해서 우리는 학습자의 제2언어 지식 체계의 본질은 무엇인지, 어떤 과정으로 그러한 체계에 이르는지, 그리고 왜 일반적으로 제2언어 학습자는 원어민 화자와 동일한 수준에 도달하는데 어려움을 겪는지를 알아내고자 한다.

제2언어 학습자 언어 사용의 중요한 특징은 변이성variability과 함께 체계성systematicity에 있다. 학습자는 언어를 배워 나아가는 과정에서 원어민 화자의 문법체계를 향하여 자신의 문법체계를 구축해 나간다. 이 과정에서 학습자는 특정 발달 단계에서 때로는 목표어에 적합한 언어 형태를 사용하기도 하고 때로는 그렇지 않은 형태를 사용하기도 하면서 목표 언어 사용의 변이성을 보인다. 예를 들어, 다음의 문장들을 보자.

16. a. Yesterday the thief *steal* the suitcase.
    b. Yesterday the thief *stealing* the suitcase.
    c. Yesterday the thief *stole* the suitcase.

16의 문장들은 언어습득의 한 시점에서 동일한 학습자가 산출한 문장들로 정확한 과거시제 형태와 잘못된 과거시제 형태가 동시에 나타나고 있다. 이러한 예들은 성인 원어민 화자와는 다른 제2언어 학습자 언어의 변이성을 잘 보여주는 듯하다. 그렇다면 학습자는 이러한 형태를 자유변이free variation로 사용하는 것인가? 반드시 그렇지는 않다. 임의적이고 변동성이 있어 보이는 학습자의 언어 사용도 그 안에서 체계성을 찾을 수 있다. 예를 들어, 학습자는 언어적 문맥, 상황적 문맥, 심리언어학적 문맥에 따라서 자신의 언어 형태를 변화시키기 때문이다. Ellis의 피험자 Jean은 특정 언어 발달 단계에서 동사의 과거시제 형태를 사용함에 있어서 어떤 동사의 경우(예, 'arrived', 'cried')는 정확한 형태를 사용한 반면에, 어떤 동사의 경우(예, 'whistle', 'escape')는 잘못된 형태를 사용하기도 하였다. 동일한 시기에 학습자는 동사의 과거시제 형태에 대하여 여러 가지 다른 사용을 보여주고 있고 이것은 상당히 임의적인 사용으로 보이기도 한다. 그러나 연구자 Ellis가 좀 더 자세히 이 학습자의 과거시제 형태의 사용을 관찰해 보았을 때 학습자의 과거시제 표시는 동사가 가지고 있는 의미적 속성에 따라서 부분적으로 달라진다는 것을 알 수 있었다. 즉, 학습자는 동사가 사건을 지시하는지, 행동이나 상태를 나타내는지와 같은 언어적 문맥linguistic context에 따라서 과거시제 형태의 사용을 변화시켰다. 얼핏 보기에는 변이적인 특성이지만, 면밀히 살펴보면 그 안에 학습자 문법의 체계를 엿볼 수 있는 경우이다.

또 다른 제2언어 학습자의 언어 사용의 특성을 보여주는 예로 Schmidt의 성인 피험자 Wes의 경우를 보자. 그는 모국어가 일본어인 당시 39세의 예술가였다. Schmidt는 Wes가 하와이에 처음 왔을 때부터 3년 기간 동안 Wes의 언어발달을 연구하였다. Schmidt는 Wes의 영어 지식이 3년에 걸쳐서 어떻게 발전하였는가에 관심을 갖고 조동사 be, 복수형 -s('books'), 3인칭 단수 -s('comes'), 규칙 과거시제('jumped')와 같은 문법형태소에 초점을 두고 조사하였다. Wes는 Schmidt가 연구를 시작할 때 문법 구조에 대한 지식이 거의 없는 상태였다. 3년이 지난 후에도 그는 영어 원어민 화자의 정확도에 훨씬 미치지 못하는 영어 문법지식을 갖고 있었다. '-s' 복수명사를 사용해야 할 곳에 계속해서 '-s'를 생략하였으며 규칙동사의 과거시제를 제대로 사용하지 못하였다. 'All day I'm sitting'에서처럼 진행형 -ing를 잘 사용하기도 하였지만 'So, yesterday I didn't painting'에서와 같이 진행형이 필요하지 않은 경우에도 진행형을 사용하였다. 그러나 Wes는 영어 문법에 대해서는 많은 것을 학습하지 못하였지만 다른 측면에서는 상당한 발전을 보였다. Wes의 영어 사용의 일반적인 특징은 'Hi! How's it?', 'So, what's new?', 'I dunno why', 'Whaddya want?'와 같은 공식화된 발화formulaic utterances 사용이었다. Schmidt는 Wes가 이러한 고정된 표현들을 식별하는데 능숙하고 이러한 표현들을 계속해서 연습하고 있는 것을 주목하였다. 이러한 표현들은 그의 영어 사용 능숙도를 향상시키는데 도움을 주었고 그는 상당히 효과적으로 의사소통을 할 수 있었다. Wes는 영어 문법 지식의 발달은 기대에 미치지 못하였지만 매우 능숙한 대화자가 되었으며 매우 효과적으로 영어를 사용할 수 있었다. 이러한 제2언어 학습자 Wes의 언어 지식은 영어 원어민 화자의 언어 지식과 어떠한 차이가 있는가? 그리고 이러한 Wes의 언어 사용의 특성을 우리는 어떻게 설명할 수 있는가?

제2언어 학습자 언어 지식의 중요한 특징을 나타내는 개념의 하나는 화석화fossilization이다. 일반적으로 화석화란 학습의 중지, 중단을 가리키는 용어이다. 목표어에 노출됨에도 불구하고 목표어에서 벗어난 언어 형태나 규칙이 학습자의 중간언어에 지속적, 영구적으로 나타나는 현상을 언급한다. 화석화와 같은 의미로 보다 중립적으로 사용되는 용어는 안정화stabilization이다. 현재까지 화석화 또는 안정화가 왜 일어나는가에 대하여는 심리언어학적 그리고 사회언어학적 여러 설명이 제안되었지만 여전히 충분한 설명이 이루어지지 못한 상태이다. 우리는 이 책을 통하여 이러한 제2언어 습득의 다양한 궁금증에 대한 실마리를 찾아 볼 수 있다.

5. 용어의 정의

학습자가 제2언어를 배우는 과정과 환경은 다양할 수 있다. 앞서도 언급하였듯이 교실 안에서 보다 형식적, 계획적으로 언어를 배워나가는 경우가 있는가 하면 그 언어가 통용되는 지역사회에 살면서 새로운 언어를 소위 '주어 담듯이' 보다 자연스럽게 특별히 교육받지 않고 언어를 배울 수 있다. 이러한 차이에 주목하여 Krashen과 같은 학자는 의식적, 형식적인 학습learning과 무의식적, 비형식적인 습득acquisition을 구분하여 용어를 다르게 사용할 것을 제안하기도 하였다. 그러나 본 책에서는 특별히 제시하지 않는 경우, 두 용어를 구분하지 않고 상호교환적으로 사용한다.

영어를 배우는 환경에 따라서 English as a Second Language(ESL)와 English as a Foreign Language(EFL)로 구분할 수 있다. ESL은 목표어인 영어가 그 사회의 의사소통 언어로 사용되는 환경으로 교실밖에 나가면 바로 영어를 접할 수 있는 환경에서 영어를 배우는 경우를 가리키며, EFL은 학습하는 언어인 영어가 그 지역사회의 의사소통 언어가 아니면서 주로 교실에서 영어를 배우는 환경을 가리킨다. 본 책에서는 두 언어 학습 환경의 구분이 중요한 의미를 가지는 경우, 두 용어를 구분하여 사용한다.

또한 본 책에서 '제2언어'라 함은 앞서도 언급하였듯이 학습자가 모국어 보다 후에 습득하는 모든 언어를 언급하는 것으로 제1언어와 제2언어의 용어 정의는 다음과 같다(표 1.2).

표 1.2 제1언어와 제2언어의 용어 정의

L1	L2
first language	second language
native language	non-native language
mother language	foreign language
primary language	secondary language

제2장

아동 영어 습득

본 장에서는 특별히 아동의 영어 습득을 중심으로 모국어 습득과 제2언어 습득을 살펴본다. 먼저 아동이 영어를 모국어로 습득하는 과정을 알아보고 다음으로 아동이 영어를 제2언어로 습득하는 경우에 대하여 살펴본다. 또한 아동 영어 습득과 관련하여 가장 관심의 초점이 되고 있는 연령과 언어습득의 문제를 살펴본다.

1. 영어 모국어 습득

우리는 아기의 탄생을 기다리면서 예비 엄마가 태교로 고전음악을 틀어놓고 동화책을 읽어주는 모습을 종종 접하곤 한다. 그렇다면 과연 엄마의 뱃속에 있는 태아는 엄마의 이야기를 듣고 있는 것일까? 태아가 소리를 지각하고 구분할 수 있을까를 알아보기 위하여 DeCasper와 Spence(1986)

는 흥미로운 실험을 하였다. 임신 후반기에 있는 산모에게 태교로 동화책을 읽어주게 한 것이다. 아기가 태어나서 3일이 되었을 때 아기에게 동화이야기를 다시 들려주었고, 놀랍게도 아기는 엄마의 뱃속에서 들었던 동화이야기를 들을 때 젖꼭지를 더 열심히 빠는 반응을 보였다. 그렇다면 아기의 이러한 반응은 어디에서 나온 것일까? DeCasper와 Spence(1986)는 언어의 음악인 '억양'이 아기의 반응에 가장 중요한 요인이라고 밝혔다. 태아는 억양을 지각할 수 있고 이야기 말투에서 나오는 억양 곡선의 특정 정보를 기억하였던 것이다. 이 얼마나 놀라운 일인가? 그렇다면 엄마의 배 안에서 억양을 지각할 수 있는 이 태아가 세상에 태어나서 어떻게 언어를 배워나가는지 그 과정을 살펴보자.

(1) 옹알이 단계

아기가 세상에 태어나서 눈을 맞추고 여러 방향으로 응시를 하기 시작하면서 아기의 의사소통자로서의 여정은 시작된다. 신생아는 인간 언어에서 발견되는 음성 차이에 반응을 나타낸다. 성인들은 한 음소phoneme의 변이음들allophones을 구별하기 어려우나 아기는 비록 모국어에서 음소적 차이가 아닐지라도 언어음의 차이를 구별한다는 것이 실험연구를 통해서 보고되었다. 즉, 한국 성인은 한국어에서 음소로 구분되지 않는 [r], [l]을 구별할 수 없지만 유아는 이들 음을 구별할 수 있다. 그러나 생후 6개월부터 아기는 자신의 모국어에서 음소적이지 않은 음들을 구별하는 능력을 상실하기 시작한다. 한국 유아들은 한국어에서 변별되지 않는 [r], [l]의 차이를 더 이상 구분하여 듣지 못하지만 영어를 모국어로 하는 아기들은 이 능력을 보유한다.

아기가 태어나서 3개월 정도 되었을 때, 음성화vocalization, 다시 말해서 목구멍을 울리는 소리를 내고 주변 사람들의 말에 음성으로 응답을 한다. 태어나서 4~6개월 정도가 되면, 아기는 소위 옹알이babbling이라고 하는 언어와 비슷한 소리를 내기 시작한다. 옹알이는 일반적으로 'bababa, dadada'와 같이 자음-모음이나 모음-자음 연속체로 구성이 된다. 종종 아기의 엄마는 아기가 옹알이를 하면 그것을 예를 들어 '엄마'를 가리키는 단어로 해석하고 흥분하기도 하지만 사실 옹알이는 아직 그 안에 의미를 지닌 언어가 아니며 자음-모음의 소리 연속체로 인간의 언어를 하기 위한 준비단계라고 할 수 있겠다. 옹알이 단계babbling stage에서 단어를 사용하는 단계로 옮겨가는 시기는 언제인가? 옹알이에서 단어 단계로 이동하는 시기는 아기마다 다르며 평균적으로 11개월에서 16개월 사이에 옹알이가 줄어들면서 단어를 사용하게 된다.

영어가 모국어인 아동은 억양을 사용하여 처음 의미를 표현한다. 아기가 문법적 지식을 발달시키기 전에 적절한 강세와 억양곡선을 사용하여 여러 의미를 전달한다. 여러분이 유튜브에 올라있는 쌍둥이 옹알이 대화를 본다면 억양을 이용한 쌍둥이의 훌륭한 의사소통에 감탄할 것이다.

그림 2.1 쌍둥이 옹알이 대화
출처: https://www.youtube.com/watch?feature=player_detailpage&v=_JmA2ClUvUY

인간은 언어적인 의미를 표현하는 데 도움이 되는 단위를 발견하는 성향을 가지고 태어나며 유전학적인 특정 신경발달 단계에서 유아는 자기가 주변에서 접하는 언어입력에 따라 이들 단위를 만들어 나간다는 것이 지금까지 연구된 일반적인 견해이다. 이러한 입장에서 옹알이 단계는 언어습득의 가장 초기단계를 나타내는 것이라고 할 수 있다. 최근의 신경학적 연구는 옹알이가 좌반구의 언어중추와 연결되어 있다는 것을 제시하여 언어습득으로서의 옹알이에 대한 가설을 뒷받침하고 있다.

아기는 태어나서 옹알이 단계를 거친 후에 1년 정도 되면 단어와 제스처를 함께 이용하여 성인과 의사소통을 하게 된다. 예를 들어, 'My car is there'의 의미를 'there'와 같은 서술 발화를 함으로써 전달하며, 팔을 초콜릿으로 뻗으면서 'koko'라고 말하면서 'Give me that chocolate'의 의미를 전달한다.

(2) 발음 발달

영어를 배우는 초기 단계에서 아동의 발음은 처음에는 성인 언어와 정확하게 일치하지 않지만 아동은 점진적으로 모국어의 음운체계를 습득하여 나아간다. 기본적인 모음의 삼각도 /a/, /i/, /u/음은 아주 초기에 이미 확립이 된다. 언어음 중에는 일찍 습득되는 음이 있는가 하면 상대적으로 나중에 습득되는 언어음이 있다. 예를 들어, 아동은 /ta/와 /da/에서 자음간의 차이는 상대적으로 일찍 구분을 하지만 'rabbit'를 'wabbit'로 발음하면서 /ra/와 /wa/의 차이는 상대적으로 늦게 배운다.

영어 자음 중에서 가장 늦게 습득되는 대표적인 자음은 /ð/이다. Menyuk(1971, p. 82, 재인용 박경자, 1984, p. 259)은 언어음 /ð/의 발달 단계를 다음과 같이 들고 있다. 첫 번째 단계는 /ð/가 모든 문맥상에서 영zero로 나타나는 시기로 with, this, that이 wi, is, at로 나타난다. 두 번째 단계는 모든 문맥에서 영이나 /d/로 나타나는 시기이다. 이 시기에는 is(this), at(that), wid(with) 등의 예를 볼 수 있다. 세 번째 단계는 문맥에 따라서 /ð/가 at, dem, bav, this와 같이 영, d, v, ð로 나타나는 시기이다. 이 시기는 대치나 모방을 함으로써 성인 언어보다 더 복잡한 수행으로 나타난다. 마지막으로 네 번째 단계에서 마침내 아동은 적절한 모든 상황에서 /ð/로 발음하게 되는 시기이다.

언어 습득의 초기에 아동이 어려운 언어음을 다른 음으로 대치substitution, 삭제deletion, 단순화simplification, 또는 재배열rearrangement하여 발음하는 것은 일반적인 특징이다.

대치: wabbit for 'rabbit', puddle for 'puzzle', Tenny for Kenny
삭제: nana for 'banana', wi: for 'wheel'
단순화: fis for 'fish', tee for 'tree', bu:n for 'spoon'
재배열: dadaf for 'safta'(할머니 이름)

일반적으로 아동은 먼저 언어음에 대한 지각능력이 발달하고 자신의 언어에 언어음을 정확하게 산출하는 것은 그 후에 이루어진다. 예를 들어, 다음의 경우 아동은 'ice cream'을 정확하게 발음하지는 못하지만 지각은 할 수 있기에 어른이 자신을 모방해서 'ice cweam'이라고 말하자 화를 내고 있다.

성인: Oh, you want ice cweam [ice cream].
아동: No, I want ice cweam, not ice cweam. (Gass, 2013, p. 114)

(3) 어휘 발달

유아는 처음에는 단지 몇 가지 언어음만을 이용하여 'mama, dada, choo-choo'와 같은 반복되는 음절을 만들어낸다. 'tummy, choo-choo'와 같은 부모들의 단순화된 언어입력의 사용이 이러한 현상을 강화한다. 1살 반 쯤 되면 걸음마를 배우는 유아는 모국어의 언어음과 리듬을 창의적으로 사용하기 시작한다. 이것은 부모들이 유아에게 동화이야기를 구연해 주거나 동요를 불러주면서 유아들이 모국어의 언어음 패턴과 리듬에 많이 접하게 되는 것과 관련된다. 오늘날 부모가 모두 직장생활을 하는 경우는 이러한 부모의 역할을 대중매체나 DVD 등이 대신하는 경우도 많이 있다. 일반적으로 2살이 된 유아는 적극적으로 사용하지는 못할 지라도 약 200단어 정도를 인지한다.

유아는 처음에는 최소단어, 즉 하나의 자음과 하나의 모음으로 이루어진 단어를 배우고 그 다음에 여기에 자음을 추가하고 또는 모음의 길이를 변화시켜서 최종적으로 단어를 산출한다. 학교에 들어가기 전 시기에 단어 학습은 빠르게 일어나고 아동의 발음도 꾸준히 향상되어 나간다. 아동의 음운 발달은 초등학교에 입학할 때쯤에는 거의 완성되며 억양이나 강세패턴은 그 후에도 계속 습득이 된다. 개인적인 차이가 있기는 하지만, 일반적으로 12개월이 지나면 유아는 최초의 단어를 말한다. 일반적으로 'mother'를 가리키는 'mama', 'mummy'와 같은 단어가 최초의 단어로 습득되어 산출되지만 꼭 그런 것은 아니다. 유아에 따라서는 'bye', 'juice'와 같은 단어가 최초 단어가 될 수 있다. 아동이 발화하는 대표적인 초기 어휘는 다음과 같다.

표 2.1 대표적인 초기 어휘 (Owens, 1996, p. 246)

juice/dus/	mama	all gone/ɔdɔn/
cookie/titi/	dada	more/mɔ/
baby/bibi/	doggie/dɔdi/	no
bye-bye	kitty /tidi/	up
ball/bɔ/	that/da/	eat
hi	dirty/dɔti/	go/dou/
car/tɔ/	hot	do
water /w^w^/	shoe/su/	milk/m^k/
eye	hat	
nose/nou/		

유아는 일반적으로 한 단어로만 이루어진 말을 하는 단계를 거치는데 이를 일어문 단계holophrastic stage라고 한다. 이 시기 아동은 한 단어로서 여러 가지 의미를 전달한다. 예를 들어, 'down'이라는 말을 하는 경우 자기를 내려놓으라는 말이거나 또는 선반에서 떨어진 장난감을 가리킬 수 도 있다. 'cookie'라는 말을 하는 경우 과자가 먹고 싶다는 표현일 수도 있지만 빈 접시를 보고 과자가 없는 상태를 가리킬 수도 있다.

최초 단어가 산출되고 나서 아기는 완만한 속도로 일주일에 한 단어 정도의 속도로 단어를 습득한다. 대략 50단어에 이르게 되면 단어 학습 속도에 비약적인 발전이 이루어져서 하루에 1~2단어 속도로 단어 습득이 가속화된다. 아동 나이 2~6세 사이는 단어의 비약적인 습득이 이루어지는 시기로 '어휘 스퍼트vocabulary spurt'라고 묘사된다.

단어 학습의 한 전략은 '신속 매핑fast mapping'이다. 이것은 친근한 상황에서 어떤 단어를 듣게 되고 바로 그 단어를 습득하는 경우이다. 다음으로 과소-확장under-extension과 과잉-확장over-extension이 초기 아동 단어 습득의 일반적인 전략이다. 예를 들어, 'bear'는 '인형곰'만을 가리키는 것으로 사용될 수 있으며, 'chicken'은 '오리'까지 가리키는 것으로 사용될 수 있다. 2살쯤 되면 새로운 단어나 어구를 만드는 일이 흔하게 나타난다. 아동은 추론에 근거해서 새로운 방식으로 자신의 생각을 표현하게 된다. 예를 들어, 3~4살 먹은 아동이 달마시안을 'a dog with chicken pox'라고 부르는 것이 그 예이다.

또 다른 단어 학습 전략은 '어휘 대조lexical contrast' 전략이다(Clark, 1990). 아동은 새로운 단어를 학습할 때, 자신이 이미 알고 있는 다른 단어와 그 단어를 대조한다. 이 전략은 초기 단어 학습에 효과적인데 많은 기본 단어들이 겹치지 않고 개별적인 실체를 가리키기 때문이다(예를 들어, 'big', 'small'). 여기에 더하여 약 30개월이 되면 아동은 자기가 알고 있는 것을 근거로 새로운 언어자료를 처리하게 된다. 예를 들어, 의미를 사용하여 구문을 이해하거나 구문이나 맥락을 이용하여 단어 의미를 찾아내게 되는데 이러한 과정을 단서이용해결bootstrapping전략이라고 한다. 단서이용해결전략에는 의미단서이용해결semantic bootstrapping과 구문단서이용해결syntactic bootstrapping이 있다. 아동이 사람과 사물을 하나의 범주로 하였다가 후에 이 범주를 명사로 분석하는 경우는 의미단서이용해결의 경우이다. 다른 한편 아동이 관찰가능한 구문구조를 사용하여 어휘의미를 추론할 수 있는데 이러한 과정을 구문단서이용해결이라고 한다. 단어가 문장에서 어떻게 사용되는 가로부터 단어 의미를 끌어낸다. 예를 들어, 'The cat caught the mouse', 'The cat and the mouse are singing'의 문장을 통해서 아동은 첫 번째 동사는 목적어를 필요로 하는데 두 번째 동사는 그렇지 않다는 것을 알아 낼 수 있다. 첫 번째 문장은 고양이가 쥐에게 무언가를 하고 있다는 것을 함축하는 반면에 두 번째 문장은 고양이와 쥐가 함께 무엇을 하고 있다는 것을 암시한다.

새로운 어휘를 습득한다는 것은 순환적인 과정을 요한다. 아동은 관련

문맥 상황에서 어떤 단어를 듣고 바로 이해할 수 도 있지만 그렇지 않을 수도 있다. 아동이 단어를 스스로 사용할 수 있기 위해서는 무엇보다도 그 단어에 여러 번 접해야 한다. 그리고 아동의 기억력, 인지적 성숙, 성인과의 대화의 양과 질, 개인차 등 다양한 요인들이 아동의 단어 학습에 영향을 미친다. 흥미로운 것은 출생 순서가 단어 학습에 차이를 만들 수 있다. Oshima-Takane, Goods와 Derevensky(1996)에 따르면, 첫째로 태어난 아이는 사물에 이름을 붙이는 언어의 지시적referential 기능에 보다 익숙한 반면에, 나중에 태어난 아이는 부모나 다른 손위 형제가 다른 사람의 행동을 통제하는 언어를 많이 사용하는 것을 듣게 되면서 지시적 기능보다는 언어의 표현적인 기능을 보다 많이 배우게 된다는 것을 보고하였다. 성인과 다른 형제간의 대화를 듣는 것은 언어 발달을 위한 유용한 원천일 수 있다. 부모가 손위 형제에게 말하는 것을 그대로 따라하여 영어권 사회에서 3살 된 아동이 형에게 'Stop making a fuss about everything'이라고 말하는 것은 그리 드문 일은 아니다. 어린 형제는 그런 표현을 듣고 사용할 수 있지만 첫째 아이는 그런 기회를 갖지 못한다.

또한 흥미롭게도 문화에 따라서 부모가 아이와 대화하는 방식과 아이가 새로운 단어를 배우는 방식에 차이가 있다는 연구도 있다. Gopnik와 Choi(1995)의 연구는 영어권 아동과 한국이나 중국의 아동이 단어 사용에서 차이가 있다는 것을 보여준다. 영어권 엄마는 동사보다 명사를 더 많이 사용하는 경향이 있고 이것이 아기의 언어 발달에 반영되어 동사 전에 명사를 배우는 것으로 나타났다. 반면에, 한국과 중국 엄마들은 동사를 더 많이 사용하는 경향이 있으며 따라서 아동의 초기 단어도 명사만큼 동사가 많이 나타나는 경향이 있었다. 또한 영어권 엄마는 아기에게 지시를 하고 질문을 할 때 사물과 활동에 초점을 두는 반면에, 일본 엄마는 아이의 감정과 정서에 초점을 두며, 이것이 아기의 초기 단어

학습에 반영된다는 연구도 있다(Fernald & Morikawa, 1993).

(4) 형태 구조의 발달

대부분의 아동들은 2살쯤 되면 적어도 50개의 단어를 산출하며 이 시기에 단어를 연결하여 'Mommy juice', 'Baby fall dawn'과 같은 문장을 만들기 시작한다. 아동 발화는 관사, 전치사, 문법형태소grammatical morpheme와 같은 기능어function words가 빠져있고 내용어content words로 구성되는 특징을 가지며 그 특징으로 인하여 '전보식 문장telegraphic sentences'이라고 불린다. 전보식 발화는 기능어가 결여되어 있기에 종종 의미가 애매할 수 있고 따라서 아동들은 제스처와 억양을 사용하여 발화의 의미를 확실하게 전달하려고 한다.

영어 문법형태소 습득은 아담, 이브, 사라라는 닉네임을 붙인 세 아동의 영어 습득을 종단적으로longitudinal 연구하여 발표한 Brown(1973)의 연구가 대표적이다. 놀랍게도, 이 연구에서 세 아동은 영어 문법형태소를 동일한 순서로 습득하였다(표 2.2).

표 2.2 Brown 연구의 영어 형태소 목록

- 현재 진행형 -ing (Mommy running)
- 복수형태소 -s (Two books)
- 불규칙과거형태 (Baby went)
- 소유격 -s (Daddy's hat)
- 계사 be (Annie is happy)
- 관사 the, a
- 규칙 과거 -ed (She walked)
- 3인칭 현재 단순과거 -s (She runs)
- 조동사 be (He is coming)

Brown은 연구에서 형태소 목록의 아래에 있는 형태소를 습득한 아동은 반드시 상위에 있는 형태소를 습득한다는 것을 발견하였다. 그러나 상위에 있는 형태소를 습득하였다고 하위에 있는 형태소를 습득하지는 않았다. 이러한 연구결과는 영어 형태소를 습득하는 '발달 순서developmental sequence' 또는 습득 순서acquisition order가 있다는 것을 보여주었다. 그러나 아동들이 모두 동일한 나이에 동일한 속도로 형태소를 습득하지는 않았다. 예를 들어, 이브는 2살 반이 되기 전에 거의 모든 형태소를 습득하였지만 사라와 아담은 3살 반 또는 4살이 되어서도 여전히 형태소를 배워나가고 있었다.

그림 2.2 Wug 테스트의 예

아동의 언어 지식의 발달 과정을 알아내기 위하여 많은 실험들이 계획되어 실시되었는데 그 중에서 가장 많이 알려진 연구는 Jean Berko Gleason의 'wug test'라고 할 수 있다. 이 실험에서는 아동들에게 전혀 새로운 이름의 동물 그림을 보여주거나 이상한 행동을 하는 그림을 보여주었다(그림 2.2).

예를 들어, 아동에게 'Here is a wug. Now there are two of them. There are two ______' 또는 'Here is a man who knows how to bod. Yesterday he did the same thing. Yesterday, he ________'와 같이 말하고 빈 칸에 적절하게 채우도록 하였다. 대부분의 아동들은 'wugs', 'bodded'로 빈 칸을 완성하였다. 이것은 아동이 영어의 복수형 규칙과

과거시제를 만드는 규칙을 알고 있다는 것을 증명해 주는 것으로 아동들은 단어들을 단지 암기하지 않으며 자신들이 형성한 규칙을 처음 듣는 새로운 단어에 적용하면서 언어를 배워나간다는 것을 보여준다.

아동은 또한 문법형태소를 과잉-확장하여 사용하는 단계를 거쳐 나간다. 예를 들어, 불규칙 과거시제형을 사용하는 'go-went'에 규칙 과거형을 확대 적용하여 'goed'와 같이 형태를 사용하는 시기가 나타난다. 아동은 처음에는 'went'를 정확하게 사용할 수 있다. 그러나 규칙 과거형을 학습하고는 '-ed' 형태를 'go'에 적용하여 'goed'를 만들어 사용하는 시기를 거친다. 그 후, 'go'는 불규칙 과거형태를 사용한다는 것을 학습하고 그 결과 다시 'went'를 제대로 사용하게 된다. 따라서 아동들은 동사의 불규칙 과거형태를 세 단계를 거쳐 습득한다.

1단계	2단계	3단계
went	goed	went
saw	seed	saw

1단계에서는 아동은 went나 saw와 같은 올바른 형태를 사용한다. 이 시기에 아동의 문법은 went를 go에, saw를 see에 연관시키지 못한다. 이들 단어들은 별도의 어휘항목으로 취급된다. 2단계에서 아동은 과거시제를 만드는 규칙을 만들어 가면서 go, see는 물론이고 help, play 등 모든 동사에 규칙 과거시제형태소를 붙여서 사용하는 시기이다. 2단계에서 이동은 이러한 규칙에 예외가 있다는 것에 대하여 인지하지 못한다. 3단계에 이르러 아동은 규칙에 예외가 있다는 것을 학습하고 went, saw를 제대로 사용한다. 이러한 과거형태들이 go, see와 관련이 있다는 것을 알면서 사용하게 되는 시기이다.

(5) 구문 구조의 발달

처음에는 한 단어로 된 말을 사용하여 메시지를 전달하다가 생후 2년쯤 되면 아동은 단어를 연결하기 시작한다. 단어의 연결은 처음에는 일어문 단계에서 발화한 단어의 연속으로 나타나며 그 결과 각 단어는 그 자체의 음높이의 변화를 가진다. 그 후 아동은 통사관계와 의미관계를 가지는 실제적인 두 단어로 된 문장을 만들기 시작한다. 다음은 이 단계에서 나타나는 아동의 대표적인 두 단어 발화의 예이다.

big car	no milk
mommy shoe	allgone cookie
more milk	cookie mommy
this bed	daddy eat
bye bye boat	doggie cup

이러한 초기 두 단어 발화는 다양한 의미와 통사관계를 나타낸다. 예를 들어, 'big car'는 형용사+명사로 속성과 실체의 의미적 관계를 나타내며, 'no milk', 'allgone cookie'는 부정(no)+명사의 구조로 비존재 또는 없어짐의 의미를 나타낸다. 아동들은 'more', 'allgone', 'bye bye'와 같은 수식어를 사용한다.

아동이 처음 여러 단어로 된 문장을 사용하는 경우 아래의 예와 같이 관사(a, the)와 같은 기능어나 조동사, 동사의 굴절 등이 빠지거나 일관성 있게 사용되지 않는 경우가 일반적이다.

Cat stand up table.

What that?

He play little tune.

Cathy build house.

Show mommy that.

마치 과거의 전보문이나 오늘날의 문자메시지와 같이 보인다. 그래서 이 시기를 언어발달의 전보문 단계telegraphic stage라고 부른다. 비록 형태소가 결여된 문장들이지만 성인언어에 내재하고 있는 계층적 성분구조와 통사규칙을 가지고 있다는 것이 일반적인 견해이다. 예를 들어, 영어와 같이 비교적 고정된 어순의 언어를 모국어로 배우는 아동은 초기단계부터 SVO를 사용한다. 반면에 자유로운 어순을 가지는 언어의 경우 아동은 격 표시case marker를 빨리 배우며 거의 오류 없이 주어를 주격으로 표시하고 목적어를 대격accusative case으로 표시한다.

아동들은 언어발달 속도가 다르고 말을 하고 단어를 결합하는 연령시기도 다양하기 때문에 실제 나이는 아동 언어발달에 대한 정확한 기준이 되지 않는다. 언어습득 연구자들은 아동이 특정한 시점에서 하는 말의 평균길이를 나타내는 아동의 평균발화길이MLU: mean length of utterance를 아동의 언어발달 상태를 측정하기 위해 사용한다. MLU는 아동이 실제 인식하고 있는 형태소morpheme의 수를 세어서 발화수로 나눈 것이다. MLU가 동일한 아동은 연령은 달라도 비슷한 언어발달의 문법을 가진다.

일반적으로 18~36개월 어린 아동들에게 주어지는 말은 일반적인 성인간의 언어보다 보다 단순하고 문법적이라는 것을 보여준다. Snow (1995)의 미국 중산층 가정에 대한 연구는 부모나 돌봄이는 아동들에게 말할 때 일반 성인들 간의 대화와는 다른 방식으로 대화를 진행해 나간다는 것을 보여준다. 일반적으로 아동에게 주어지는 언어child-directed speech는 보다 느린 속도로, 고음조에, 과장된 두드러진 억양곡선을 가지며, 짧고 단순한 문장유형, 핵심어에 강세를 두며, 반복을 많이 하며 쉽게 풀어 말하는 특징을 가진다. 일반적으로 대화의 화제는 아동의 즉시적 환경을 중심으로 하는 '지금 그리고 여기here and now'와 관련된 것이나 아동의 경험을 중심으로 한다. 성인들은 종종 아동의 발화의 내용을 반복하거나 아동의 발화를 문법적으로 정확한 문장으로 확장하여 다시 던져준다. 다음은 그 예이다.

아동 : Dump truck! Dump truck! Fall! Fall!
성인 : Yes, the dump truck fell down.

4살이 되면 대부분의 아동들은 올바른 어순과 문법형태소를 사용하여 질문을 하고, 명령을 하며, 사건을 보고하고 상상의 이야기를 만들어 낼 수 있다. 일반적으로 4살이 되면 모국어의 기본 구조를 습득하게 된다. 3~4살 아동들은 하루에 3~4 단어씩의 속도로 어휘를 늘려가며 만 4살이 되면 아래의 예와 같이 wh-의문문, 삽입문과 같은 복잡한 언어구조를 말하고 이해한다.

What can I do tomorrow?
I know that Mommy is home.
This is the lion that chased the giraffe.
Look at the train Ursula bought.
It's too early for us to eat.

취학 전의 아동들의 언어 사용은 일상생활의 경험과 아주 밀접하게 연관되어 있으며 탈-문맥화된 방식안에서는 의사소통을 할 수가 없다.

탈-문맥화된 의사소통de-contextualized communication은 청자가 무엇을 원하는가에 대한 인식을 해야 한다. 예를 들어, 3~4살의 아동이 전화로 자신의 잠옷에 대하여 상대방과 대화를 할 때, 아동은 전화 상대방이 자신의 잠옷을 보지 못한다는 것을 인식하지 못하고 따라서 잠옷에 대한 설명을 해 주어야 한다는 것을 이해하지 못한다. Robinson과 Robinson(1983)에 따르면 어린 아이들은 의사소통이 제대로 이루어지지 않을 경우 자동적으로 청자에게 문제가 있다고 생각한다. 이들은 청자-비난listner-blaming에서 화자-비난speaker-blaming으로 변화하게 되는 것은 아동이 지시적 의사소통에서 메시지의 중요성를 이해하면서라고 설명한다. 대부분의 3살 아동은 사물과 장소에 대하여 애매하게 기술을 하며 명확한 메시지를 보내는 능력은 나이가 들면서 발달된다. 나이가 들어가면서 친근하기 않은 다른 사람들이나 바로 눈앞에 보이지 않는 사람들과 보다 의사소통을 잘 할 수 있게 되며 자신이 아는 사람보다는 알지 못하는 사람과 이야기를 나눌 때 보다 충분한 설명을 하게 된다.

언어를 객관적인 대상으로 인식하고 처리하는 능력인 상위언어학적 인식metalinguistic awareness은 취학 전에는 천천히 발달한다. 언어를 하나의 체계로 생각하는 능력은 서서히 생기게 된다. 대부분의 4살 아동은 긴 단어와 긴 사물을 헷갈린다. 예를 들면, 실제 동물의 모양과 길이를 생각해서 단어 'snake'를 긴 단어로 생각한다. 상위언어학적 인식은 상위인지적 인식과 함께 신체적 성숙과 학교교육을 통하여 초등학교 기간 동안에 급속히 발달한다.

1) 부정문 습득

아동은 부정문의 기능을 아주 이른 시기에 배운다. 사물의 부재, 제안의 거절, 또는 어떤 주장을 거부하는 표현으로 부정문을 사용한다. 일반적인 부정문의 습득 단계는 다음과 같다.

1단계: No go. No cookie. No comb hair.
2단계: Daddy no comb hair. Don't touch that!
3단계: I can't do it. He don't want it.
4단계: You didn't have supper. She doesn't want it.
I don't have no more candies.

아동은 처음에는 'no' 단어 하나로 또는 발화의 앞에 'no'를 붙여서 부정문을 표현한다. 다음 단계에서는 아동은 문장에 주어를 넣어서 보다 긴 문장을 발화하게 된다. 부정을 표현하는 단어는 동사의 앞에 위치한다. 거절이나 금지를 표현하기 위해 'don't'가 자주 사용된다. 3단계에 진입해서 아동은 보다 복잡한 문장으로 부정문을 산출한다. 'can't', 'don't'와 같은 부정 형태가 추가되어서 사용된다. 그러나 아동은 이러한 부정 형태를 인칭과 수에 맞추어서 사용하지는 못한다. 4단계에 이르러서 아동은 'be', 'do'와 같은 조동사의 올바른 형태를 사용하여 부정문을 산출하게 된다. 아동의 언어가 상당히 복잡한 체계를 갖추는 시기이지만 여전히 이중부정문('I don't have no more candies')을 산출하기도 한다.

2) 의문문 습득

영어를 습득하는 아동들은 상당히 일관성을 보이며 의문문을 배워 나간다. 일반적으로 wh-의문사는 예측가능한 순서로 나타난다. 'What'이 가장 먼저 사용되는 의문사로 'Whatsat?', 'Whatsit?'과 같은 덩어리표현의 일부로 습득되며 후에 시간이 지나서 아동은 'What is that?'의 형태의 줄임 형태라는 것을 알게 된다. 그 후 'Where's Mommy?', 'Who's that?'과 같이 'where', 'who' 의문사가 나타난다. 아동은 생후 2년이 되면 'why'을 학습하고 많은 질문을 하기 시작한다. 마지막으로 아동은 'how'를 알게 되고 'when'이 아동의 발화에 등장하기 시작한다.

아동의 영어 의문문의 습득 단계를 종합하면 다음과 같다.

1단계: Cookie? Mommy book?
Where's Daddy? What's that?

2단계: You like this? I have some? Why you catch it?

3단계: Can I go? Is that mine?
Is the teddy is tired? Do I can have a cookie?
Why you catched it?

4단계: Are you going to play with me?
Can he eat the cookie?
Do you like ice cream?
Where I can draw them?

5단계: Why can he go out?
Why he can't go out?
I don't know why can't he go out.

6단계: I don't know why he can't go out.

아동은 처음에는 한 단어나 두 단어를 결합하여 상승 억양rising intonation을 붙여서 질문을 한다. 이와 함께 아동은 덩어리표현으로 'Where's daddy?', 'What's that?'과 같은 의문문을 산출한다. 2단계에서 아동은 서술문에 상승 억양을 사용하여 묻는 문장을 산출하는 시기를 가진다. 3단계에서는 점차적으로 아동은 의문문의 특별한 구조를 주목하게 되면서 문장의 앞부분에 'can', 'is', 'do'와 같은 동사나 의문사를 위치시키는 전치 구조fronting를 사용하게 된다. 4단계가 되면 아동은 주어-동사의 위치를 도치하는 의문문 형태를 만들기 시작한다. 그러나 이 시기에는 wh-의문사가 있는 경우 의문사 전치와 주어-동사 도치를 함께 처리하여 의문문을 사용하지는 못한다. 5단계에 이르러서 아동은 wh-의문사와 주어-동사 도치inversion를 올바르게 형성한다. 그러나 부정의문문에 대해서는 여전히 어려움을 가지는 시기이다. 6단계에서 마침내 아동은 부정의문문과 간접의문문을 포함하는 복잡한 의문문 형태를 올바르게 사용할 수 있게 된다. 대부분의 아동은 생후 4년이 되면 위의 의문문 습득 단계를 거쳐서 문법적이고 적절한 의문문을 산출하게 된다.

(6) 초등학교 시절

취학 전 아동들이 모국어와 모국어 사용에 필요한 지식과 기술을 상당 부분 습득하지만, 아동들은 초등학교에 입학하면서 새로운 방식의 언어 사용을 익혀야 하고 이것은 또한 아동에게는 언어발달을 위한 새로운 기회를 제공한다.

아동들은 학교에 들어가지 전에 모국어를 듣고 이해하고 모국어로 자신의 의사를 표현할 수 있는 능력을 발달시킨다. 초등학교에 입학하면서, 이러한 능력은 확장되고 성장하게 된다. 또한 아동들은 정교한 상위언어학적 인식metalinguistic awareness을 발달시킨다. 무엇보다도 글을 읽을 줄 아는 것은 이 부분에 대한 아동들의 발달에 중요한 기여를 한다. 종이 위에 쓰여 있는 단어를 읽음으로써 언어는 형태와 의미를 지닌다는 새로운 이해를 하게 된다. 책을 읽는 것은 단어는 그것이 나타내는 것과 구분된다는 것을 알게 도와준다. 3살 된 아동과는 달리, 글을 읽을 줄 아는 아동은 'house'가 한 단어인 것과 같이 'the'도 한 단어라는 것을 이해할 수 있다. 또한 'caterpillar'가 나타내는 것은 'train'보다 실제적으로 그 길이가 짧지만 'caterpillar'는 'train' 보다 철자가 긴 단어라는 것을 이해한다.

초등학교시기에 아동은 모음교체vowel shifting에 대한 규칙, 성인의 억양과 강세 체계를 습득한다(표 2.3). 예를 들어 다음과 같은 모음의 교체현상을 5세 아동은 이해하지 못하며 초등학교시기를 거치면서 규칙을 이해하고 적용할 수 있게 된다.

표 2.3 모음교체의 예

/ai/-/i/	divine - divinity
	collide - collision
/ei/-/æ/	explain - explanation
	sane - sanity
/i:/-/e/	serene - serenity
	obscene - obscenity

영어는 두 개의 어휘가 구를 형성하느냐 아니면 복합어를 형성하느냐에 따라서 강세가 달라진다. 예를 들어, 'green house'와 같이 명사구를 형성하는 경우는 'house'에 강세가 오며 'greenhouse'와 같이 복합어가 되면 강세는 'green'에 주어진다. 또한 명사-동사의 쌍 역시 강세가 달라지는데 명사의 경우는 강세가 첫 음절에 오지만 동사의 경우는 강세가 마지막 음절에 오는 것이 일반적이다(표 2.4).

표 2.4 명사-동사의 쌍의 예

명사	동사
présent	presént
cónduct	condúct
récord	recórd
rèport	repórt

이러한 강세 체계는 아동이 12세가 되어서야 습득이 된다(Ingram, 1986).

아동은 5살 정도가 되면 모국어의 일반적인 구문 특질에 대하여 거의 모두 습득하지만 그 후에도 아동들은 보다 정교한 언어 구문의 특질에 대하여 배운다. Carol Chomsky(1969)의 연구는 아동이 5살에서 10살 사이에 중요한 언어발달을 해 나간다는 것을 보여준다. 그녀는 5살 정도까지 습득되는 '기본적인 도구로서의 언어'와 5살에서 10살 사이에 점진적으로 습득되는 '전문화된 구문도구'로서의 복잡한 구문의 언어를 구분하였다. 영어의 복잡한 구문은, 예를 들어, 영어의 수동구문이나 조건구문 등은 중학교 시기까지 지속적으로 천천히 발달이 진행된다.

초등 저학년에서 언어발달의 가장 두드러진 특징은 어휘력의 놀라운 성장이다. 아동들은 수 백 또는 수 천 단어를 이해하고 산출할 수 있는 능력을 지니고 학교에 들어가며 학교생활을 하면서 훨씬 더 많은 단어를 배우게 된다. 학교에서 예를 들어, 'homework', 'ruler', 'workbook'와 같은 단어들은 구어와 문어로 빈번하게 접하게 된다. 교과목의 내용에 따라서 'population', 'latitude'와 같은 단어들이 다루어 질 수 도 있다. 아동이 얼마나 독서를 하느냐에 따라서 어휘력은 일 년에 수백 또는 수천 단어의 비율로 성장한다.

학교를 다니면서 또 다른 중요한 언어발달은 다양한 언어 사용역

language registers에 대한 습득이다. 아동은 문어written language와 구어spoken language가 어떻게 다른지 알게 되며 교장선생님에게 말할 때와 친구와 놀이터에서 하는 말이 다르다는 것, 과학책의 언어와 이야기책의 언어가 다르다는 것을 배우게 된다. 또한 학교를 다니면서 지역 방언regional variety과 표준어standard variety의 차이를 알게 되며 학교에서는 표준어의 사용이 필요하다는 것을 배운다.

1) 수동구문의 습득

영어를 습득하는 아동이 5세에 완전한 수동문을 산출하는 일은 거의 없으며 6, 7세 경에 시작하여 8세가 되면 수동문을 구사할 수 있게 되는 것이 일반적이다. 아동은 완전수동문을 사용하기 전에 다음과 같은 초기 수동문 형태를 발화한다.

It got broken
It was crushed.

초기 수동문은 명사 + be/get + V(-en/-ed) 형태를 취한다. 상태동사인 lost, left, broken 등이 짧은 수동문에 많이 출현하고 후에는 행위동사 killed, hit, crushed가 나타난다. 아동의 수동문 습득 순서는 다음과 같다(박경자, 이희경, 2001, p. 223).

1단계: 가역reversible 수동구문의 사용
The dog was chased by the cat.
The cat was chased by the dog.

명사구 두 가지 중 어느 것도 행위자나 목적이 될 수 있다. 주로 4세 전에 아동들이 많이 사용하는데 어순상의 혼돈을 일으키며 사용한다.

2단계: 도구적인 비가역instrumental nonreversible 수동구문 사용
The door was broken by the ball.
*The ball was broken by the door.

두 개의 명사구가 바뀔 수 없으며 'by + 도구'인 경우이다. 8세 이전에 비가역 수동문이 급증하게 된다.

3단계: 행위자적 비가역agentive nonreversible 수동문 사용
The door was broken by the man.
*The man was broken by the door.

두 개의 명사구가 바뀌어 사용 될 수 없으며 'by + 행위자'인 경우이다. 이러한 행위자격 비가역 수동 구문은 9세에 나타나기 시작한다.

2. 아동 제2언어 습득

(1) 초기 언어습득 단계의 특징

1970년대에 실시된 사례연구들은 어린 아동의 초기 영어 제2언어 발달에 대한 이해를 높여 주었다. 당시의 연구자들은 아동은 공식화된 발화formulaic utterances, 대화전략conversational strategies, 일상생활에 충분한 단순한 코드 등을 만들어서 효과적으로 사용한다는 것을 밝혀 주었다. 대표적으

로 Hakuta(1974a, 1974b, 1976)는 5살 된 자신의 딸이 미국에 11개월 간 체류하면서 영어를 배우는 것을 잘 기술하여 발표하였다. 그는 딸의 초기 영어발화의 두드러진 특징으로 '조립식 상투적 표현prefabricated routines'을 자주 사용한다는 것을 확인하였다. 예를 들어 다음과 같은 발화이다.

> I *gonna* make another baseball.
> What *do you* doing this boy?
> I know *how do you* write this.

60주의 기간 동안 조립식 상투적 표현(gonna, do you, how do you)은 아동의 전체 발화의 50% 이상을 차지하였다. Hakuta의 사례연구는 아동 학습자는 문법구조를 먼저 덩어리로 학습하고 후에 분석한다는 것을 제시하고 있다.

Hakuta(1974b)의 다음 의문문 자료를 보자.

> *How do you* do it?
> *Do you* have coffee?
> *Do you* want this one?
> What *do you* doing, this boy?
> What *do you* do it, this, froggie?
> What *do you* doing?
> *Do you* bought too?
> *Do you* put it?
> **How** *do you* put it?
>
> (Hakuta, 1974b, pp. 293-294)

Hakuta의 딸의 발화에서 'do you'는 덩어리 표현으로 8개월까지 현재와 미래시제에 모두에 사용 되었다. 6개월에서 8개월 사이에 아동의 발화에 'did'가 'Did you call?, did everybody saw. . . ?'에서 나타난다. 이러한 일본 아동의 초기 영어발달 자료를 보면 아동의 제2언어 습득에서 모국어가 직접적인 영향을 미치지 않는 다는 것을 보여 준다. 아동이 일본어의 어순인 주어+목적어+동사의 구조를 영어에 전이하였다면 'That is what. . .?', 'You how like. . . ?'와 같은 의문문이 나타나야 하는데 이러한 형태는 아동의 발화에서 전혀 나타나지 않았다.

본 저자가 미국에 교환교수로 체류하고 있을 당시 5세였던 딸 상아의 발화 자료를 살펴보았을 때 상아의 경우도 Hakuta의 딸과 거의 같은 습득 과정을 보였다. 처음 미국에 도착해서 8개월까지의 의문문 발화자료의 예는 다음과 같았다.

What is it?
Where is pink?
Do you have cherry?
Can I do it one more time?
Is that so?
How do you spell dear?
Where's red go?
Did you go to Jeonju?
Do we need bowl?
Why did you already draw it?

(미출판된 자료로부터)

거의 모든 의문문 발화형태에서 모국어인 한국어의 형태를 반영하는 언어구조는 나타나지 않았다. 처음 미국에 도착해서 2~3개월 동안에는 'what's ~', 'where's ~', 'do you'의 형태가 사용되었다. 그러나 이러한 구조가 미분석화된 단위unanalyzed units로 사용되었다. 6개월이 지나서 상아는 'Can I do it?', 'Is that so?'과 같은 의문문구조를 생산적으로 사용하였다. 8개월쯤 되어서는 'What is ~?', 'Did you ~?'와 같이 의문사 + 도치구조와 시제와 수를 일치시킨 'did, do'가 사용하기 시작하였다. 또한 상아는 초기 영어 습득 단계에서 'I see', 'look at ~', 'I'm done'과 같은 상투적 덩어리표현을 또래와의 대화에서 자주 사용하였다.

5살 된 중국 아동 Paul의 영어발달도 비슷하였다(Wagner-Gough & Hatch, 1975). Paul은 유아원에서 매일 아침 4시간 동안 돌봄을 받으면서 영어에 접하였다. 처음 2달 동안 Paul의 언어는 'Are you ready?', 'I see you', 'very good'과 같은 상투적 덩어리 표현을 포함하였다. 또한 5살 된 이란 아동 Homer의 경우 'What's this?'를 여러 다른 기능에 확장하여 확인(예, this is Elmer), 조언이나 도움(예, What should I do now?)이나 명령(예, stop pushing sand in my tunnel) 등과 같은 상황에서 사용하였다.

이와 같은 아동들의 영어 습득 사례연구는 아동의 초기 언어 발달에 덩어리 표현과 상투적인 공식화된 발화의 역할을 잘 보여주고 있으며 언어 학습자가 초기에 언어를 분석적 단위로 접근하기 보다는 미분석화된 단위unanalyzed units로 접근하여 언어를 발달시켜 나아가면서 분석된 단위인 언어 지식을 갖게 된다는 것을 보여준다.

(2) 창의적 구문형성가설

아동 제2언어 습득의 대표적 연구로 Dulay와 Burt(1973, 1974)는 스페인어와 중국어가 모국어인 아동들의 영어 형태소 습득을 조사하였다.

이들은 이중언어 구문 측정BSM: bilingual syntax measure이라고 하는 표준화된 제2언어 평가방식을 사용하였다. BSM 방식에서는, 예를 들어, 두 개의 집이 있는 그림을 아동에게 보여주며 'What are these?'고 물어본다. 이 때 예상되는 대답은 복수 형태소 /s/가 붙은 'houses'일 것이다. 이러한 방식을 사용하여 모국어가 스페인어인 아동과 중국어인 아동의 영어형태소 습득을 측정한 결과, 두 집단은 비슷한 형태소 습득 순서를 보였다. 아래는 두 집단의 형태소 습득 순서를 그래프로 나타낸 것이다.

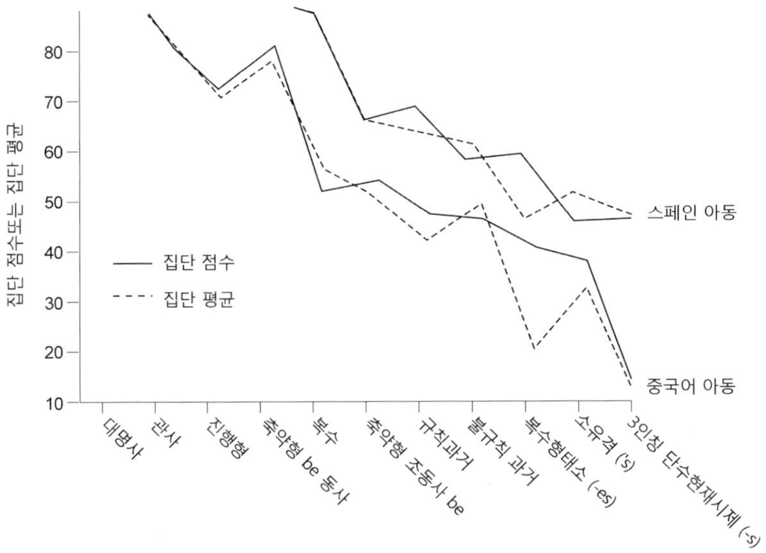

그림 2.3 아동의 영어 형태소 습득 순서

이러한 연구결과를 바탕으로 Dulay와 Burt는 아동의 제2언어 습득은 모국어 습득과 같은 보편적인 처리과정을 통해서 이루어진다는 창의적 구문형성가설creative construction hypothesis을 주장하였다. 이 가설은 제2언어 습득은 모국어 습득과 기본적으로 동일한 과정을 통해서 이루어진다는 것이다. 따라서 창의적 구문형성가설은 L1=L2 가설이라고도 한다.

창의적 구문형성가설의 근거가 되는 첫 번째 언어자료는 제2언어 학습자들의 모국어 배경과는 전혀 관계가 없는 일정한 형태소 습득 연구 결과이다. 영어를 모국어로 습득하는 아동들은 현재진행형 -ing, 복수형 -s, 과거형 -ed, 3인칭 단수 -s, 관사 a/the 등의 형태소를 일정한 순서로 습득하는데 이와 유사한 일정한 습득 순서가 영어를 제2언어로 배우는 학습자들에게서도 관찰된다.

다음으로 언어 발달 단계와 오류의 유형이다. 영어를 모국어로 배우는 아동이나 제2언어로 배우는 학습자는 부정문, 의문문과 같은 영어구문을 습득할 때 유사한 발달 단계를 거친다. 또한 영어를 제2언어로 배우는 아동 학습자들이 만들어 내는 대부분 오류는 영어 모국어 습득에서 나타나는 발달 오류의 유형에 속하였다. 제2언어 습득 초기 단계에서 다음과 같은 오류가 대부분의 학습자 발화에서 나타난다.

> This is mommy chair.
> No the sun shining.
> What the dollie have?
> What pussy Lindi?
>
> (Ellis, 1985)

또한 모국어를 배우는 아동에게서 흔히 나타나는 자주 접하는 표현을 마치 한 단어처럼 인식하여 덩어리로 외워서 사용하는 미분석unanalyzed 언어단위가 제2언어를 습득하는 학습자들의 초기 언어 단계에서도 자주 나타난다.

이러한 증거를 바탕으로 창의적 구문형성가설은 제2언어 학습자는 그들의 모국어배경에 관계없이 언어습득의 보편적 과정들을 공유함으로써 유사한 언어 발달 단계를 거친다고 주장한다. 학습자들의 모국어는 제2언어 습득에 의미 있는 영향을 미치지 않으며 단지 주변적인 역할을 하기 때문에 제2언어 습득 과정에서 나타나는 오류의 대부분은 발달적 오류이며 모든 학습자들은 보편적인 습득 단계를 따른다고 주장한다.

그러나 아동 제2언어 습득의 경우에도 성인의 경우에서처럼 모국어의 전이L1 transfer가 나타난다는 것을 보고하는 연구들이 있다. 예를 들어, Haznedar (1997)는 영어권 환경에서 영어가 상용되는 유아원에서 영어를 배우기 시작한 4세의 터키 아동 Erdem의 영어 습득을 연구하였다. 유아원에 다니기 시작하고 1개월이 지나면서부터 자료를 수집하였다. Haznedar는 자료 분석을 통하여 Erdem은 영어에 자신의 모국어인 터키어의 구조를 전이하여 발화를 산출한다는 것을 보여준다. 또한 Whong-Barr와 Schwartz(2002)는 4~10세 사이의 한국어와 일본어가 모국어인 아동의 영어 습득을 조사하였고 모국어 전이가 아동들의 초기 영어 습득 과정뿐만 아니라 연구기간 내내 아동의 L2 영어 중간언어interlanguage의 중요한 특질이었다고 보고하였다. 이러한 연구들은 아동의 제2언어 습득 과정에 대한 보다 종합적이고 체계적인 접근의 필요성을 제시하고 있다.

3. 결정적 시기가설

(1) 모국어 습득과 결정적 시기가설

언어습득의 결정적 시기가설critical period hypothesis에 따르면 인간은 인생의 특정 시기에 언어를 배워야 하며 이 시기를 넘기면 언어를 자연스럽게 배우기 어렵다. 인간이 정상적으로 언어를 습득하려면 결정적 시기 내에 배워야 하는데 그 이유는 인간은 언어 습득 능력을 유전적으로 타고 나며 이 능력은 뇌의 발달 과정에서 특정 시기가 지나면 소멸하기 때문이다. Lenneberg(1967)는 뇌종양이나 사고로 인하여 언어를 담당하는 뇌 부위를 제거하는 경우 아동은 뇌가 손상되어 제거하더라도 쉽게 언어능력을 회복하는 반면에 성인의 경우는 언어능력을 상실하여 실어증aphasia에 걸리게 되는 사례를 통하여 결정적 시기가설critical period hypothesis을 주장하였다.

결정적 시기가설의 증거로 언급되는 사례로 1799년 프랑스의 숲에서 발견된 12세로 추정되는 늑대소년 Victor가 있다. 이 소년이 발견되어지고 젊은 의사 Jean-Marc-Gaspard Itard는 5년간 헌신적으로 Victor를 돌보았고 언어 교육을 실시하였다. 그러나 안타깝게도 Victor는 자신이 숲에서 들었던 동물 소리, 비 소리, 열매가 깨지는 소리와 같이 숲에서 들었던 소리에만 반응을 하였다. Victor가 생전에 산출하였던 단어는 'O Dieu!(Oh, God!)', 'lait(milk)'가 전부이었다.

최근의 사례로 1970년대 미국 캘리포니아 주에서 발견된 13세의 Genie가 있다. 인간의 언어를 경험하지 못한 채 13년간 어두운 골방에 갇혀서 생활을 하다 발견된 Genie는 신체적, 정신적, 정서적으로 그 나이 또래 수준으로 발달되지 못한 상태이었으며 언어의 경우 어떤 발달도 이루어지지 않은 상태이었다. 세상에 발견된 후에 5년 동안 언어 교육을 받았지만 그녀의 언어수준은 문법형태를 불규칙적으로 사용하고 공식화된formulaic 표현을 과잉 사용하였다. Genie는 다음과 같은 전보식 언어telegraphic speech를 산출하는 수준에서 벗어나지 못하였다.

Genie의 모습

Mike paint.
Genie full stomach.
Want Curtiss play piano.
Genie bad cold live father house.

Victor와 Genie는 결정적 시기가설과 관련하여 흥미로운 사례이다. 그러나 이들은 정상적인 환경에 있었던 아이들이 아니었고 따라서 결정적 시기 이외에 이들의 심리적, 사회적, 인지적, 신체적 발달의 지체나 장애가 이들의 언어습득에 중요한 영향을 미쳤을 수도 있기에 이들의 사례를 결정적 시기가설을 지지하는 확고한 증거로 간주하기는 어렵다.

정상적인 환경에서 어떤 이유에서든 사춘기 시기까지 언어에 노출되지 않은 사례가 존재한다면 결정적 시기가설을 확인하는 보다 좋은 예가 될 수 있다. Chelsea는 이러한 예이다. Chelsea는 태어나면서 청각장애를 가지고 태어났는데 의사가 오진을 하여 정신지체아로 판명을 하였다. 그녀는 가족의 사랑을 받으며 정서적, 신체적인 면에서 정상적으로 성장하였다. Chelsea가 31세가 되었을 때 비로소 그녀는 정신지체아가 아니라 청각장애자라는 것이 밝혀졌다. 이때부터 그녀는 보청기를 사용하여 정상적인 청각 수준에 도달하게 되었고 집중적인 언어훈련을 통하여 어휘가 2000단어 수준까지 도달하였고 2학년 수준의 읽기도 하였다. 그러나 재활 후 12년이 지난 후에도 Chelsea의 언어 능숙도는 다음과 같은 수준을 넘어서지 못하였다.

Banana the eat.
Richard eat peppers hot.
Orange Tim car in.

Combing hair the boy.

The woman is bus the going.

(노경희, 2002, p. 62)

정상적인 가정환경에서 사랑을 받으며 자랐지만 잘못된 의사의 진단으로 다른 아이들처럼 정상적으로 언어에 노출되지 않은 Chelsea의 사례는 언어습득의 결정적 시기를 더욱 강력하게 지지해 주고 있는 것 같다. Genie와 Chelsea는 모두 사회적으로 원활하게 다른 사람들과 교제를 하고 의사소통을 하였지만 언어구사력에 있어서는 전보식 발화를 넘어서지 못하였고 문법을 제대로 사용하지 못하였다는 공통점을 보인다. 또한 Genie와 Chelsea에 대한 두뇌 연구결과도 이들이 자연스런 언어습득을 하지 못한 것을 보여준다. Genie에게 양단청취dichotic listening와 두뇌에서 방출하는 전기신호를 측정하는 방식인 ERP 실험을 실시한 결과 Genie의 언어가 우반구 쪽에서 발달했음이 밝혀졌다. 또한 Chelsea의 경우도 양쪽 반구에서 언어에 대하여 동일한 반응을 나타내면서 정상의 성인 화자에게서 보여지는 두뇌의 비대칭적인 구조를 보이지 않았다. 이들의 사례는 사춘기 시기를 넘어서서 언어에 노출되어 정상적으로 자연스럽게 언어를 습득하기는 어렵다는 것을 지지해 주는 증거로 보여 진다.

(2) 제2언어 습득과 결정적 시기가설

제2언어를 배우는 데에도 모국어 습득과 유사한 결정적 시기가 있을까? 예를 들어, Penfield와 Roberts(1959)은 9살쯤에는 인간의 두뇌가 경직되어서 언어를 자연스럽게 습득할 수 있는 능력을 잃게 되기에 제2언어 습득은 9세 이전에 하는 것이 가장 효과적이라는 것을 제안하였다.

두뇌기능의 점진적 편기화lateralization와 미엘린화myelination의 진행은 두뇌의 유연성plasticity이 상실되는 원인이 된다.

그러나 제2언어 습득과 결정적 시기에 대해서는 여러 상이한 주장과 연구가 발표되고 있으며 따라서 이에 대한 대답은 모국어 습득보다 훨씬 신중함을 요구한다. 먼저 제2언어 학습자는 특정 연령이후에 목표어를 배우는 경우 목표어의 원어민 화자와 같은 수준의 언어 능숙도에 도달할 수 없다는 주장이 있다. 다음으로, 특정 연령 이후에는 학습자가 보다 많은 노력을 기울여야만 성공적인 제2언어 학습을 할 수 있다는 주장이 있다. 그리고 또 다른 주장으로 특정 연령 이후의 제2언어 습득은 그 전과는 질적으로 다르다는 주장이 있다.

최근의 신경학적 연구는 어린 제2언어 학습자와 나이든 제2언어 학습자간의 중요한 차이를 보여준다. Weber-Fox와 Neville(1996, 1999)은 제2언어 학습자의 두뇌패턴을 탐색하였고, 어린 제2언어 학습자와 나이든 제2언어 학습자는 서로 다른 방식으로 제2언어를 처리한다는 것을 발견하였다. Kim 외(1997)도 이중언어 학습자의 두뇌에 두 언어가 어떻게 위치하고 있는가를 MRI 영상기법을 사용하여 조사하였다. 나이가 어린 학습자와 나이가 든 학습자 모두에게 문장생성과제sentence generation task를 주고 그 과제를 수행하는 동안 두뇌활동을 촬영하였다. 나이가 든 학습자의 경우 모국어와 제2언어로 설명을 할 때 브로카영역Broca area의 서로 다른 두 부분에서 활성화가 이루어진 반면에, 나이가 어린 학습자의 경우 활성화되는 영역에 차이가 없었다. 이러한 연구결과는 신경학적으로 어린 학습자와 나이든 학습자간에 언어 처리과정이 다르다는 것을 보여주는 예라고 하겠다.

이러한 다양한 주장에 대하여 검토하기 위하여 제2언어 습득과 결정적 시기와의 관계를 두 측면에서 살펴보도록 하자. 하나는 학습자의 연령과 언어 학습의 속도와의 관계이며, 다른 하나는 과연 제2언어 학습자의 최종 도달점과 연령의 관계이다. 이 두 주제와 관련하여 관련 연구를 중심으로 살펴보도록 하자.

1) 언어 학습 속도

학습자의 나이에 따라서 제2언어를 학습하는 속도에 차이가 있을까? 다양한 연령대의 집단을 대상으로 언어발달 속도를 비교한 대표적인 연구는 네덜란드에서 이루어진 Snow와 Hognagel-Höhle의 연구이다.

Snow와 Hofnagel-Höhle(1978a)는 69명의 어린 아동에서부터 성인에 이르는 다양한 연령의 영어 원어민 화자를 대상으로 언어평가 과제를 실시하는 첫 연구를 시작하였다. 연구시점에서 피험자들은 네덜란드에 1년 동안 거주한 경우와 단지 3개월 정도가 전부인 참가자들이었다. 1년 동안 네덜란드에 거주한 피험자들 집단은 1회의 평가를 실시하였고, 3개월인 집단은 1년 동안 4개월 간격으로 3회의 평가를 실시하였다. 피험자들의 발음, 청각 구분 능력, 형태, 어휘, 문장반복, 그리고 번역을 포함하는 여러 가지 평가가 실시되었다. 이 연구에서 사용한 평가과제가 추상적, 명시적 지식을 많이 요하였기 때문에 나이든 학습자에게 유리한 측면이 있었다는 것을 고려해야 한다. 연구결과 처음에는 성인과 청소년 초보 학습자들이 모든 능력에서 어린 초보학습자를 능가하였다. 음운·음성적 측면과 관련된 평가에서만 어린학습자와 나이든 학습자간에 의미 있는 차이가 나타나지 않았다. 그런데 성인과 청소년 초보학습자의 우수함은 1년이 되면서 사라지기 시작하였다.

Snow와 Hofnage-Höhle(1978b, 1982)는 후속연구에서 네덜란드에 거주한지 6개월 미만의 51명의 초보학습자들을 대상으로 3회 평가를 하였고 18개월 이상의 30명의 고급학습자는 1회만의 평가를 실시하였다. 이번 연구에서는 이야기 이해story comprehension와 이야기말하기storytelling를 포함하여 첫 연구에서 보다 더 다양한 평가과제를 실시하였다. 1회 평가에서는 초보자들 간에 연령에 따른 차이가 두드러지게 나타났다. 발음평가의 모방조건을 제외하고 모든 평가에서 청소년과 성인 피험자들이 어린 피험자들을 능가하였다. 나이든 학습자들은 특히나 구문, 형태, 상위언어적 능력의 규칙습득과 관련된 부분에서 어린 학습자들을 크게 능가하였다. 그러나 나이에 따른 차이는 발음, 청각적 구별, 이야기 이해, 자발적 유창성 평가에서 일찍 없어졌으며 형태와 문장 번역 평가에서는 나이에 따른 차이가 늦게까지 지속되었다.

발음과 구어 유창성을 제외하고는 나이든 학습자들이 어린 학습자들보다 분명한 우위를 차지한다는 것이 많은 연구에서 보고되었다(Cummins, 1983; Harley, 1986; Turnbull et al., 1998). 전반적으로 나이든 학습자들은 초기 언어 학습에서 빠른 속도의 발전을 보이며 평가과제에서 어린 학습자들보다 잘 수행하는 결과를 보인다. 초기 언어 학습에서 성인이 유리하다는 것을 확인하기 위하여 Aoyama 외(2008)는 캐나다에서 영어를 배우는 일본어화자 성인과 아동의 영어 발음을 측정하여 비교하였다. 평균 연령이 10세인 아동 16명과 평균 연령이 40세인 성인 16명이 대상이었다. 성인들은 모두 11~13세 사이에 일본에서 영어를 배우기 시작하였지만 아동들의 경우 캐나다에 오기 전에는 영어를 전혀 알지 못한 상태였다. 연구참가자들은 18개월의 기간 동안 3회에 걸쳐서 26개의 자주 사용되는 영어단어를 산출하는 검사를 받았다. 실험결과 성인 발음의 이해가능성 점수가 더 높게 나타났지만 아동들은 1회와 2회 검사기간 사이에 발음이 향상되었고, 그 결과 마지막에는 성인과 아동의 차이가 보이지 않았다. 하지만 모든 점수에서 원어민 화자 보다는 훨씬 낮은 점수를 보였다. 아동의 발음이 성인보다 빠르게 향상되었지만 18개월이라는 기간은 아동이 외국 말투foreign accent를 없애기에는 부족한 시간이라는 것을 보여준다.

지금까지의 연구들은 자연스러운 상황에서 나이든 학습자가 어린 학습자 보다 초기 언어 학습에 유리하지만 시간이 갈수록 어린 학습자가 나이든 학습자를 따라잡는다는 것을 보여준다. 그렇다면 교실에서 교과목으로 제2언어를 배우는 경우는 어떠할까? 이 경우에도 나이든 학습자가 초기에 더 빨리 언어를 향상시킬 수 있을까?

1960년대 잉글랜드와 웨일즈 지방에서는 초등학교에 불어교육이 도입하였고 이 교육 프로그램을 평가하는 Burstall 보고서(Burstall et al., 1974)는 흥미로운 결과를 발표하였다. 연구자들은 불어를 8살부터 배우기 시작한 실험집단과 11살에 시작한 통제집단을 2회에 걸쳐서 비교하였다. 1차 평가에서 실험집단의 학생들은 말하기와 듣기에서 통제집단의 학생들 보다 우수하였지만, 읽기와 쓰기의 경우에는 통제집단이 실험집단과 동일하거나 높은 점수를 보였다. 3년이 지나서 동일한 학생들을 다시 평가하였는데 실험집단의 학생들이 높은 점수를 받은 것은 단지 듣기 평가에서 만이었고 나머지 평가에서는 차이가 없었다. 이 보고서는 교실수업 상황에서 조기 외국어학습은 그렇게 효과적이지 않다는 것을 보여주고 있다.

보다 대규모 연구로는 스페인에서 이루어진 Barcelona Age Factor 프로젝트(1995-2002)가 있다. 스페인에서 영어를 배우는 다양한 연령대의 2000명이 넘는 학습자들을 대상으로 자료를 수집하였다. 8살에 영어를 시작한 학습자와 11살에 시작한 학습자들의 말하기, 듣기, 읽기, 쓰기를 평가하였다. 몇몇 측정은 구두 면접, 역할극과 같은 의미에 중점을 둔 평가였다. 평가 결과, 늦게 시작한 학습자들이 8살에 일찍 시작한 학습자들보다 모든 면에서 높은 점수를 얻었다. 200시간 후의 첫 번째 평가에서는 두 집단의 차이가 대부분의 평가에서 가까스로 유의미하게 나타났다. 처음의 조금만 차이는 400시간 교육 후에는 유의미한 차이로 나타났으며 700시간 후에는 모든 평가에서 늦게 시작한 학습자들이 더 우수한 점수를 얻는 결과로 나타났다. 아래의 인용문에서 Muñoz(2006)는 인지발달의 차이로 인하여 문법·형태 중심의 교실 수업 상황에서 나이든 학습자들은 유리한 위치에 있으며 반면에 어린 학습자들은 무의식적, 암시적 학습에 유리한데 이러한 암시적 학습은 연습과 함께 상당히 많은 시간의 투자를 통해서 서서히 향상된다는 점을 것을 지적하고 있다.

> In sum, differences in cognitive development play an important role in explaining why older learners in a formal foreign situation are faster and more efficient than younger learners, especially in tests in which the morpho-syntactic component is important. The older learners' superior cognitive development also allows them to take greater advantage of explicit teaching processes in the classroom. In contrast, young learners seem to favour and to be favoured by implicit learning. Implicit learning improves with practice but occurs slowly and requires massive amounts of exposure. (Muñoz, 2006, p. 32)

바르셀로나 프로젝트를 통해 볼 때, 어린 학습자가 세 번째 평가에 이르러서는 몇 가지 측정에서 나이든 학습자를 따라잡는 것이 나타났다. 그러나 외국어 학습상황에서 어린 학습자가 나이든 학습자를 따라잡을 만큼 충분한 언어 접촉 시간을 가진다는 것은 실제적으로 어려운 형편이다. 자연 언어 학습상황과 교실 언어 학습상황의 목표어 노출시간을 비교해보면, 외국어 학습상황에서 어린 아동이 나이든 학습자를 따라 잡는 데는 약 18년이 걸린다는 계산이 나온다(Singleton & Ryan, 2004).

대규모, 장기간의 바르셀로나 프로젝트와는 달리 8년 동안 진행된 크로아티아에서 이루어진 상대적으로 작은 규모의 프로젝트 연구는 어린 아동이 언어습득에서 중요한 이점을 가진다는 것을 보고하였다(Mihaljevic Djigunovic & Vilke, 2000). 이 프로젝트에서는 6~7세의 영어, 불어, 독일어, 이탈리아어와 같은 외국어를 배우는 초등 1학년 학생들 1000을 조사하여 10세에 외국어를 배우기 시작한 집단과 비교하였다. 실험집단의 언어프로그램은 목표어에 대한 집중 노출, 자연스런 내용-기반 학습조건을 제공하였다. 평가는 구두 면접, 교실관찰, 스토리텔링, 그리고 능숙도 평가로 이루어졌다. 어린 학습자들은 음운 측면에서 빠른 발달을 보였으며 다른 언어적 요소도 빠르게 숙달하였으며 학습전략과 의사소통전략의 사용도 보여주었다. 최종 평가에서 어린 학습자들이 나이든 학습자들보다 발음, 철자, 어휘에서 보다 우수하였다는 것이 발견되었고 연구자들은 결론적으로 어린 아동 학습자가 암시적 지식을 측정하는 평가에서 나이든 학습자를 능가하였다고 주장한다. 어린 아동 학습자 집단이 우수한 결과를 얻도록 기여한 가장 중요한 요인은 언어입력의 질과 교수방식, 그리고 평가자체가 보다 자연스러운 형식의 평가였다.

2) 최종 달성도

나이든 학습자가 언어 학습의 초기에는 여러 가지 이유로 더 빠르게 향상하지만, 궁극적으로 종종 어린 학습자는 나이든 학습자를 능가한다. 그렇다면 어린 학습자가 성인보다 언어학습에 유리한 점은 무엇인가? 이러한 의문에 대한 해답을 구하기 위하여 연구자들은 언어 학습의 최종 달성과 학습자의 연령에 중점을 두는 연구를 실시하였다. 일반적으로 이러한 연구는 다양한 연령대의 비-원어민들의 언어수행과 원어민으로 이루어진 통제집단의 언어수행을 비교한다. 목표어 사회에 진입한 시기가 다양한 이민자들을 대상으로 연구가 이루어졌으며 많은 연구가 발음과 문법의 습득을 중심으로 다루고 있다.

① 발음

Oyama(1976, 1978)는 제2언어의 습득에 결정적 시기가 있는가를 확인하는 연구를 실시하였다. 1976년 연구에서는 이탈리아에서 미국으로 6살~20살 사이에 이민을 와서 5~18년을 생활한 60명의 이민자들을 대상으로 하였다. 연구 피험자들에게 45초 동안 발췌한 영어 텍스트를 읽도록 하였으며 또한 피험자들의 무서운 경험담을 자유롭게 말하도록 하였다. 동일한 과제를 원어민 화자 집단에게도 실시하였다. 원어민 화자 집단과 이민자 집단의 모든 언어수행을 녹음을 하여 무작위로 순서를 배열하여 원어민 평가자에게 어느 정도 '원어민' 같은지 표시를 하도록 하였다. '아주 심한 외국말투'에서부터 '전혀 없음'에 이르기까지 5점 척도를 사용하여 두 집단의 언어를 평가하였다. 발음 점수를 분석한 결과, 미국에 거주한 기간에 관계없이 6세에서 10세에 이민 온 피험자들은 원어민 발음과 유사한 평균 1.2~1.4점을 받은 반면에, 16세에서 20세에 미국에 이민 온 피험자들의 경우에는 외국인 말투가 심한 평균 3.5~3.7점을 받았다(표 2.5 참고). 어린 시기에 미국에 온 학습자의 발음은 원어민 발음 범주 내에 들어갔지만 12살이 넘어서 온 영어학습자는 원어민 발음 범주에 들지 못하였다는 것은 미국에 이민 온 시기는 발음에 아주 강력한 영향을 미치는 반면에, 미국에 거주한 기간은 발음에 별로 영향 관계가 없다는 것을 보여주는 결과이다.

표 2.5 영어권 도착 연령과 거주기간에 따른 외국인 말투 (Oyama, 1976)

미국 거주기간	도착 연령		
	6-10세	11-15세	16-20세
12-18년	1.27	2.27	3.72
5-11년	1.37	2.58	3.50

Oyama는 1978년 두 번째 연구에서는 12개의 영어문장을 듣고 따라하는 과제를 실시하였다. 예를 들어 'Shepherds seldom lose their sheep'과 같은 문장을 소음이 섞이도록 녹음하여 4번씩 반복해서 들려주고 따라하도록 하였다. 평가 결과, 11살 이하의 피험자들은 원어민과 같았는데 그 보다 나이가 들어서 온 학습자들은 그렇지 못하였다. 16세 이후에 미국에 온 피험자들의 경우 아주 두드러지게 뒤떨어지는 수행을 보였다. 이러한 연구결과는 원어민과 같은 영어발음과 문장이해능력의 습득에는 영어권 사회에 진입한 시기가 중요하며 그 사회에 얼마나 거주하였는가는 별로 영향을 미치지 않는다는 것을 보여준다.

어린 아동일수록 원어민 화자와 같은 발음과 악센트를 가진다는 것은 거의 부정할 수 없는 사실이지만 나이든 학습자들도 노력을 통하여 원어민과 같은, 거의 원어민 수준의 발음과 악센트를 숙달할 수 있다는 증거도 상당하다. 이와 관련된 흥미로운 연구가 네덜란드에서 실시되었다 (Bongaerts, 1999). 연구의 대상은 고등학교에서 일주일에 2시간씩 비-원어민 화자 교사로부터 교육을 받은 성인 학습자들이었다. 이들은 고등학교를 졸업하고 대학에서 영어를 전공하였으며 1년 동안 영국에 어학연수를 다녀온 사람들이었다. 이들 연구 참가자들에게 영어로 된 텍스트, 문장, 단어를 소리 내어 읽게 하였으며 원어민 화자에게도 동일하게 실시하였다. 평가결과, 놀랍게도, 이들 참가자들 중에 많은 학습자가 원어민 화자보다 높은 점수를 얻었다. 네덜란드어는 영어와 매우 유사한 언어적 특질을 가지기에 성인학습자가 원어민과 같은 발음을 달성하는 것이 쉬울 수 있다는 점을 고려하여 후속 연구에서는 불어학습자들을 대상으로 동일한 연구를 실시하였다. 그 결과 9명의 참가자중에 3명이 원어민 화자 수준으로 평가되었다. 이러한 연구결과에 대하여 연구자는 이들 성인 학습자의 성공적인 발음습득의 원인을 다음과 같이 세 가지로 말하고 있다. 첫째, 이들 참가자들에게는 원어민과 같이 발음해야 하는 것이 아주 중요하였으며 둘째는 이들은 지속적으로 그리고 많은 양의 진짜 영어입력을 꾸준히 접하였으며, 마지막으로 이들은 모국어와 목표어의 발음 차이에 집중해서 발음을 훈련하였다. 이러한 연구 결과는 일반적으로 제2언어의 발음을 잘 습득하기 위해서는 일찍 그 언어에 노출되어 배우는 것이 가장 중요하지만, 그렇다고 나이가 제2언어 발음 학습의 모든 것을 설명하지는 않는 다는 것을 보여준다.

② 문법

연령과 제2언어 습득에 대한 대부분의 연구는 학습자의 발음에 많은 초점을 맞추어 실시되었고, 일반적으로 이들 연구 결과는 나이든 학습자는 거의 모두 '외국인 말투'를 가진다는 결론을 내린다. 그렇다면 발음 이외의 언어의 다른 부분에 대하여 살펴보자.

Patkowski(1980)의 연구는 이러한 궁금증에 대한 답을 제시해 주고 있다. Patkowski는 미국에 이민 온 67명의 이민자들을 대상으로 자료를 수집하였다. 참가자들은 미국에 들어온 연령대가 다양하였으며 적어도 미국에서 5년 이상을 거주한 교양 있는 이민자들이었다. 그는 이들 67명의 참가자들과의 인터뷰를 녹음하고 그 일부를 전사하여 원어민 화자 평가자들에게 등급을 매개도록 하였다. 5첨 척도를 사용하여 전혀 영어답지 않은 경우는 0으로 원어민 화자와 같은 수준으로 파악되는 경우는 5점을 주도록 하였다.

연구결과, 모든 원어민 화자와 15세 이전에 미국에 이민 온 33명의 참가자들 중에 32명이 4+ 또는 5점을 받았다. 사춘기 이전에 온 학습자들의 이러한 동질성은 이 집단의 경우, 제2언어 학습의 성공은 거의 필연적이라는 것을 제시하는 것 같다. 대조적으로, 사춘기 이후에 미국에 온 대부분의 학습자는 3+의 점수를 받았으며 학습자간에 많은 차이가 나타났다 (그림 2.4).

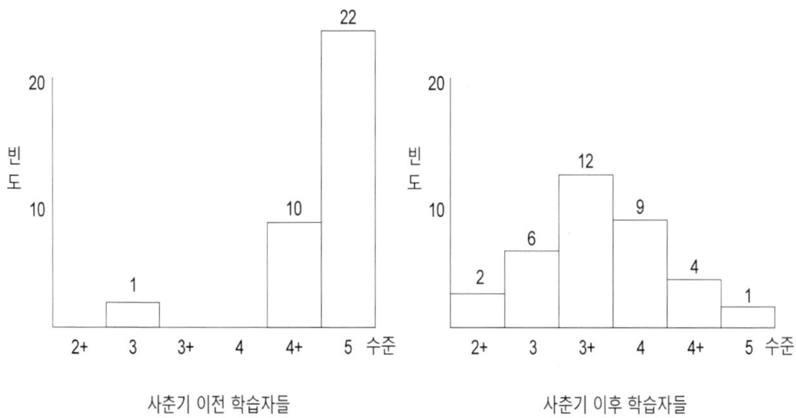

그림 2.4 사춘기 이전 학습자와 이후 학습자의 구어 능숙도 (Patkowski, 1980)

Patkowski는 연령 이외에 다른 요인들과 제2언어 습득의 영향 관계도 살펴보았지만 연령만큼 명확하게 영향을 미치는 것으로 나타나지 않았다. 예를 들어, 미국에 거주한 기간이나 학교교육의 양amount과 제2언어 습득과의 관계를 조사하였지만 나이가 미치는 영향만큼 학습의 성공도를 예견하지는 못하였다. 이러한 결과는 발음을 제외한 구어의 능숙도를 원어민과 같이 숙달하는데 연령은 매우 중요한 요인이라는 것으로 보여준다.

Johnson과 Newport(1989)는 영어를 배우기 시작한 연령이 다양한 46명의 중국어화자와 한국어화자를 대상으로 문법성 판단grammaticality judgement 실험연구를 진행하였다. 참가자들은 모두 대학생이거나 교수였으며 적어도 미국에 3년 동안 살아온 사람들이었다. 23명의 영어 원어민 화자가 비교집단이었다. 참가자들에게 과거시제, 복수형, 현재진행형, 관사, 어순, 의문문 등 영어의 형태와 구문 규칙과 관련된 문장들을 듣고 이들 문장의 문법적 정확성을 판단하도록 하였다. 제시된 문장의 절반은 문법적인 문장이었으며 절반은 비문법적인 문장들로 다음과 같은 문장들을 포함하였다.

The little boy is speaking to a policeman.
*The little boy is speak to a policeman.

Where did she put the book?
*Why did she put the book?

Larry went home after the party.
*Larry went the home after the party.

3~15세 사이에 영어에 노출된 집단과 17~39세에 영어에 노출된 집단으로 나누었는데 미국에 도착한 연령이 평가 점수에 중요한 예측변수로 나타났다. 일찍 미국에 온 학습자들일수록 문법판단과제에서 높은 점수를 얻었으며 늦게 미국에 온 학습자들은 원어민과 같은 언어능력과 수행을 나타내지 못하였으며 학습자간에 편차도 심하였다.

Patkowski의 연구와 Johnson과 Newport의 연구 결과는 언어습득에서 나이의 중요한 영향력을 보여주고 있다. 그러나 최근의 몇 몇 연구들은 나이가 어린 학습자들이 문법습득에 유리하지 만은 않다는 것과 나이뿐만 아니라 학습자의 언어 학습 환경이 중요하다는 것을 제시한다.

보다 최근에 실시된 Jia와 Fuse(2007)의 종단적 연구는 어린 학습자가 문법습득에서 유리하지만은 않다는 것을 보여준다. 이들은 10명의 중국어화자 이민자 아동들의 영어 형태소습득을 조사하였다. 아동들은 5년 동안 영어권 환경에 몰입되어서 생활하였는데도 과거시제 -ed를 80% 숙달한 아동이 없었다. 몰입 환경 5년을 보내었을 때 진행형 -ing 형태소는 모든 학습자들이 숙달하였지만 규칙 과거시제 형태는 아무도 숙달하지 못하였다. 모든 참가자가 5년 동안 영어권 나라에서 살았음에도 불구하고 여전히 다양한 정도의 형태적 오류를 포함하는 영어문장을 산출하였다.

Bialystok과 Hakuta(1999)는 1990년 뉴욕 주의 인구센서스 자료를 토대로 연구를 실시하였다. 참가자들의 모국어 배경, 미국 거주기간, 1990년 당시의 연령, 학교교육의 정도와 자가 보고한self-reported 영어 능숙도를 자료로 분석하였다. 참가자들의 미국거주 기간은 10년으로 고정하여 거주 기간에 따른 변이성을 제거하였다. 중국어화자 25,000명과 스페인어화자 39,000명이 포함된 대규모 연구였다. 분석결과, 언어습득의 성공을 결정하는 특정 연령대가 확인되지 않은 반면에, 학교교육이 참가자들의 능숙도에 긍정적인 관계를 가지는 것으로 파악되었다. 어린 학습자들은 양육적nurturing 환경, 쉽고 간단한 언어입력에 무제한적 접근, 좋은 교육기회와 협력적인 동년배 친구들의 존재와 같은 특별한 사회적 후원을 누리며, 이것이 그들로 하여금 언어를 성공적으로 습득하도록 도와주는 것으로 나타났다.

Jia와 Aaronson(2003)의 연구도 또한 언어습득에서 사회적 경험의 중요성을 보여 준다. 3년 동안 진행된 연구에서 연구자들은 미국에 이민 온 10명의 중국어화자 아동들의 언어발달 진행 상황을 추적하였다. 아동들의 연령은 5~16세 사이였다. 5~9세 사이에 있는 어린 집단과 12~16세 사이인 나이든 집단으로 나누어서 살펴보았다. 연구자료는 아동, 부모들과의 인터뷰, 학교와 가정에서 사용하는 언어, 가정에서의 독서 실태, 그리고 영어와 중국어 대중매체의 접근성에 대한 설문조사에 기반한 것이었다. 자료 분석을 통하여 연구자들은 학습자의 연령대와 언어 사용의 선호 간에 흥미로운 관계가 있다는 것을 제시한다. 어린 아동의 경우 주로 영어로 언어를 스위치하면서 영어가 풍부한 환경에서 영어를 말하는 친구들과 친밀한 관계를 형성하는 반면에, 나이든 학습자는 중국어화자 친구들과 중국어로 상호작용하는 것을 선호하였으며 영어권 환경에 제한된 접근을 하는 것으로 나타났다.

지금까지의 연구들을 종합해 볼 때 제2언어 습득에 연령의 중요성을 강력하게 제시하는 연구결과도 있지만, 나이 이외에 다른 환경적 차이가 언어 습득의 차이를 만든다는 연구결과도 볼 수 있다. 실제로 나이든 성공적인 제2언어 학습자에 대한 사례를 드물지만 접할 수 있는 것이 사실이다. 이것은 성공적인 언어습득은 단지 연령뿐만 아니라 좋은 언어 환경, 교육의 이용가능성 그리고 접근성과도 밀접한 관계가 있다는 것을 알 수 있다. 최적의 환경에서 적절한 연령에 언어를 배우기 시작하는 것을 포함하여 지속적이고 풍부하게 영어에 접하고 연습할 수 있는 기회를 제공해 주며, 높은 동기와 적절한 교육이 이루어졌을 때 언어습득의 성공적 결과가 얻어질 수 있다.

제3장

영어학습자 언어발달

이 장에서는 제2언어 학습자들의 언어 지식의 습득 단계와 발달 과정을 살펴본다. 먼저 Selinker에서 시작된 학습자언어의 개념과 학습자들의 오류에 대하여 살펴본다. 그리고 학습자들의 형태소습득과 과도기적 구문발달을 부정negation, 의문question, 관계절 습득과 시제tense의 습득 과정을 중심으로 살펴보고 또한 제2언어 학습자의 화용능력의 발달과 어휘발달에 대하여 살펴본다.

1. 학습자언어

학습자언어learner language는 제2언어를 배우는 학습자들이 목표어의 언어체계를 향하여 발달해 나가는 과정에서 만들어 내는 언어를 가리키는 용어이다. 학습자언어의 개념은 1970년대에 시작된 것으로 그 이전에는 제2언어 학습자들이 만들어내는 언어는 불완전하고 비문법적인 목표어의 부정확한 형태로 간주되어 그 자체에 고유의 가치를 부여하지 않았다. 제2언어 학습자는 자신의 모국어와 목표어와는 체계적으로 다른 발화를 산출한다는 관찰에서부터 학습자언어의 개념은 시작하였다. Selinker (1972)는 영어학습자가 만들어 내는 언어형태가 모국어와 목표어와는 다르며 구조적으로 두 언어 간의 중간적인 성격을 갖는다는 점을 강조하여 '중간언어interlanguage'라는 용어를 처음 제시하였다. Nemser (1971)는 학습자언어가 목표어에 계속적으로 유사하게 되는 것을 강조하여 '근사체계approximative system'라는 용어를 사용하였으며 Corder(1971)는 학습자언어의 규칙은 그 학습자만의 고유한 특성이라는 점을 시사하는 '개인 특유의 방언idiosyncratic dialect'이라는 용어를 사용하였다. 이러한 중간언어 형성을 그림으로 나타내면 다음과 같다.

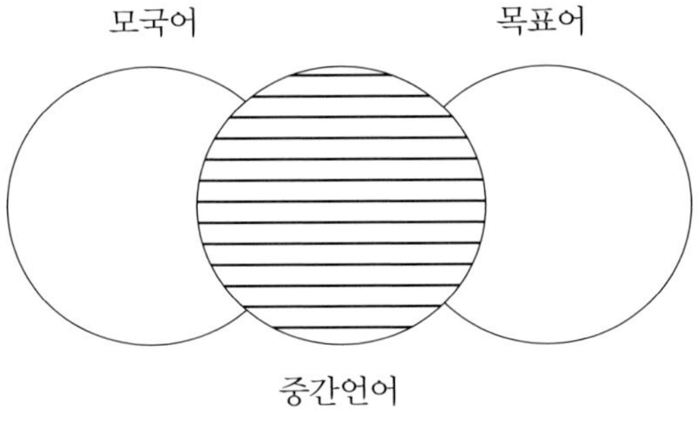

그림 3.1 Selinker의 중간언어 형성 모델 (Hammerly, 1982)

Selinker는 이러한 학습자의 중간언어를 형성하는 중요한 다섯 가지 인지과정으로 1) 모국어 영향에 의한 전이 2) 연습과정에 의한 전이 3) 목표어 규칙의 과잉일반화 4) 학습자료에 대한 접근 전략 5) 의사소통을 위한 전략을 언급하였다.

‘학습자언어’ 개념의 기저에 있는 가정은 학습자의 중간언어는 그의 모국어와 목표어와는 구별되는 고유한 언어 구조를 가지며, 학습자의 중간언어체계는 계속적으로 발전해 나가는 과정에 있으며, 동일한 언어 수준의 학습자들의 중간언어체계는 유사하다는 것이다. 제2언어 학습자의 중간언어체계는 독자적인 언어체계를 가지는 자연 언어이며 자연 언어가 가지는 일반적인 제약을 따른다(Adjemian, 1976).

학습자의 중간언어는 자연 언어와 같은 속성을 가진다는 입장에서 중간언어의 중요한 특질이 조사되었다. 학습자언어의 특질로 먼저 체계성systematicity을 들 수 있다. 학습자언어의 다양성에도 불구하고 그 안에 규칙을 찾는 것은 가능하다. 학습자는 임의적으로 어떤 규칙을 선택하는 것이 아니라 예견할 수 있는 어떤 방식으로 선택하는 것이며 원어민 화자가 내재화된 모국어 지식에 근거하여 발화를 산출하는 것과 동일한 방식으로 자신의 현재의 규칙체계에 근거하여 언어를 수행한다. 학습자의 발화 형태는 학습전략과 언어규칙이 상호작용하여 나온 산물이라는 입장에서 Adjemian은 중간언어의 규칙과 언어체계에 있어서 내적 일관성이 존재한다는 의미에서 체계성을 정의한다.

이러한 체계성과 함께 학습자언어의 중요한 특징은 투과성permeability이다. 투과성은 학습자의 중간언어는 어느 단계에서 학습자의 언어 지식을 구성하는 규칙들이 고정되어 있지 않고 계속적으로 발전해 나가는 지식의 총체라는 의미이다. 따라서 학습자의 중간언어는 계속적으로 변화하며 목표어 언어체계의 새로운 가설을 수용하기 위해서 내적인 체계를 서서히 수정해 나가는 유동적 특징을 가진다.

지금까지의 학습자언어의 특징을 종합하면 학습자는 끊임없이 자신의 과도기적 언어능력을 수정해 나가면서 목표어를 향하여 나아가며, 학습자의 과도기적 언어능력은 그 독자적인 언어체계를 가지고 있으며 그 체계는 예측할 수 있는 어떤 방식을 가진다. 즉, 학습자언어는 목표어의 표준을 향하여 발달해 가는 역동성을 지니며, 또한 학습자들은 언어입력을 접하면서 자신들이 만든 가설을 계속 수정해 나가면서 계속학습자언어체계를 진화시킨다는 것이다.

2. 학습자의 오류

학습자가 발화하는 언어자료는 학습자의 언어 발달 과정을 이해하는 중요한 자료이며 그 중에서도 학습자의 오류는 제2언어 습득 연구에서 학습자의 언어발달패턴이나 발달 과정을 알아낼 수 있는 중요한 단서를 제공한다. Corder가 지적하였듯이. 학습자가 목표어의 체계와는 다른 잘못된 문장을 산출하는 경우, 이때 학습자의 오류는 목표어에 대한 현재의 학습자의 지식상태를 반영하여 보여주는 창문이라고 할 수 있다.

1970년대 개발된 학습자가 만들어내는 오류를 상세하게 기술하는 연구방식을 '오류분석error analysis'이라고 한다. 오류분석의 목적은 오류분석을 통해서 학습자가 목표어에 대하여 현재 알고 있는 이해의 수준을 발견하는 것이다. 학습자의 오류를 분석함으로써 학습자가 제2언어 자료를 어떤 방식으로 처리하는가에 대하여 이해할 수 있다. 학습자의 오류를 분석할 때 '오류error'와 '실수mistake'를 구별해야 한다. 언어수행상에서 일어나는 일시적인 말실수로 학습자가 스스로 자신의 잘못된 부분을 고칠 수 있는 경우는 실수이다. 반면에 학습자가 일관성 있게 반복적으로 잘못된 틀린 형태를 만들어낸다면 이것은 오류로 분류된다. 학습자의 오류를 분석할 때 의미 있게 관찰하고 기술해야 하는 것은 바로 실수가 아닌 오류인 것이다.

학습자의 오류는 크게 언어간 오류interlingual errors와 언어내 오류intralingual errors로 분류할 수 있으며 언어간 오류와 언어내 오류에 포함되지 않는 오류는 학습 환경에 따른 오류로 구분할 수 있다.

(1) 언어간 오류

언어간 오류는 언어습득의 내적과정이나 외적조건과는 관계없이 학습자 모국어의 구조를 반영하는 오류이다. 그러한 이유로 해서 언어간 오류는 간섭interference 또는 전이transfer 오류라고도 한다. 다음은 한국의 초등학생들의 영어작문에서 나타난 오류의 예이다.

Rabbit grass eat.
He looks happily.
My father always comes to home early

첫 문장은 영어를 시작한지 얼마 되지 않은 학생으로 한국어의 어순을 그대로 전이하여 영어문장을 만들었고 그 결과 어순에 오류가 있는 영어문장을 만들어 내었다. 두 번째와 세 번째도 한국 학생들에게서 자주 나타나는 오류 형태이다. 모국어인 한국어를 그대로 전이하여 올바른 영어형태인 'look happy', 'comes home'을 만드는 대신 오류가 있는 문장을 만들어 내고 있다.

언어간 오류로 두드러지게 관찰되는 부분은 발음이다. 한국어와 영어는 음운, 음성 체계가 상이하여 영어 단어와 문장을 발음하는 경우 한국어의 발음 체계를 전이하여 오류가 발생하는 경우가 많다. 영어 단어 *Alaska*의 경우를 보자. 학습자가 우리말식으로 /알래스카/로 발음한다면 잘못된 영어 발음을 하게 된다. 먼저 음절구조이다. 영어 /*A-la-ska*/는 3음절의 단어이다. 그러나 우리말로 /알-래-스-카/는 4음절이 된다. 우리말의 경우 자음과 모음이 하나씩 결합하여 하나의 음절을 구성한다. 그러나 영어의 경우 'strong'에서 볼 수 있듯이 자음이 세 개까지 초성으로 나올 수 있는 언어이다. 즉, 영어 *Alsaka*에서는 s와 k가 한 음절에서 연속적으로 나오는 데 비해 우리말에서는 하나의 자음은 하나의 모음과 연결되는 특성이 있고 이것을 영어에 적용하여 우리말식으로 발음하면 /알래스카/가 된다. 또한 우리말과 다른 영어 발음의 또 다른 중요한 특징은 강세stress이다. 영어는 다음절 단어의 경우 반드시 어느 한 음절에 강세가 와야 하고 강세가 없는 모음은 약화된 /ə/로 발음된다. 영어 단어 Alaska는 제2음절에 강세가 있고 따라서 제2음절은 강하게 발음을 하고 나머지 모음은 약화시켜서 발음을 해야 한다. 그러나 /알래스카/에서는 강세가 없고 강세를 받지 않는 다른 음절의 모음들은 모두 /ㅏ/로 발음되고 있다. 결과적으로 한국의 학습자들은 모국어인 한국어의 영향으로 *Alaska*를 4음절의 강세가 없는 /알래스카/를 발음하는 오류를 범하게 된다.

(2) 언어내 오류

언어내 오류는 학습자가 목표어를 배워나가면서, 학습자의 모국어와는 관계없이, 목표어에 대한 가설을 세우고 적용해 가는 과정에서 자연스럽게 만들어지는 오류로 발달 오류developmental errors라고도 한다. 따라서 이러한 오류들은 목표어를 모국어로 배우는 아동들이 만들어 내는 오류들과 상당히 유사하다. 대표적인 예로 다음과 같은 생략 오류omissions

가 여기에 속한다. L1은 영어 모국어 습득에서 나타난 예이며 L2는 제2 언어로 영어를 습득할 때 발생한 예들이다.

	L1의 예	L2의 예
주어생략	^ want it.	^ play baseball.
	^ no going home	^ no eating that.
동사생략	Kathryn ^ no shoe.	Billy ^ no milk.
	This man ^ not brother.	I ^ sick.
관사생략	^ giant wakes up.	^ car coming.
(the)	^ book drop.	^ cat go there.
조동사생략	How ^ you take it out?	What ^ you wanna eat?
	I ^ not hurt him	^ not go over there.
형태소생략	I have two necklace^.	Those two house^.
	Book drop ^.	He close^ it.
	(dropped.)	(closed)

위의 예에서 볼 수 있듯이 영어를 모국어(L1)로 배우는 아동이나 영어를 제2언어로 배우는(L2) 학습자는 언어습득의 초기단계에 비슷한 생략 오류를 만들어 낸다. 문장의 주요 구성성분인 주어, 동사, 목적어를 생략하는 것에서부터 정관사 'the', 조동사 'do'를 생략하기도 하며 복수 문법형태소 '-es', 과거시제형태소 '-ed' 등을 생략하는 오류들을 만들어 낸다.

생략 오류와는 달리 형태소를 추가함으로써 오류를 만들어내는 경우도 있다. 다음과 같은 예들이다.

L1의 예	L2의 예
Joe doesn't lik*es* it.	Bill doesn't like*s* it carrots.
Fire truck want *a* this.	*a* this/ *a* that
Did I *caught* it?	Did I *did* it?

또한 학습자는 자신이 이미 알고 있는 규칙을 지나치게 일반화하여 적용하지 말아야 하는 경우에도 적용함으로써 과잉일반화overgenralization 오류를 만들어 낸다. 영어를 모국어로 배우는 아동이나 영어를 제2언어로 배우는 학습자 모두는 과거시제형태소 '-ed'의 형태를 불규칙동사에 확장하거나, 'herself'를 과잉일반화하여 재귀대명사 'hisself'를 사용하거나, 소유대명사 'her', 'his'를 사용하는 대신에 '-s' 소유격형태소를 일반화하여 'she's', 'him's'를 사용하는 오류를 만들어 낸다.

L1의 예	L2의 예
falled	I falled. I goed to school.
He's licking hisself.	hisself
she's	That's she's house.
him's	him's

(3) 학습 환경으로 인한 오류

언어 습득 과정상에서 자연스럽게 나타나는 발달 오류에도 속하지 않고 학습자의 모국어를 반영하는 전이 오류로도 분류되지 않는 오류들이 있다. 교실 수업을 통해서 영어를 배우는 경우, 교사의 부정확한 설명, 교재의 잘못된 내용, 과잉 연습으로 인하여 오류가 유도될 수 있다. Stenson(1974)은 학습자의 의도와는 관계없이 외부의 환경적 요인으로 인하여 오류가 발생하기에 이를 '유인된 오류induced errors'라고 하였다. Dulay와 Burt는 발달상의 오류도 아니고 간섭에 의한 오류도 아닌 형태의 오류를 '특이한 오류unique errors'라고 명명하였으며 Brown(2000)은 이를 '학습환경 오류context of learning errors'라고 하였다. 예를 들어 No(2000)의 연구에서 학생들은 그림 내용을 보고 영어로 묘사하는 과제를 수행하면서 'She is swimming' 대신에 'She is going to swimming'이라고 함으로써 오류를 많이 범하였다. 그 원인을 분석한 결과 그 학생들은 실험이 실시되기 일주일 전에 미래시제에 대한 연습을 집중적으로 받았기 때문인 것으로 나타났다. 이러한 경우는 과잉 연습으로 인하여 유도된 오류의 예라고 하겠다.

3. 문법형태소 습득

Brown(1973)의 영어 모국어 습득에 대한 연구는 영어를 제2언어로 습득하는 학습자들에 대한 형태소 습득연구를 촉발시켰다. 다양한 연령과 모국어 배경의 영어 학습자들을 대상으로 이중언어 구문 측정BSM: bilingual syntax measure방식을 이용하여 의무맥락obligatory contexts에서 각 형태소의 사용을 확인하여 점수화하였다. 예를 들어, 'Yesterday I play baseball for two hours'의 발화에서 'yesterday'는 과거시제를 사용해야 하는 의무맥락을 만들며, 'two'는 'hours'에 복수형태소 '-s'의 사용의 의무맥락을 만들고 있다. 각 형태소의 의무맥락을 확인하여 의무맥락의 빈도와 그 문맥에서 형태소가 정확하게 사용된 빈도를 확인하여 정확하게 형태소가 사용된 경우를 의무맥락의 총 수로 나누면 각 형태소의 정확도 점수가 계산된다. 이렇게 해서 산출된 각 형태소의 정확도 점수를 순서화하면 형태소의 정확도 순서가 나오게 되고 이 정확도 순서가 습득순서가 되는 것이다.

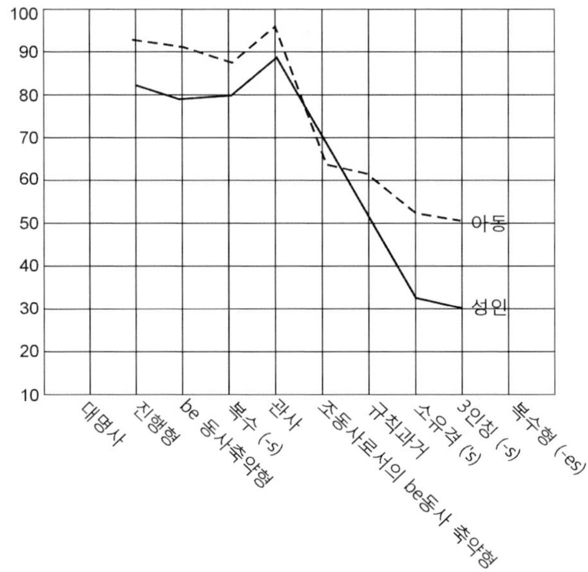

상관계수와 유의수준

	성인
아동	rho - 0.976 (p < .01) (Spearman)

그림 3.2 성인과 아동의 형태소 습득순서 비교

제2언어 학습자들에 대한 영어 형태소 습득 결과가 영어 원어민 화자들의 결과와 완전히 일치하지는 않는다. 그러나 다양한 모국어 배경의 영어 학습자들에 대한 영어 제2언어 습득연구에서도 연구 간에 유사한

형태소 습득순서가 나타났다. 예를 들어, 대부분의 연구에서 소유격 '-s' 보다는 복수형 '-s' 형태소가 높은 정확도를 보였으며 과거시제 '-ed' 보다는 '-ing' 형태소가 높은 정확도를 보였다.

대표적으로 Bailey, Madden과 Krashen(1974)의 성인과 아동 제2언어 학습자들에 대한 비교연구의 결과는 성인과 아동이 비슷한 순서로 문법 형태소를 습득한다는 것을 확인하였다(그림 3.2).

다양한 모국어 배경을 가진 73명의 성인을 대상으로 형태소 습득을 조사하였고 아동과 성인의 영어형태소 습득 간의 상관관계를 조사하여 상관계수값이 .976 ($p<.01$)으로 나타났다. 이러한 결과는 연령에 관계없이 영어 학습자들은 일정한 순서로 영어형태소를 습득해 나간다는 것을 제시하며 형태소 습득순서의 보편성을 보여주는 연구이다.

4. 과도기 구문 발달

영어를 제2언어로 습득하는 학습자들의 영어 구문습득에 대한 연구가 1970년대에 활발하게 이루어졌다(Cazden et al., 1975; Hatch, 1978; Gass, 1979 등). 연구자들은 학습자들의 부정문, 의문문 등의 과도기 구문 transitional constructions 발달 과정을 조사하였으며 이들 연구결과는 제2언어 습득에 자연스런 발달 단계가 있다는 것을 제시해 주었다.

Ellis(1985)는 영어 습득 과정에 대한 종단적 연구에서 관찰된 발달 단계를 다음과 같이 요약한다. 첫 단계는 목표 언어 구조의 어순에 관계없이 일정한 어순을 사용하는 단계이다. 학습자는 예를 들어, 'I live in a house' 대신에 'me house'와 같은 문장 구성요소가 생략된 단순화된 발화를 산출한다. 두 번째 단계는 학습자는 모든 문장 구성요소를 사용하기 시작하며 목표어의 어순에 맞추어 문장을 산출한다. 즉, 문장 앞이나 뒤에 위치해 있었던 부정어를 문장내에 위치시키며 의문문의 경우에는 주어-동사의 도치를 사용하기 시작한다. 이 단계에서 문법형태소가 학습자의 발화에 나타나기 시작하지만, 이들 형태소의 사용은 변이성이 높은 상태이다. 세 번째 단계는 문법형태소가 체계적으로 그리고 의미있게 사용되기 시작한다. 네 번째 단계는 간접의문문이나 주어를 수식하는 관계절을 습득한다. 제2언어 습득의 초기단계에서는 미분석된 단위로 사용되던 덩어리 표현은 점차적으로 학습자의 언어능력이 발달과 함께 문법적 요소로 분석되어 학습자의 자발적, 창의적 발화에 사용되기 시작한다. 이러한 발달 단계를 그림으로 나타내면 다음과 같다.

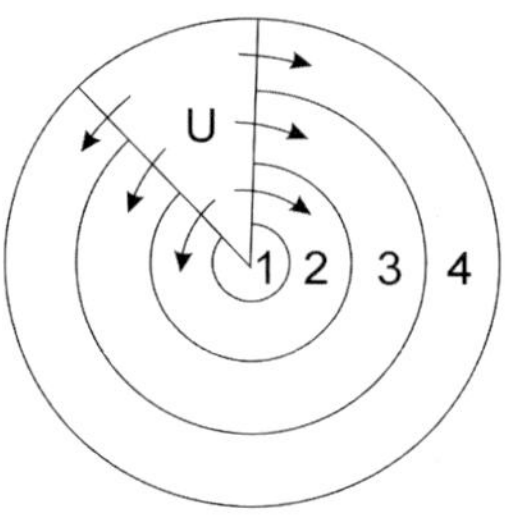

U = 미분석 단위
1 = 기본 구문
2 = 다양한 어순
3 = 형태소 발달
4 = 복잡한 문장구조

그림 3.3 영어학습자의 언어발달 단계 (Ellis, 1985)

(1) 부정문 습득

일반적으로 제2언어 학습자들의 영어 부정문 습득은 영어 원어민 화자들의 습득 과정과 거의 동일한 발달 단계를 거친다는 것을 보여준다. 다만 제2언어 학습자들은 동일한 구문 발달단계를 따르지만 모국어배경에 따라 각 발달단계 내에서 다소간의 차이가 나타나기도 한다. 제2언어 학습자들의 영어 부정문 습득 단계를 4단계로 정리하면 다음과 같다 (Lightbown & Spada, 2011, p. 85).

1단계: 이 단계에서는 전형적으로 부정요소가 동사나 부정되는 요소 앞에 놓이는 형태가 사용되며 부정요소가 문장의 밖에 붙는 외적 부정external negation이 사용된다. 영어 습득 초기단계에서 학습자들은 부정어로 'no'를 가장 많이 사용한다.

No bicycle. I no like it. Not my friend.

이탈이어와 스페인어에는 영어의 'no'에 상응하는 부정구문형태가 있기 때문에 모국어가 이탈리어나 스페인어인 영어학습자 경우에는 더욱 'no'를 사용하는 문장을 선호할 수 있으며 고급 수준에 이르러서도 'no' 부정문을 산출할 수 있다.

2단계: 이 단계에 이르면 학습자는 'no', 'not', 'don't'를 교체하면서 사용한다. 'Don't'를 사용하지만 인칭person, 수number, 시제tense를 전혀 일치시키지 않은 형태로 사용하며 심지어 'can', 'should'와 같은 조동사의 앞에서도 사용된다.

He don't like it. I don't can sing.

3단계: 학습자들은 'be' 동사와 'can'과 같은 조동사의 뒤에 'not'을 붙여서 사용하는 단계이다. 그러나 'don't'의 형태는 완전하게 분석되어서 인칭, 수, 시제에 맞추어서 사용되지 못하는 수준이다.

You can not go there. He was not happy.
She don't like rice.

4단계: 이 단계에서는 학습자는 'do'를 인칭, 수, 시제에 맞게 굴절을 시켜서 사용할 수 있는 단계로 학습자의 중간언어는 영어의 부정문 형태와 거의 일치하게 된다.

It doesn't work. We didn't have supper.

간혹 학습자가 조동사와 동사에 모두 인칭, 수, 시제를 표시하여 부정문을 산출하는 경우도 있다.

I didn't went there.

(2) 의문문 습득

Pienemann, Johnston과 Brindley(1988)의 연구를 바탕으로 한 제2언어 학습자들의 영어 의문문 습득 단계는 다음과 같다.

1단계: 단일 단어나 공식적 표현 또는 문장의 일부분에 상승 억양rising intonation을 붙여서 의문문을 산출하는 단계이다.

Dog?
Four children?

2단계: 평서문의 어순에 상승 억양을 붙여서 의문문을 산출하는 단계이다.

I am coloring?
I writing on this book?

3단계: 문장의 도치inversion는 일어나지 않고 'do', 'wh-의문사' 등이 문장의 맨 앞으로 전치fronting되어 나타나는 단계이다.

Do you have a shoes on your picture?
Where the children are playing?
Is the picture has two planets on top?

4단계: wh-의문사와 be동사의 도치, yes-no 의문문에서 도치가 나타나는 단계이다.

Where is the sun?
Is there a fish in the water?

5단계: Wh-의문사 의문문에서 조동사와 본동사의 도치가 나타나는 단계이다.

How do you say proche?
What's the boy doing?

6단계: 부가의문문, 부정의문문, 간접의문문과 같은 복잡한 의문문을 사용하는 단계이다.

It's better, isn't it?
Why can't you go?
Can you tell me what the date is today?

(3) 관계절 습득

Schumann(1980)은 스페인 아동 5명을 대상으로 종단적 연구방법으로 관계절 발달 순서를 연구하였다. Schumann에 따르면 영어학습자들은 관계절 사용과 관련하여 초기에는 관계대명사를 생략하고(예, I got a friend speaks Spanish.), 다음에는 일반 대명사로 대체하다가(예, I got a friend he speaks Spanish.), 마지막 단계에서 적절한 관계대명사를 사용(예, I got a friend who speaks Spanish.)한다. 또한 먼저 상위절의 목적어를 수식하는 관계절(예, We met the woman who lives next door.)이 상위절의 주어를 수식하는 관계절(예, The woman who lives next door is leaving for Korea.)보다 먼저 습득된다. 상위절의 목적어를 수식하는 관계절 습득의 초기 단계에서는 명사구 복사pronominal copy를 사용한다. 그 후 학습자가 명사구 복사를 하지 않는 목적어를 수식하는 관계절이 나타난다. 목적어를 수식하는 관계절이 습득된 후에 상위절의 주어를 수식하는 관계절이 가능하게 된다. 이러한 관계절 발달 순서를 정리하면 다음과 같다.

1단계: 주절의 목적어를 수식하는 관계절에 명사구 복사pronominal copy를 사용

I know the man who he coming.

2단계: 주절의 목적어를 수식하는 관계절에 명사구 복사없이 관계대명사 사용

I know the man who is coming.

3단계: 주절의 주어를 수식하는 관계절 나타남.

The man who is coming is my friend.

다른 한편 관계대명사절 내에서 선행사의 문법적 기능이 무엇인가에 따라서 습득의 순서가 다르게 나타난다. Keenan과 Comrie(1977)는 세계의 여러 언어들의 유형을 조사하여 언어보편적인 명사구 접근 위계도 noun phrase accessibility hierarchy를 제시하였고 이를 영어 관계절에 적용하면 <표 3.1>과 같다. 이 접근 위계는 암시적 관계를 내포하여 만약 어떤 언어가 접근 위계의 아래 부분에 있는 구조를 가진다면, 그 언어는 또한 그 구조 보다 상위에 있는 구조를 가질 것이라는 것을 암시한다. 그러나 만약 어떤 언어가 접근 위계의 상위에 있는 구조를 가진다면, 그 사실은 그 언어가 그 구조보다 하위에 있는 구조를 반드시 가진다는 것을 암시하지는 않는다.

표 3.1 영어 관계절 접근 위계(Accessibility Hierarchy for Relative Clauses in English)

관계사 기능	예 문
SU = 주어	The dog that bit the man ran away.
DO = 직접목적어	The man that the dog bit went to hospital.
IO = 간접목적어	The girl that I wrote a letter was happy.
OBL = 전치사목적	The house that I talked to you about was expensive.
GEN = 소유격	The family whose house I like comes from England.
OCOMP = 비교목적어	The woman that I am taller than works in a bank.

Gass(1979)는 Keenan과 Comrie(1977)의 접근 위계를 토대로 다양한 모국어배경의 영어학습자들의 관계절 습득을 조사하였다. 문법판단과제와 문장결합과제를 실시하였는데, 영어학습자들은 보편적인 관계절

접근 위계와 아주 밀접한 상관관계를 보이는 결과를 나타냈다. 소유격 관계절을 제외하고 관계절 접근 위계의 하위에 내려갈수록 학습자들은 관계절 형성을 어려워했다(그림 3.4 참조). Gass는 소유격 관계대명사 'whose'는 다른 관계대명사에 비하여 눈에 띄는 형태의 대명사로 격case과 문법적 관계가 하나로 이루어진 관계대명사로 that이나 which와 같은 교체형이 사용될 수 없는 관계대명사이기에 학습자는 whose+명사를 하나의 단위로 인식하면서 사용하고 그 결과 접근 위계에서 예견된 순서보다 일찍 학습된 것으로 설명한다.

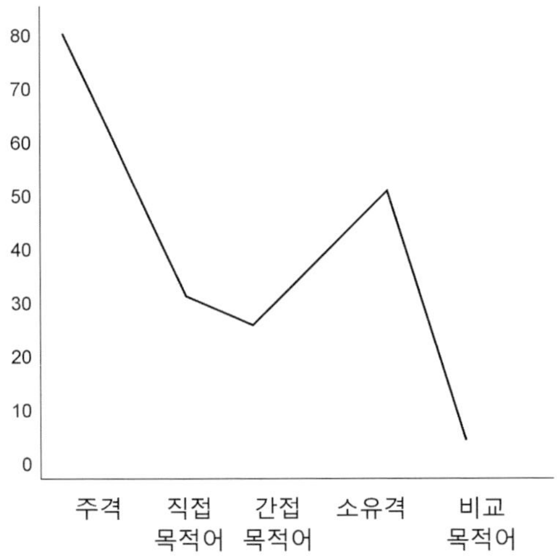

그림 3.4 영어 관계절 습득(Gass, 1979)

다른 한편 한국어화자들만을 대상으로 한 박혜숙의 연구(1996)에서는 소유격 관계절이 특별히 높은 점수를 나타내지 않았으며, 주격, 목적격, 전치사의 목적격, 소유격 순으로 정확도 점수가 낮게 나타나는 결과를 얻었다.

이러한 관계절 습득 연구는 언어보편적인 특질이 제2언어 습득순서에 영향을 미친다는 것을 보여주는 예라고 하겠다. 그러나 이러한 보편적인 습득순서와 함께 관계절 사용빈도와 습득 과정에 학습자들의 모국어가 또한 영향을 미칠 수 있다. 예를 들어, Hyltenstam(1984)은 명사구 복사를 허용하는 페르시아어화자들이 명사구 복사를 허용하지 않는 스페인어화자 학습자들 보다 명사구 복사를 더 오랫동안 사용한다는 것을 보여주었다. 또한 Schachter(1974)는 페르시아어, 중국어, 일본어와 같이 모국어배경이 다양한 영어 학습자들의 관계절 오류를 조사하였다. 페르시아어화자들은 관계절에 오류를 많이 만들었는데 일본어화자들은 오류의 빈도가 낮았다. 표면적으로만 보면, 일본어화자들은 영어 관계절을 페르시아어화자들보다 잘 습득하였다고 할 수 있다. 그러나 좀 더 면밀히 관계절 사용 빈도와 오류 빈도를 조사해 보니 일본어화자는 페르시아어화자보다 관계절 구조를 훨씬 적게 사용하였고 또한 적게 오류를 만들었다는 것을 발견하였다. 즉, 일본어화자들은 모국어가 영어와는 다른 관계절 방향을 가지며 그 결과 영어 관계절 사용을 회피avoidance하였고 관계절 오류의 발생도 적었다. 그러나 페르시아어화자들은 모국어가 영어와 동일한 관계절 방향을 가졌고 그 결과 관계절의 방향에 큰 어려움 없이 관계절을 많이 사용하였지만 페르시아화자는 모국어의 영향으로 'The man who I saw him was very angry'와 같이 명사구 복사를 포함하는 관계절 오류를 많이 만들었다.

(4) 과거시제 발달

언어 학습자는 언어를 사용하여 사건들의 시간관계를 표시하는 능력을 발달시켜 나간다. 제2언어 습득 연구에 따르면 다양한 언어배경의 학습자들이 제2언어를 습득해 나갈 때 과거의 사건을 유사한 패턴으로 언급하면서 과거시제 체계를 발달시킨다는 것을 보여준다(Lightbown & Spada, 2011, p. 91).

1단계: 먼저 제한된 영어능력을 가진 학습자는 아래 예들처럼 사건을 일어난 순서대로 언급하거나 사건이 과거에 일어났다는 것을 보여주는 시간이나 장소를 언급함으로써 시간관계를 표현한다.

My son come. He work in restaurant.
Viet Nam. We work too hard.

2단계: 점차적으로 학습자는 과거를 표시하는 어떤 문법형태소를 동사에 표시하기 시작한다. 아래 예에서 학습자는 비록 영어의 과거시제 형태소는 아니지만 -ing 형태소를 동사에 붙임으로써 과거를 표시하고 있다.

Me working long time. Now stop.

3단계: 불규칙 동사의 과거형태가 규칙 과거형태가 적절하게 사용되기 전에 사용된다.

We went to school every day. We spoke Spanish.

4단계: 규칙 과거 형태를 사용하기 시작하면서 학습자는 규칙 과거 -ed 형태를 과잉일반화하여 불규칙 동사에도 적용하기도 하며 현재완료형태를 과거시제 형태로 잘못 사용하기도 한다.

My sister catched a big fish.
She has lived since fifteen years.

제2언어 학습자들의 과거시제 사용과 관련하여 Bardovi-Harlig(2000)는 동사의 어휘적 속성lexical aspects이 학습자들의 과거시제형태 사용에 영향을 미친다는 것을 발견하였다. 예를 들어, 영어학습자들은 'She seemed happy last week', 'My father swam in that lake'와 같은 문장보다는 'I broke the vase', 'My sister fixed it with glue'와 같은 문장에서 과거시제형을 보다 잘 사용한다. 그렇다면 이러한 차이는 무엇 때문일까? 이러한 과거시제 사용의 차이는 동사가 지닌 어휘적 특성에 기인하였다. 즉, 동사의 의미에 행위의 끝점이 분명한 경우에는 학습자들은 과거시제를 보다 잘 표시하는 반면에, 'seem'과 같은 상태동사state verb이거나 'swim'과 같이 행동이 일정기간 지속되는 동사는 그 어휘적 속성으로 인하여 학습자는 과거시제형을 잘 사용하지 못한다.

5. 화용 능력 발달

화용 능력pragmatic competence은 문맥에 맞게 적절하게 언어를 사용하는 능력이다. 즉, 상황에 맞게 요청request, 사과apology, 칭찬compliment과 같은 언어행위를 적절하게 표현하고 이해하는 능력이다. 영어를 배우는 학습자는 상당한 어휘력과 문법에 대한 지식을 갖고 있는 경우에도 여전히 실제 영어 사용에서는 많은 어려움을 겪을 수 있다. 그것은 상황에 맞게 적절하게 언어를 사용할 수 있는 화용능력이 부족하기 때문이다. 실제 상황에서 언어를 적절하게 사용하기 위해서는 언어 학습자는 어휘와 문법지식뿐만 아니라 요청과 같은 언어행위를 적절하게 이해하고 그에 따라서 적절하게 대답하는 기술을 습득해야 한다.

제2언어 학습자들이 요청, 사과, 거절과 같은 다양한 화행speech acts을 통하여 자신의 의도와 의미를 표현하는 능력을 어떻게 발달시키는가에 대한 연구를 중간언어 화용론interlanguage pragmatics이라고 한다. 이 분야에서는 제2언어 학습자가 목표어수준이나 모국어배경에 따라서 어떤 방식으로 화행을 표현하는가를 기술하고 연구한다. 또한 제2언어의 화용적 특질을 지각하고 이해하는 학습자의 능력, 그리고 특정 화행이 특정 상황에 적절한가를 판단할 수 있는 학습자의 능력을 조사한다. 1990년대 이후 종단적·횡단적 연구를 통하여 제2언어화용능력 습득에 대한 연구가 활발하게 이루어졌다.

화행습득연구 중에서 '요청하기'와 관련하여 Kasper와 Rose(2002)는 화용능력 습득 과정을 5단계로 제시하였다. 1단계는 상황에 의존하여 최소한의 언어로 구성된 단계이다. 2단계는 덩어리표현으로 암기한 일상적 표현routine과 명령문의 사용이 특징이다. 3단계는 공식어구formula가 줄어들고 보다 생산적인 언어 사용이 이루어지며 완화장치mitigations가 사용된 요청표현이 나타난다. 4단계는 보다 복잡한 언어 사용과 완화장치가 보다 많이 사용된다. 5단계는 대화자, 목표, 문맥에 따라서 요청의 힘을 섬세하게 조절하는 단계이다. 이를 정리해서 나타내면 다음과 같다.

1단계: 기본-전 단계pre-basic로 상황문맥에 거의 의존하며 구문적 능력이 전혀 형성되지 않은 상태이다.

Big circle.
Sir.

2단계: 공식 어구사용, 미분석된 공식적 표현과 명령구조에 의존하는 상태이다.

Let's play the game.
Let's eat breakfast.
Give me a paper

3단계: 분석화 단계로 공식적 표현을 여러 상황에 생산적으로 사용하며 관례적인 간접적 표현을 사용하는 수준으로 옮겨간 상태이다.

Can I have one yellow book, please?
Can you pass me the pencil please?
Can you do another one for me?

4단계: 확장단계로 새로운 형태의 요청문을 추가하여 사용하며 보다 복잡한 구조를 사용하여 완화장치mitigation를 사용하는 단계이다.

Could I have another chocolate because my children ~ I have five children.
Can I see it so I can copy it?

5단계: 섬세한 조절단계로 대화자, 목표, 상황에 따라서 요청의 힘을 조절하는 수준이다.

You could put some blue tack down there.
Is there any more white?

제2언어 습득자들의 화용능력의 습득에 대한 연구와 함께 자연스럽게 확장하여 나올 수 있는 질문은 '어떤 조건에서 화용능력이 보다 효과적으로, 빠르게 습득되는가?'일 것이다. 이와 관련하여 가장 관심이 집중된 조건은 학습환경과 지도방법이다. 최근에 영어 학습환경으로 두드러진 특징의 하나는 해외 학습study abroad환경에서 영어를 배우는 학습자들에 대한 연구이다. 목표어가 사용되는 나라에서 목표어를 배우는 학습자들은 외국어환경에 있는 학습자들 보다 화용능력의 발달에서 일반적으로 앞선다는 것이 연구들을 통해서 발표되었다. 예를 들어, 미국에서 영어를 배우는 대만 학습자들이 자국에서 영어를 배우는 대만 학습자들보다 높은 화용적 능력을 보였으며(Yu, 2004), 해외학습 환경의 학습자들 study-aborad learners이 자국의 학습자들at-home leraners보다 다양한 요청 수식어를 사용하였다(Schauer, 2007). 또한 Bardovi-Harlig와 Dörnyei(1998)은 영어권에서 영어를 배우는 학습자들이 EFL 환경의 학습자들보다 화용적으로 부적격한 표현에 대한 인식이 높다는 것을 보고한다.

다른 한편, 지도가 제2언어 학습자들의 화용능력에 어떠한 영향을 미치는가, 그리고 어떤 유형의 지도가 보다 효과적인가에 대하여 연구가 이루어졌다. 예를 들어, Takimoto(2007)는 EFL 환경에서 세 가지 조건하에서 정중한 요청을 하는 표현 형태를 가르쳤고 세 지도유형의 상대적 효과를 조사하였다. 구조화된 언어입력과제와 명시적 정보를 함께 준 집단, 명시적 정보없이 구조화된 언어입력과제만 받은 집단, 그리고 문제해결 과제를 제시받은 세 집단을 통제집단의 수행과 비교하였다. 담화완성평가, 역할놀이평가, 듣기평가, 문법용인평가acceptability judgement test와 같은 다양한 평가를 실시하였다. 세 집단의 학습자들이 통제집단 보다 모든 평가에서 의미 있게 우수한 수행을 하였지만 세 집단간에는 유의미한 차이가 나타나지 않았다. 제2언어 학습자들의 화행지식의 교수에 대하여 Kasper와 Rose(2002) 는 화용적 언어자질도 교실에서 성공적으로 가르칠 수 있으며 또한 암시적 지도implicit instruction 보다는 명시적 지도

explicit instruction가 보다 효과적이라는 것을 제시하고 있다. 또한 Rose (2005)는 관련 연구를 검토하면서 화용지도가 제2언어 학습자들의 화용능력의 발달을 촉진하며 다양한 교수방식은 다양한 효과를 가질 수 있는데, 장기적으로는 그 차이가 종종 사라진다는 것을 지적하고 있다.

6. 어휘 발달

제2언어 학습자는 어떻게 새로운 어휘를 습득하는가? 새로운 단어를 학습하는 주요 원천은 무엇인가? 언어입력인지, 의사소통활동 중에 특정 단어에 주의를 기울이는 것인가, 탈문맥화된decontextualized 단어연습인가? 이와 관련하여 제2언어 학습자의 어휘지식의 발달, 의도적intentional 대 우연적incidental 학습, 특정단어에 대한 노출 빈도exposure frequency, 그리고 효과적인 어휘학습 활동을 중심으로 살펴보자.

일반적으로 어떤 단어를 안다는 것은 그 단어에 대한 다음과 같은 형태form, 의미meaning, 사용use에 대한 지식을 포함한다.

- 형태: 발음
  철자
- 의미: 형태와 의미의 관계
  개념과 지시물
  연상(어떤 단어를 들으면 생각나는 단어들)
- 사용: 문법적 기능
  연어 (어떤 단어와 함께 나타나는 단어)
  사용상의 제약

그렇다면 제2언어 학습자는 단어의 형태, 의미, 사용과 관련된 지식을 어떻게 발달시켜 나갈까? Schmitt(1998)는 1년 동안 11개 단어에 대하여 성인 영어학습자들의 단어 습득을 조사하였다. 철자, 연상, 문법정보, 의미를 중심으로 이들 학습자들의 어휘 습득 과정을 조사하였다. 모든 학습자들에게 철자는 큰 문제가 되지 않았다. 연상지식의 경우, 두 명의 학습자는 연상지식을 발달시켰지만 한 명의 학습자는 연상지식을 발달시키지 못하였다. 의미지식의 경우 모든 학습자들이 부분적인 의미지식만을 숙달하였다. 두 명의 참가자는 의미지식에 향상을 보였지만 한 명은 그렇지 못하였다. 문법지식의 경우 한 명만이 꾸준한 향상을 보였으며 두 명은 연구기간 내내 다소 불규칙성을 보였다. Schmitt의 연구는 단어와 관련된 지식 유형의 발달적 위계developmental hierarchy를 찾아내지는 못하였다. 철자를 제외한 단어의 연상, 문법, 의미 지식 유형의 발달이 원어민 화자와 같은 완전성과 안정성을 보이지 않았다. 제2언어 학습자가 원어민 화자와 같은 어휘지식 유형을 발달시키기는 상당히 어렵다는 것을 간접적으로 보여주고 있다.

어떤 단어에 한 번 접하고 그 단어의 모든 어휘 지식을 습득하기는 어렵다. 실제로 Paribakht와 Wesche(1993)은 5단계의 어휘 지식 척도vocabulary knowledge scale를 개발하였다. 이들의 척도를 제시하면 다음과 같다.

1단계: 단어가 익숙하지 않다.
2단계: 단어가 익숙하지만 의미를 모른다.
3단계: 모국어로 번역이 주어질 수 있다.
4단계: 단어가 문장 안에서 적절하게 사용된다.
5단계: 단어가 의미적, 문법적으로 정확하게 사용된다.

위의 척도는 영어학습자들은 한 어휘를 단계적으로 지식을 확장하여 가면서 습득한다는 것을 제시한다.

다음으로 언어입력과 어휘습득을 살펴보자. 언어입력을 통해서 어휘가 습득된다는 입장은 익숙하지 않은 단어를 만날 때, 학습자는 그 단어를 익숙하지 않은 단어로 주목하고 다양한 언어적, 비언어적 단서를 이용하여 문맥으로부터 그 단어의 의미를 추론한다는 것을 전제한다. 결과적으로 학습자는 그러한 과정을 통해서 그 단어의 부분적 또는 정확한 의미를 얻을 수 있을지 모른다. 만약 학습자가 그 단어에 처음 노출되고 나서 그 단어를 기억하지 못한다면 또는 그 단어에 대한 부분적 정보만을 습득하였다면 그 단어를 추가적으로 접하게 되는 것은 그 단어를 기억하고 단어의 지식을 확장할 수 있는 기회를 증가시킨다. 비록 한 번의 의사소통활동이나 글을 읽는 것을 통해서 소량의 단어를 기억하게 될지라도 시간을 거치면서 얻게 되는 누적적 효과는 만약 학습자가 글을 규칙적으로 읽는다면 엄청날 것이며 이것이 바로 어휘습득에서 영어 텍스트 읽기의 중요성을 주장하는 Krashen과 그 동료들의 주장이다.

다른 한편, 단순한 입력만이 아닌 단어에 주의를 기울이는 것이 어휘습득에 효과적이라는 실증연구들이 많이 있다. 예를 들어, 그냥 책을 읽는 것보다 사전을 이용하여서 단어를 찾아가면서 책을 읽는 것이 보다 좋은 결과를 가져왔다(Knight,1994; Luppescu & Day, 1993). 또한 구두 상호작용의 경우에도 익숙하지 않은 어휘에 대하여 학습자가 주의를 기울이고 상대방에게 명료화를 요청할 때 단어를 기억할 가능성이 높게 나타났다. 더 나아가 의사소통적이지도 않고 실제적이지도 않은 과제 속에서 단어에 초점을 맞추는 학습이 언어입력만으로 이루어지는 경우보다 어휘습득에 보다 좋은 결과를 가져오기도 하였다.

어휘학습에 대한 의도적 학습intentional learning과 우연적 학습incidental

learning에 대한 논쟁이 활발하지만, 학습의 유형이 아니라 단어 정보의 처리과정의 질에 더 많은 중요성을 부여해야 한다는 주장이 제기되고 있다. 이와 관련하여 Laufer와 Hulstijin(2001)은 관여도가설involvement load hypothesis을 제안하였다. 이들은 학습자가 새로운 단어를 어떻게 습득하는가를 설명하는 관여도 동기-인지 모델motivational-cognitive model of involvement을 제안하였다. 관여도의 구성개념은 필요need, 탐색search, 평가evaluation의 과제 요인으로 구성된다. 과제의 특성에 따라서 각 요인은 부재하거나, 중간 강도로 존재하거나, 또는 강한 강도로 존재할 수 있다. 필요는 관여의 동기적, 비인지적 차원으로 어떤 모르는 단어가 주어진 과제를 완성하기 위하여 필요한지를 가리킨다. 주어진 과제에 의해서 필요가 외부로부터 부여되어질 때 필요는 중간 정도로 가정되어지며, 교사가 아닌 학습자에 의해서 자체적으로 필요가 부여되어질 때 필요의 정도가 강하다고 가정한다. 탐색과 평가는 관여의 인지적 차원과 관련된 것으로 형태-의미 관계에 대한 주의집중 정도와 관련되는 요인이다. 탐색은 새로운 단어의 의미와 형태를 확인하려는 시도이다. 과제가 학습자에게 사전 등을 이용하여 단어의 의미를 찾도록 한다면 탐색 요인이 있는 것이며 그러한 노력이 요구되지 않는다면 탐색요인이 부재한다고 가정한다. 과제를 하기 위하여 단어의 적정성을 평가하기 위하여 주어진 단어와 다른 단어들의 비교는 평가 요인이다. 학습자가 단어들 간의 의미의 차이를 인지해야 과제를 완성할 수 있다면 중간 정도의 평가 요인이 요구되는 것이며 주어진 문장이나 텍스트 안에 어떻게 새로운 단어와 추가적인 단어를 결합할 것인가를 결정해야 한다면 강한 평가 요인이 필요하다고 하겠다.

Laufer와 Hulstijn(2001)는 이러한 관여도의 세 요인의 점수의 합으로 과제의 관여도 지수를 기술한다. 각 요인은 부재시 0, 중간 정도일 때는 1, 강하게 존재하는 경우는 2로 점수가 주어지고 과제의 관여도 정도는 필요, 탐색, 평가의 정도의 합으로 계량화하여 설명할 수 있다. 관여도 가설은 관여도 정도가 높은 과제는 그렇지 않은 과제보다 단어의 기억유지에 효과적이라는 것을 제안한다. 최근 관여도 가설을 토대로 어휘습득과 기억유지에 대한 연구가 이루어졌으며 일반적으로 지금까지의 연구는 적어도 초기 단계의 기억에서는 관여도 가설이 설명력이 가진다(Cho & Ma, 2013; Eckerth & Tavakoli, 2012, Folse, 2006; Kim, 2008).

많은 연구들은 입력의 빈도가 제2언어 어휘 습득에 중요한 역할을 한다고 강조하고 있다. 새로운 단어에 한번만 접하는 것으로는 그 단어와 관련된 여러 면의 지식을 이해하기에는 불충분하기에 반복, 즉 여러 번의 노출 빈도는 제2언어 어휘 학습에 중요하다(Nation, 2001; Zimmerman, 2009). 이러한 입장에서 Schmitt(2008)는 다양한 문맥에서 어휘 항목에 노출됨으로써 학습자는 문맥화된 어휘 지식을 배울 수 있다는 것을 강조한다. 그렇다면 어휘 습득을 위하여 가장 최적의 노출 빈도는 몇 번 일까? 이를 알아내기 위하여 많은 연구들이 노출 빈도의 상대적 효과에 대하여 비교분석을 하였지만 단어 기억 유지를 위하여 몇 번의 반복이 있어야 하는가에 대하여는 합의된 결론에 이르고 있지는 않다. 새로운 단어에 노출되어 3개월 후에 그 단어의 형태를 인지할 50%의 가능성을 위해서는 8번의 반복이 필요하다는 주장이 있는가 하면(Waring & Takaki, 2003), 6번의 반복적 노출이 2~4번 보다 기억에 큰 효과를 가진다는 Rott(1999)의 연구도 있다. 7~9번 이상의 반복이 어휘 습득을 가능하게 하며 잊어버리지 않도록 해 준다는 주장도 있다(Brown et al., 2008; Webb, 2007).

대부분의 연구가 어휘 습득과 관련하여 관여도와 노출빈도를 개별적으로 연구하고 있는데 관여도와 노출 빈도의 관계를 조사한 몇 몇 연구들이 있다. Flose(2006)는 한 번의 빈칸 채우기 과제 조건, 세 번의 빈칸 채우기 과제 조건, 문장 만들기 과제 조건의 3 과제 조건하에 어휘 학습과 연습문제 유형의 효과를 조사하였고 그 결과, 세 번의 빈칸채우기 과제 집단이 다른 두 집단보다 높은 성적을 보였고 관여도가 높은 문장만들기 과제보다 여러 번 노출 빈도가 더 좋은 성적 결과를 산출하였다. Cho와 Ma(2013)는 한국의 대학생들을 대상으로 실험연구하여 관여도가 높은 과제가 즉시적 평가에서는 더 효과적인 반면에, 노출 빈도수의 증가는 학습자의 단어 지식을 단기와 장기 기억유지 모든 경우에 향상시킨다는 것을 보고하였다. 후속 연구에서 Cho와 Ma(2015)는 관여도와 노출 빈도가 학습자의 어휘 습득에 중요한 변수라는 것을 다시 한번 확인하고 있으며 또한 어휘 지식과 시간 변수의 관계를 추가적으로 분석하여 제시하였다. 어휘 지식 중에 보다 능동적인 기억과 인지를 요하는 평가의 경우는 시간이 흐르면서 점수가 상당히 낮아진 반면에, 수동적인 기억과 인지 평가의 경우는 시간 변수에 상대적으로 크게 영향을 받지 않는 것으로 나타났다. 이러한 결과는 산출적 어휘 지식은 수용적 어휘 지식보다 습득하기에 더 많은 어려움이 있다는 것을 제시하는 것으로 제2언어 학습자들은 산출 어휘 지식에 초점을 두는 문장 만들기나 개요 적기와 같은 산출중심 어휘 활동의 기회가 보다 필요하다는 것을 제안하고 있다.

제4장

전통적 행동주의와 영어 습득

제2언어 학습자의 초기 언어발달이 어떠한 과정을 통해서 진행되는가는 지난 60년간 계속적인 논쟁의 대상이었다. 이 과정에 대한 가장 전통적인 이론인 행동주의적 관점에 대하여 본 장에서는 살펴보자.

행동주의behaviourism는 1940~50년대 미국을 중심으로 활발하게 연구된 심리학 학습이론으로 제2언어·외국어학습과 교수에는 1970년대까지 커다란 영향력을 미친 이론이다. 행동주의는 관찰할 수 있는 행동과 사실만을 심리학의 연구대상으로 간주하여 주관적이고 내적성찰적인 정신과정을 연구대상에서 거부한다. 대표적인 행동주의 심리학자인 Watson은 내적 정신과정을 철저히 부정하여 '미신superstition'이라고까지 언급하였다.

행동주의 안에서 특정 자극stimulus과 반응response은 습관을 형성하며 형성된 습관은 자동적인 특질을 가진다. 즉, 습관은 인식 없이 자발적으로 수행되어지며 자극이 소멸되는 환경적인 변화가 일어나지 않는 이상 한번 형성된 습관을 버리기는 어렵다. 모든 행동을 자극과 반응의 연상

작용으로 생각하며 학습이란 이러한 자극과 반응의 연상 작용을 습관화 하는 습관형성habit formation이라고 할 수 있으며 언어 학습도 여기에 예외일 수 없다.

자극과 반응이 어떻게 연상관계를 형성하는가는 행동주의 학자들 마다 약간씩 다른 견해를 가진다. Watson과 같은 고전적 행동주의에서는 자극이 반응을 끌어낸다고 말한다. 자극의 존재가 반응을 불러일으킨다는 것이다. 자극이 충분히 여러 번 주어지면 반응은 규칙적으로 생기게 되어 자동적으로 일어난다는 것이다. Skinner와 같은 신행동주의에서는 강화reinforcement의 역할을 강조한다. 학습은 일종의 보상을 통하여 강화된 자극-반응의 현상이며 모방, 반복, 연습을 통한 습관형성의 과정이라고 주장한다. 예를 들어, 언어습득의 경우를 보자. 아동은 언어에 대한 특별한 능력을 타고나지 않으며 단지 경험을 통하여 언어를 학습하는데 Skinner는 조작적 또는 도구적 조건 모델operant or instrumental conditioning model로 설명한다. 이 모델에 따르면, 반응을 야기시키는데 반드시 자극이 있어야 하는 것은 아니며 반응과 그 반응에 따른 즉시적 보상이 반응강도 및 빈도를 결정하는 중요한 요인이다.

1. 모국어 습득

언어 학습과 관련하여 전통적으로 행동주의 심리학에서는 모방imitation, 연습practice, 강화reinforcement의 개념을 중요시 한다. 행동주의 관점에서는 아동이 받게 되는 강화의 일관성, 듣게 되는 언어의 질과 양은 아동의 언어행위를 형성할 것이다. 아동의 언어 학습의 원천으로서 환경의 중요성을 강조하는 입장이다.

이러한 행동주의의 습관형성이론을 언어 학습에 적용해 보자. 아기가 옹알이를 할 때 아기는 모든 언어에 존재하는 모든 언어음을 낼 수 있을 것이다. 그러나 부모들은 모국어에 존재하는 언어음을 아기가 산출할 때 이런 저런 방식으로 반응을 함으로써 모국어 언어음만을 산출하도록 조건화를 만든다. 예를 들어, 아기가 특정 언어음을 산출하게 되면 기뻐서 잘 했다고 여러 형태로 칭찬을 해 준다. 아기는 성인 발화를 모방하여 강화reinforcement를 받은 언어음을 결합하여 단어를 산출하고, 이러한 산출에 대하여 다시 강화를 받음으로써 아동이 속해있는 언어공동체에 적합한 단어를 산출하게 된다. 즉, 성인 발화를 모방함으로써 보상을 받으며 아동은 자신의 모국어를 습득한다. 마찬가지로, 제2언어 습득도 모방과 강화를 통하여 학습자가 제2언어를 구성하는 자극-반응의 연상체계를 학습한다. 따라서 습관형성이론에 의하면 제2언어 학습자는 이미 학습한 모국어 언어습관체계와는 다른 새로운 또 하나의 언어습관체계를 학습해야 하고, 이때 모국어는 제2언어 학습에 장애물로 작용한다. 이러한 행동주의 학습이론은 그 당시의 대표적인 구조주의 언어학structural linguistics과 결합하여 대조분석가설contrastive analysis hypothesis의 토대가 되었으며 1970년대까지 외국어학습과 교수에 지대한 영향을 끼쳤다.

(1) 아동 언어 살펴보기

행동주의자들은 모방과 연습을 언어발달의 가장 중요한 과정으로 간주한다. 모방과 연습의 정의와 예는 다음과 같다(Lightbown & Spada, 2009, p. 10).

모방: 다른 사람의 발화의 전부 또는 일부를 그대로 반복하는 것

엄마: Shall we play with the dolls?

아동: Play with dolls.

연습: 형태의 반복적인 조작

아동: He eat carrots. The other one eat carrots. They both eat carrots.

다음으로 Lightbown과 Spada(2009)에서 발췌한 생후 24개월 된 아동과 성인의 언어를 살펴보면서 모방과 연습이 이들의 언어 발달 과정에서 어떠한 역할을 하는가를 살펴보자. 다음은 아동이 두 명의 성인과 장난감 트럭을 가지고 노는 상황에서 나눈 대화이다.

아동: Get more.

성인: You're gonna put more wheels in the dump truck?

아동: Dump truck. Wheels. Dump truck.

(later)

성인: What happened to it (the truck)?

아동: (looking under chair for it) Lose it. Dump truck! Dump truck! Fall! Fall!

성인: Yes, the dump truck fell down.

아동: Dump truck fell down. dump truck.

(Lightbown & Spada, 2009, p. 11)

Lightbown과 Spada에 다르면, 아동의 경우 발화의 30~40% 정도는 다른 사람의 발화를 모방한 언어였다. 여기서 우리가 관심 있게 보아야

하는 것은 아동이 어른의 말을 아무거나 모방하지는 않는다는 것이다. 아동을 오랫동안 관찰한 연구자들에 따르면 아동은 자신의 자발적 발화에 막 나타나기 시작한 새로운 단어와 문장구조를 모방하였다. 새로운 언어요소가 자신의 언어체계에 확고히 자리를 잡게 되면, 아동은 그 형태의 모방을 멈추었다는 것이다.

다음은 당근 그림이 있는 그림책을 보면서 옆에 있는 성인의 주의를 끌고자 하는 아동의 언어자료이다.

아동: Kawo? kawo? kawo?kawo?

성인: What are the rabbits eating?

아동: They eating. . . kando?

성인: No, that's carrot.

아동: Carrot. (그 페이지에 각각의 당근을 가리키며) The other. . carrot. The other carrot. The other carrot.

(몇 분 후에, 아동이 성인에게 토끼 인형을 가져온다.)

성인: What does this rabbit like to eat?

아동: (incomprehensible) eat the carrots.

(아동이 또 다른 토끼 인형을 가져온다)

아동: He (incomprehensible) eat carrots. The other one eat carrots. They both eat carrots.

(일주일 후에, 아동이 책을 펼쳐서 지난번 그림이 있던 페이지를 펼친다.)

아동: Here's the carrots. (가리키면서) Is that a carrot?

성인: Yes.

(Lightbown & Spada, 2009, pp. 11-12)

위의 언어자료를 보면, 아동은 정말로 자신의 언어습득에 열심인 것을 볼 수 있다. 아동은 새로운 단어 'carrot'와 새로운 구조 '~eat the carrots'을 열심히 연습을 하고 있으며 더욱이 일주일이 지난 후에는 다시 그 언어를 복습하는 모습을 보여줌으로써 정말로 훌륭한 언어 학습자라는 것을 입증하고 있다.

위의 두 아동의 언어자료는 언어습득에 대한 행동주의 관점을 잘 지지해 주는 것같이 보인다. 그러나 여기서 우리가 놓치지 말아야 하는 것은 이들 어린 아동들이 모방과 연습을 하려는 언어항목을 선택할 때 그것을 결정하는 것은 아동들의 내부에 있는 현재 작동중인 언어체계에 좌우된다는 것이다. 그들이 현재 학습을 진행하고 있는 항목에 초점을 두어 모방과 연습을 진행하고 있다는 것이다.

두 아동은 상대적으로 모방과 연습을 많이 사용한 아동이며 두 아동 또래의 경우 실제로 모방과 연습이 아동발화에서 차지하는 비중은 10% 미만이다(Lightbown & Spada, 2006).

2. 제2언어 습득: 대조분석가설

언어를 분석하는 기본적인 접근방식은 크게 두 가지 견해로 나누어 볼 수 있다. 언어를 언어 그 자체를 넘어서서 존재하는 실제의 반영, 즉 인간의 내재적, 중성적 조직으로부터 나온 논리의 범주나 물질세계에 관찰할 수 있는 관계들로 보는 견해와 언어를 순전히 임의적인 연상체계로 접근하는 방식이다. 첫 번째 견해에서는 모든 언어들의 문법적 범주들이 동일하며 두 번째 견해에서는 각 언어는 각각의 고유의 체계로 기술되어야 한다. 1930, 40년대 구조주의 언어학자는 두 번째 견해를 바탕으로 언어를 기술하였다. 라틴어와 그리스어의 구조에 기반을 둔 틀에 맞춤 없이 각 언어의 음 패턴과sound patterns 단어 형성word formation을 기술하려고 하였다. 구조주의 언어학에서는 각 언어는 언어-특수적인 언어 구조에 따라서 각 언어에 고유한 품사를 정의한다. 언어의 패턴을 이루는 각 범주에 기본을 둔 과학적 기술을 강조하는 구조주의 언어학에서는 모든 언어의 틀framework이 되는 보편적인 문법체계의 개념을 거부한다.

이러한 구조주의 언어학은 행동주의 심리학과 함께 구조·행동주의를 형성하면서 언어를 조건화된 습관의 덩어리로 간주한다. 언어도 다른 행동과 마찬가지로 자극-반응에 의해서 형성된 습관이며 각각의 언어는 각각의 언어체계를 가지므로 이미 내재화되어 있는 모국어의 문법체계는 제2언어의 자연스런 습득을 간섭한다고 전제한다. 목표어와 모국어가 다른 구조적 표현을 사용하는 경우 학습자는 자신의 모국어 장치를 목표어 사용에 실현하기 때문에 오류가 발생한다고 본다.

따라서 구조·행동주의에서는 제2언어 습득의 핵심적인 방해요소를 제1언어체계의 간섭이라고 가정하며 대조분석가설contrastive analysis hypothesis을 주장한다. 학습자가 모국어의 영향을 많이 받으면 받을수록 학습에 어려움을 가질 것이며 이러한 모국어의 간섭을 극복하기 위하여 모국어와 목표어 간의 차이점에 대한 정확한 정보제공을 위한 양 언어의 대조분석이 필수적이라고 본다. 대조분석가설은 구조주의 언어학자들에 의해서 기술된 언어의 표면구조를 바탕으로 4단계로 대조분석을 실시한다. 첫 단계에서는 비교하려는 두 언어를 구조적으로 기술한다. 이 기술은 언어구조의 음운, 형태, 구문, 의미, 분포를 포함한다. 두 번째 단계는 두 언어 간의 비교를 위하여 어떤 구조를 선택한다. 세 번째는 선택한 한 언어구조의 규칙과 구조를 다른 언어의 그것들과 비교해서 차이가 나는 영역과 유사한 영역을 식별한다. 네 번째 단계는 예측의 단계이다.

두 언어의 언어적 차이를 기본으로 해서 오류가 어떤 영역에서 발생할 것인지 예측한다. 두 언어 간에 구조가 유사하면 학습자는 학습에 어려움을 크게 느끼지 않을 것이며 따라서 목표어를 산출하는데 오류를 만들어내지 않을 것이다. 반면에, 두 언어 간에 구조적 차이가 큰 경우에는 학습자는 어려움을 많이 가질 것이며 따라서 오류를 많이 만들어 낼 것이라는 것을 예측한다.

대조분석에 대한 강력한 주장은 Lado(1957)의 글에서 명확하게 나타난다.

> We assume that the student who comes in contact with a foreign language will find some features of it quite easy and others extremely difficult. Those elements that are similar to his native language will be easy for him and those elements that are different will be difficult. (p. 2)

대조분석가설을 주장하는 학자들의 기본 가정은 다음과 같이 요약할 수 있다(Lado, 1957; Weinreich, 1953).

- 언어는 습관이며 제2언어 학습은 새로운 습관을 형성하는 것이다.
- 제2언어를 배운다는 것은 목표어와 모국어의 차이점을 학습하는 것이다.
- 모국어와 목표어의 차이가 크면 클수록 학습자는 오류를 더 많이 만들 것이다.
- 제2언어 학습에서 오류는 모국어의 습관 때문에 발생한다.
- 학습자가 범하는 오류의 원인은 모국어와 목표어의 구조를 분석하여 비교함으로써 예측할 수 있다.

이러한 대조 분석 가설에 기초하여 Prator(1967)는 모국어와 목표어의 차이점을 체계적으로 조사하여 목표어 학습의 상대적인 어려움을 6단계로 분류하였다. 한국 학습자가 영어를 배우는 경우에 대하여 Prator의 각 단계를 적용하면 다음과 같다.

표 4.1 모국어와 목표어의 차이 유형에 다른 학습 어려움의 체계

차이의 유형	모국어 → 목표어	한국어 → 영어
0 전이	x → x	텔레비전 → television
1 통합	x, y → x	입다, 쓰다 → wear
2 부재	x → 0	존칭어미 '-요' → 0
3 변형	x → y	격조사 '가/를' → I/me
4 생성	0 → x	0 → 관사 a/the
5 분리	x → x, y	듣다 → hear, listen

모국어와 목표어가 구조적이나 기능적으로 차이가 없어 학습상에 어려움이 없는 0단계인 '전이'는 한국 학습자가 영어 'television'을 배우는 경우라고 하겠다. 모국어의 서로 다른 두 언어 항목이 목표어로는 하나로 합쳐지는 유형을 1단계 난이도의 '통합'이라 한다. 한국어의 '(옷을) 입다'와 '(모자를) 쓰다'가 영어로는 'wear'라는 하나의 형태로 표현되는 경우이다. 3단계의 난이도에 해당하는 '부재'는 모국어에는 존재하는 언어 항목이 목표어에는 존재하지 않은 경우로 한국어에 있는 존칭어미가

영어에는 존재하지 않는 경우에 해당한다. 4단계의 난이도에 해당하는 '변형'은 모국어의 어떤 언어 형태가 목표어로는 변형되어 다른 형태로 표현되는 경우이다. 예를 들어, '가/를'과 같은 한국어의 격조사는 영어의 경우 인칭대명사의 경우에는 I/me, he/him/, she/her 등으로 나타나며 다른 경우에는 어순이 중요한 기능을 하여 동사 앞에 나오는 경우는 주격으로, 동사 뒤에 나오는 경우는 목적격이 된다. 5단계 난이도는 '생성' 유형으로 모국어에는 없는 언어 형태가 목표어에 존재하는 경우이다. 한국어에는 없는 영어 관사체계가 그 예라고 하겠다. 가장 난이도가 높은 '분리'유형은 모국어에는 하나의 형태로 존재하는 언어 항목이 목표어에는 두 가지로 나타나는 경우이다. 예를 들어, 한국어의 '듣다'라는 동사가 영어로는 'hear', 'listen'로 나누어지는 경우라고 하겠다.

3. 대조분석가설에 대한 비판

1970년대 영어학습자들의 오류에 대한 실증연구들이 실시되면서 대조분석가설의 설명력에 의문이 제기되었다(Dulay & Burt, 1973, 1974; Whitman & Jackson, 1972 등). 아동이나 성인의 제2언어 수행에서 나타나는 대부분의 문법적 오류가 학습자의 모국어를 반영하지 않았으며 대조분석으로 예측되는 오류들이 실제에 나타나지 않았다. 대표적으로 Dulay와 Burt(1973, 1974)는 오류의 원인을 ① 학습자의 모국어 구조를 반영하지만 제1언어 습득 자료에는 나타나지 않는 간섭 오류interference errors, ② 학습자의 모국어 구조를 반영하지는 않지만 제2언어 습득 자료에는 나타나는 발달 오류developmental errors, ③ 간섭 오류와 발달 오류의 모든 특징을 보이기 때문에 간섭 오류나 발달 오류로 분류할 수 없는 애매한 오류, ④ 제1언어 구조나 습득 자료에 나타나지 않는 독특한 오류의 네 가지 유형으로 분류하였다. 이들은(1973) 아동들의 발화를 수집하여 네 가지 범주로 오류의 빈도를 조사하였다. 조사 결과 애매한 오류를 제외하고 오류의 85%가 발달적 오류였으며 12%는 독특한 오류이며 단지 3%가 간섭오류였다. 예를 들어, 거의 모든 아동들은 'The dog ate it'의 영어 목표 문장을 'Dog eat it'으로 산출하는 오류를 만들어 내었지 자신들의 모국어인 스페인어 구조를 전이한 'Dog it ate'이라고 산출하지 않았다. 이러한 연구결과는 아동은 제2언어를 배울 때 모국어로 부터의 전이를 기초로 하여 제2언어를 조직하는 것이 아니라 독립적 체계로서 학습자는 목표어를 구성해 나간다는 것을 제시하였다. Whitman과 Jackson(1972)은 일본 학생을 대상으로 한 실험에서 대조분석이 예측한 난이도와 학습자의 실제 난이도가 다르다는 것을 보여주었으며 두 언어 간의 언어적 차이가 학습 어려움을 가져와 오류를 만든다는 주장에 의문을 제기하였다.

Cazden 외(1975)는 스페인어 화자의 영어 습득 연구에서 모든 학습자들이 비슷한 부정문 발달 단계를 가진다는 것을 주목하였다. 학습자들의 초기 부정문 형태는 'no+동사'의 발화 형태였다. 이러한 형태는 모국어인 스페인어의 간섭결과로 보일 지도 모른다. 그러나 'no +동사' 형태는 영어를 모국어로 습득하는 아동들에게도 나타나며 모국어가 이러한 유형을 가지지 않는 학습자들의 영어 습득에서도 나타난다. 이러한 사실들을 고려할 때 'no + 동사'의 부정문 형태는 모국어의 간섭이라기보다는 자연스런 언어 발달이라고 분류할 수 있다.

다른 한편, 대조분석가설의 이론적 토대를 형성하는 구조·행동주의는 언어를 조건화된 습관의 덩어리로 보고 모방과 연습을 언어 학습의 주요과정으로 봄으로써 인간 언어 사용의 인지주의적, 창의적인 측면을 무시한다는 강한 비판을 받았다. 대표적으로 Chomsky는 언어 학습의 경우 어떤 발화 자극이 어떤 발화 반응을 일으키는지 일대일 대응으로 말할 수 없다고 행동주의의 자극-반응 체계를 비판하였다. 예를 들어, Chomsky는 Mozart의 음악을 자극으로 주었을 때 그 반응으로 'Mozart', '그 레코드 값이 얼마나 되는지 모르겠군', '나는 고전음악을 별로 좋아하지 않아요' 등등 여러 발화 반응이 가능하다고 말하였다. 또한 Chomsky는 모국어 습득환경에서 부모들은 아동에게 아주 제한된 입력을 주며 아동의 발화에 형식적 오류를 교정해 주지 않으며 정확한 발화를 하는 경우 거의 보상을 해 주지 않기 때문에 모방과 강화는 인간 언어능력을 설명해 주지 못한다고 행동주의 이론을 비판하였다. 아기가 태어나서 4, 5세까지 접하게 되는 언어자료가 빈약하고 불충분함에도 불구하고 지능의 높고 낮음에 관계없이 모두 모국어를 구사할 수 있다는 것을 고려한다면 단지 자극과 반응의 연상관계를 통하여 언어를 학습한다고 설명하는 것은 아동의 언어습득을 충분하게 설명하기에는 부족해 보인다. 예를 들어, 다음의 대화는 아동이 단순히 모방만을 통해서 언어를 학습하지 않는다는 것을 보여준다. 손에 상처가 있는 36개월 된 아동이 엄마와 나눈 대화이다.

엄마: Maybe we need to take you to the doctor.
아동: Why? So he can doc my little bump?

(Lightbown & Spada, 2009, p. 13)

아동은 farm-farmer, swim-swimmer, act-actor의 관계 유추를 통하여 명사 'doctor'에서 동사 'doc'을 만들어 사용하였던 것이다.

또 다른 아동의 경우를 보자. 아동 (5살 1개월)이 누나의 생일파티에서 아버지가 포도주스 잔을 들고 건배를 제안하였다.

아빠: I'd like to propose a toast.

잠시 생각을 한 후 아동은 자신의 잔을 들어 올리면 다음과 같이 기발한 말을 하였다.

아동: I'd like to propose a piece of bread.

(Lightbown & Spada, 2009, p. 14)

아동은 아버지의 'I'd like to propose. . .' 언어패턴을 자신도 해 보고자 하였으나 현재의 상황에서 '축배toast'의 의미를 파악하지 못하였고 자신이 알고 있는 빵의 종류로 이해하고 유사한 표현인 'a piece of bread'로 대체하여 사용함으로써 다른 사람들의 웃음을 자아냈다.

4. 유표성 차이 가설

대조분석가설에 대한 대안으로 Eckman(1977)은 모국어와 목표어의 표면적 비교를 통한 대조분석의 한계를 벗어나서 유표성markedness의 개념을 도입하여 제2언어 습득의 상대적 난이도를 예측하는 유표성 차이 가설markedness differential hypothesis을 제시하였다. 예를 들어, 수동문의 경우를 살펴보자. 자연 언어 중에는 그리스어나 페르시아어와 같이 행위자를 표현하지 않고 수동문을 표현하는 언어들이 있는 반면에 아래 문장 (1a), (1b)와 같이 행위자를 표현하지 않거나 또는 행위자를 표현하는 수동문을 모두 사용하는 영어와 불어와 같은 언어들도 있다. 그러나 자연 언어에서 행위자를 표현하는 수동구문만을 사용하는 언어는 존재하지 않는다.

1. a. The door was closed.
   b. The door was closed by the janitor.

행위자를 표현하는 수동문(1b)의 사용은 행위자를 표현하지 않는 수동문(1a)의 존재를 암시하며 행위자를 표현하는 문장이 행위자를 표현하지 않는 문장 보다 유표적이다. Eckman은 이러한 유표성을 기본으로 해서 유표성 차이 가설을 제안하였다. 유표성 차이 가설은 제2언어 학습자의 학습 어려움은 모국어와 목표어 문법, 그리고 언어 보편적 유표성 관계를 체계적으로 비교함으로써 예측되어질 수 있다는 것으로 그 내용을 요약하면 다음과 같다.

1. 모국어와 다르며 모국어보다 보다 유표적인 목표어의 자질들은 학습하기 어려울 것이다.
2. 모국어보다 보다 유표적인 목표어의 상대적인 난이도는 상대적인 유표성과 일치할 것이다.
3. 모국어와는 다르지만 덜 유표적인 목표어 자질들은 학습에 어려움이 없을 것이다.

Eckman의 유표성 차이 가설을 영어와 독일어의 /t/, /d/의 학습에 적용해 보자. 영어에서는 /t/와 /d/의 대조는 어두(예, tin-din)와 어중(예, betting-bedding) 그리고 어말(예, bet-bed)에서 관찰된다. 그러나 독일어에서는 단지 어두와 어중에서만 이러한 음소적 차이가 나타나며 어말에서는 이러한 대조가 나타나지 않는다. 이 경우 전통적인 대조분석가설은 독일어를 학습하는 영어화자가 영어를 학습하는 독일어화자보다 더 어려움을 가질 것이라고 예측한다. 그러나 실제 상황은 그 반대이다. 독일어화자는 어말에 /b/보다 /p/를 사용하는 것이 아주 자연스럽고 습관처럼 되어서 외국어를 학습하는 경우 어말에 유성 저해음voiced obstruents을 발음하는데 어려움을 가진다. 반면에 영어화자는 독일어의 저해음 유성성 교체를 학습하는데 철자로 인해 잘못 발음하는 경우를 제외하고는 별 어려움을 겪지 않는다. 저해음의 유성·무성 대조에 따라 언어들을 유형적으로 나누면 다음과 같다.

표 4.2 유성성 대조 위치 비교

타입	유성성 대조 위치	예
A	어두, 어중, 어말	영어, 아랍어
B	어두, 어중	독어, 일본어
C	어두	코르시카 방언
D	어두, 어중, 어말 모두에서 유성성 대조가 나타지 않음.	한국어

이러한 유형적 분포로부터 어말의 유성성 대조는 어중의 대조를 암시하며 어중의 대조는 어두의 대조를 암시한다. 이러한 사실을 보편적인 등급으로 나타내면 다음과 같다.

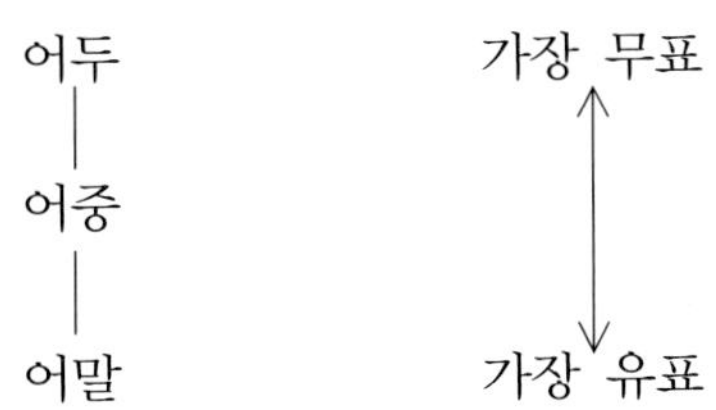

그림 4.1 유성성 대조 위계voice contrast hierarchy

위의 유성성 대조 위계에 따르면 저해음이 어중에 유성성 대조를 가지는 경우는 반드시 이 대조는 어두에도 나타난다. 그러나 이 대조가 어말에 반드시 나타나지는 않는다. 더욱이, 유성성 대조 위계는 어말에 유성성 대조가 나타나면서 어중이나 어두에 대조가 나타나지 않는 언어는 없다는 것을 암시한다. 어말의 유성성 대조는 어두나 어중의 유성성 대조보다 더 유표적인 것이다. 따라서 독일어를 학습하는 영어화자들보다 어말에 유성·무성 대조가 있는 영어를 학습하는 독일어화자가 더 어려움을 가진다는 것이 설명될 수 있다.

이와 같이 Eckman은 모국어와 목표어의 언어 구조를 단순 비교하는 전통적인 대조분석을 넘어서 제2언어 습득에 유형적 유표성을 연결시킴으로써 언어 학습의 상대적인 난이도에 대하여 보다 설명력 있는 예측을 제시한다. 모국어가 목표어의 자질과 일치하지 않을 지라도 보편적 경향과 일치하는 목표어 자질은 그렇지 않은 자질보다 더 쉽게 습득될 것이며 비록 모국어가 목표어 자질들 모두와 일치할 지라도 보편적 경향과 일치하지 않는 자질은 일치하는 자질보다 더 어려움을 갖고 습득될 것이라는 것을 제시한다. 대조분석이 두 언어 간의 표면 구조의 비교를 통해서 목표어 학습상의 난이도를 예측하지만 유형적 유표성을 고려함으로써 언어 전이에 대한 모순되는 현상을 설명할 수 있으며 따라서 모국어의 전이에 대한 본질을 더 명확하게 이해할 수 있게 해 준다.

제5장

언어보편성과 영어 습득

Noam Chomsky의
최근 모습

전통적 행동주의 관점에서 인간의 언어 습득에 가장 중요한 과정을 모방과 연습으로 주장하는 반면에 이와는 정반대로 인간은 언어를 배울 수 있는 능력 또는 메커니즘을 선천적으로 타고나며 이 메커니즘으로 인하여 인간은 다양한 환경에서도 불구하고 유사한 과정을 거치면서 언어를 잘 배울 수 있다는 주장이 있다. 대표적인 생득주의자 Noam Chomsky는 인간이 타고나는 언어습득 능력을 처음에는 언어습득장치LAD: language acquisition device로 명명하였다가 후에 이를 보편문법universal grammar로 발전시켰다.

Chomsky의 주장에 따르면 아동은 태어날 때부터 스스로 언어의 규칙을 발견하여 무한한 문장을 생성할 수 있는 인간만의 고유한 언어 습득 능력을 가지고 태어난다. 아기가 태어나서 일정한 시기가 되면 걸음마를 배우는 것과 같이 인간은 선천적으로 언어 습득 능력을 가지고 태어나서 적절한 시기에 언어에 노출되면 일정한 발달 단계를 거쳐서 언어를 배운다. 이러한 Chomsky의 타고난 언어능력인 보편문법이 인간이 제2언어를 습득하는 경우에는 어떠한 역할을 하는가에 대하여 여러 다른 가설들이 제안되었다. 다른 한편 Chomsky식의 인간의 보편적 언어능력 또는 문법의 탐구와는 달리 자연 언어들의 표본들을 조사함으로써 언어의 유형학적 보편성을 찾는 전통에서는 유형적 보편성을 조사하여 인간 언어의 보편성과 특수성을 설명하고 있다. 이들은 제2언어 학습자는 유형학적 보편성과 모국어에 영향을 받으며 제2언어 습득을 진행해 나간다는 것을 주장한다.

1. 보편문법과 언어습득

(1) 모국어 습득

원어민 화자는 자신의 모국어를 자유롭게 산출하고 이해할 수 있으며 모국어로 된 어떤 문장이 모국어 문법에 적합한지 아닌지를, 즉 그 문장의 문법성grammaticality을 직관적으로 판단할 수 있다. 예를 들어, 영어 원어민 화자는 다음의 문장에 대하여 문법성을 판단할 수 있다.

1. a. Tom went to see off his friends.
   b. Tom went to see his friends off.
   c. John looked up the hill.
   d. *John looked the hill up.

영어 원어민 화자는 별 어려움 없이 a, b, c는 문법적인 영어문장이지만 d는 문법적인 영어문장이 아니라는 것을 말할 수 있다. 이러한 원어민 화자의 무의식적이고 암시적인 지식을 Chomsky는 언어능력linguistic competence이라고 하였다. 그리고 이러한 성인 인간의 언어능력을 설명하기 위하여 Chomsky는 보편문법universal grammar이라는 선천적인 메커니즘을 제안하였다. Chomsky가 선천적 언어능력인 보편문법을 가정하는 논리적 근거는 아동 언어습득의 논리적 문제logical problem이다. 아동은 태어나서 일정시기를 거치면 그 언어집단의 성인 언어 지식체계에 도달하게 되며 명확하게 제시되거나 명시적으로 설명되지 않는 언어 지식까지도 습득하게 된다. 이에 대하여 우리는 아동이 부모로부터 들은 언어입력증거를 통하여 이러한 지식을 습득할 것이라고 생각할 수 있다. 아동이 경험하는 언어입력증거를 Chomsky(1981)는 세 가지 유형으로 분류하였다. 첫 번째는 긍정적 입력증거positive evidence이다. 특정 문장유형이 입력으로 나타나는 경우이다. 아동은 긍정적 언어입력 증거로 자신이 직면한 언어가 어떤 특징을 가지는가를 알 수 있다. 예를 들어, 다음의 경우를 보자.

2. The hunter saw the tiger that was sleeping under the tree.

아동은 위의 문장과 같이 핵head인 선행사('tiger')가 먼저 나오고 그 다음에 관계절('that was sleeping under the tree')이 나오는 문장을 통하여 영어는 핵-선행head-initial 언어라는 것을 알 수 있다. 두 번째 입력증거는 직접적인 부정적 입력증거direct negative evidence이다. 언어교정correction이 그 예이다.

아동: Man the old.

엄마: No dear, in English we say 'The old man'.

위의 예에서처럼 아동이 'man the old'라고 말하였을 때, 부모가 바로 틀린 것을 지적하고 올바른 형태인 'the old man'을 알려주는 경우이다. 세 번째 입력증거는 간접적인 부정적 입력증거indirect negative evidence이다. 어떤 언어형태가 언어 환경에 나타나지 않는 경우이다. 이러한 언어입력의 부재nonexistence는 아동 언어 습득에 영향을 미칠 수 있다.

Chomsky(1981)는 이러한 세 유형의 입력 증거에 대해 언급하면서 실제 언어습득에 중요한 입력증거는 긍정적 언어입력이며 나머지는 아동 언어 습득에 의미 있는 영향을 미치지 못한다는 것을 주장하였다. 즉, 나머지는 학습자가 우연히 접하게 되는 언어입력으로 모든 언어 학습자에게 일관성 있게 제시되는 신뢰할 만한 입력 증거가 아니다. 예를 들어 영어를 모국어로 배우는 아동과 엄마의 다음 대화를 보자.

아동: Nobody don't like me.

엄마: No, say 'nobody likes me.'

아동: Nobody don't like me.

. . .

위의 대화가 8번 반복됨.

엄마: No, now listen carefully, say 'nobody likes me.'

아동: Pu! nobody don't likes me.

(McNeill, 1966)

아동이 'Nobody don't like me'라고 이중부정을 사용하여 문법적으로 틀린 문장을 말하자 엄마는 이를 고쳐서 'Nobody likes me'라고 말해주고 있다. 그러나 아동은 8번 반복할 때까지 엄마가 고쳐주는 것이 무엇인지 알아채지 못하고 끝에 가서는 동사 'like'에 '-s'를 붙이는 것으로 알아듣는 장면이다. 엄마는 아동의 문법을 고쳐주려고 하지만 아동은 엄마의 문법교정에 관심을 갖지 않으며 이것은 문법적 교정이 모국어 습득에 의미 있는 영향을 주지 않는다는 것을 보여주는 한 단면이다.

실제로 부모가 아동의 발화형태에 대하여 명시적으로 설명을 하는 경우는 거의 없으며 대신에 간접적인 언어 확장인 대체표현제시recast가 빈번하게 일어난다. 다음이 그 예이다.

아동: Draw a boot paper.

엄마: That's right. Draw a boot on paper. (Brown & Hanlon, 1970)

따라서 언어습득을 위한 세 가지 언어증거 중에 아동의 언어습득에 중심적 역할을 하는 것은 긍정적인 언어입력이라는 것을 알 수 있다. 아동은 자신에게 주어지는 일련의 제한된 언어입력증거를 통하여 성인의 언어 지식에 도달하게 된다. 아동에게 주어지는 언어입력의 특징은 일반적으로 수정된 짧고 단순화된 문장을 성인으로부터 받는다. 그러한 단순한 언어입력은 초기 언어습득에 도움이 될 수 있지만 (3)과 같은 단순문장이 (4)와 같은 문장의 대명사와 명사구의 공지시관계coreference relation에 대하여 실마리를 제공할 수 있을까?

3. a. Jane*i* washed her*j*.
   b. She*i* washed Jane*j*.

c. She*i* washed her*j*.

4. a. Tom*i* watched television before he*i* had his dinner.
   b. *He*i* watched television before Tom*i* had his dinner.

아동이 받는 일련의 수정된 단순화된 언어입력은 복잡한 언어 양상을 설명하기에는 부족하다. 또한 아동에게 주어지는 언어입력에는 많은 오류가 포함된 비문법적인 문장들도 있다. 그러나 놀랍게도 모든 아동들은 일정한 기간을 거치면 언어를 습득한다. 그뿐만 아니라 모든 아동들은 일반적으로 비슷한 언어 발달 과정을 거치면서 모국어를 습득한다. 이러한 아동이 받는 언어입력증거의 상대적 빈약함과 우수하지 못함에도 불구하고 아동의 빠르고 보편적인 언어발달이라는 언어습득의 논리적 문제를 제기하면서 Chomsky는 보편문법을 주장하였다.

보편문법을 토대로 한 언어 습득 과정은 선천적으로 타고난 보편문법의 최초상태를 근거로 한 인간의 성숙, 성장의 과정이다. 언어습득은 고도로 제한된 체계를 가지고 언어경험을 통하여 달성된다. 언어 학습자는 보편문법이라는 풍부한 언어 지식·능력을 가지고 태어나서 언어경험을 통하여 매개변수parameters를 고정시킴으로써 언어 습득 과정을 완성한다.

보편문법이론은 모든 언어에 공통적인 원리들principles의 존재를 주장하는 반면에 개별언어의 상이함을 매개변수로 설명한다. 즉, 보편적인 원리들에 적절한 매개변수를 부여함으로써 개별 언어의 특수성을 설명한다. 따라서 개별 언어문법은 보편문법원리 + 매개변수 고정으로 완성된다. 매개변수의 고정은 언어경험에 의해서 촉발되기에 언어마다 다른 매개변수 값을 가질 수 있다. 예를 들어, 핵 매개변수head parameter의 경우를 보자. 영어나 한국어나 모두 핵 매개변수로 설명되는데 다만 영어는 핵-선행head-initial이며 한국어는 핵-후행head-final의 값을 가진다.

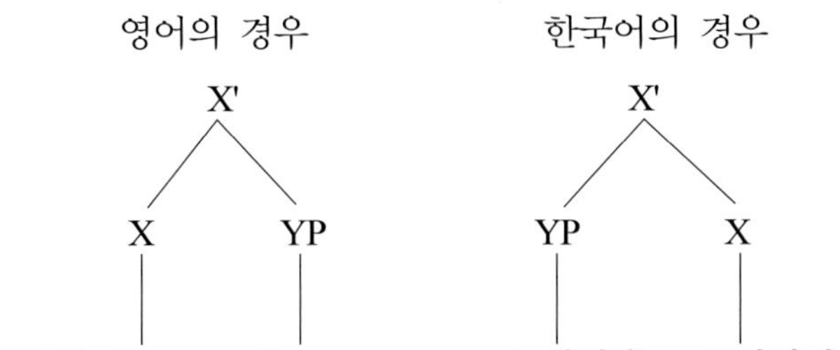

	영어의 경우		한국어의 경우	
X=V	like	the man	그 사람을	좋아하다
X=P	behind	the man	그 사람	뒤에
X=N	picture	(of) the man	그 사람의	그림
X=A	fond	(of) the man	그 사람을	좋아하여

따라서 학습자는 보편문법의 원리와 매개변수를 선천적 언어능력으로 가지고 태어나서 언어경험을 통하여 자신의 언어에 맞는 매개변수의 값을 고정하게 된다. 이렇게 모국어 매개변수의 고정과 어휘습득으로 모국어의 핵심문법core grammar이 완성된다. 이러한 과정을 간단히 도식으로 나타내면 다음과 같다.

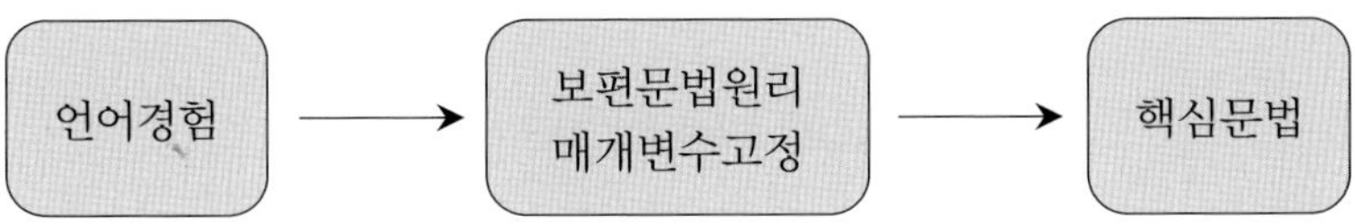

그림 5.1 보편문법을 통한 언어습득 과정

(2) 제2언어 습득

모국어 습득의 경우 인간은 타고난 선천적인 보편문법을 통하여 불충분한 언어 환경에도 불구하고 모국어를 어려움 없이 습득할 수 있다면 제2언어 습득의 경우에는 어떠할까? 이에 대하여 일반적으로 크게 세 가지 입장으로 나누어 볼 수 있다. 먼저 성인 제2언어 습득에서는 보편문법이 더 이상 이용가능하지 않으며 제2언어 습득은 보편문법이 아닌 일반인지체계로 설명가능하다는 보편문법 비접근가설nonaccess hypothesis이 있다. 다음으로 성인 제2언어 습득에서 보편문법이 작동하되 부분적인 접근만이 가능하다는 보편문법 부분접근가설partial access hypothesis이 있으며, 세 번째로는 성인 제2언어 습득에서도 보편문법이 작동한다는 보편문법 접근가설access hypothesis이 있다. 이들 세 견해를 그림으로 나타내면 다음과 같다.

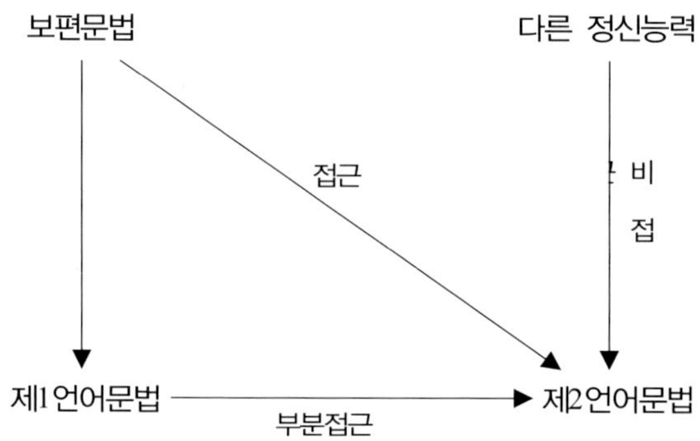

그림 5.2 보편문법 접근가능성

제1언어 습득과 제2언어 습득의 차이점과 제2언어 학습자의 여러 특성에 초점을 맞추어서 보편문법은 성인 제2언어 습득에 더 이상 이용가능하지 않다는 견해가 비접근가설이다. 비접근가설의 대표적 학자인 Bley-Vrom(1989)은 이러한 주장을 근본적 차이가설fundermental differential hypothesis로 설명한다. 그는 성인 외국어학습의 경우 성공적인 외국어학습은 거의 없으며 또한 완전한 성공이라는 것은 극히 드물며, 학습자마다 다양한 목표를 가지며 화석화fossilization현상이 나타나며, 불확실한 직관indeterminate intuition을 가지며, 교육이 중요한 역할을 하며, 감정요인이 작용하며, 부정적 언어입력증거가 주어진다는 점을 들면서 제2언어 습득은 아동의 모국어 습득과는 근본적으로 다르다고 주장한다. 즉, 아동의 모국어 습득은 선천적인 언어습득체계로 설명 가능하지만 성인 제2언어 습득은 일반적인 문제해결체계가 이용된다고 설명한다.

보편문법이 제2언어 습득에 부분적으로 접근가능하다는 부분접근가설은 무엇이 보편문법의 접근을 제한하는가와 어떤 보편문법구조가 제2언어 습득에서 이용가능한가를 중심으로 논의가 이루어진다. 보편문법의 접근을 제한하는 요인으로 Felix(1991)는 성숙요인을 들고 있다. 아동의 경우, 언어-특정적 인지체계language-specific cognitive system가 있어서 형식적인 언어자질을 습득한다. 그러나 사춘기에 추상적인 형식체계를 다루는 일반능력, 즉 문제해결인지체계problem-solving cognitive system를 발달시키게 되며 따라서 사춘기를 전후하여 언어자료를 처리하는 두 가지 접근방식이 서로 경쟁하게 된다. 그 결과, 성인의 경우, 언어습득을 할 때 PSC와 LSC가 서로 경쟁하게 되고 이때 PSC를 억제할 수 없으며 따라서 LSC가 아닌 PSC가 이용되고 언어습득에 실패하게 된다고 설명한다.

보편문법의 어떤 구조가 이용가능한가에 대하여 Schachter(1988)는 제2언어 학습자는 모국어를 통해서 보편문법에 접근이 가능하다고 주장한다. 즉, 학습자의 모국어에 구현된 보편문법만이 제2언어 습득에서 작동하며 학습자의 모국어에 나타나지 않는 것은 습득할 수 없다. Schachter (1988)는 영어를 제2언어로 습득하는 한국어화자와 화란어화자들을 대상으로 하위인접원리subjacency와 관련된 영어문장에 대한 문법성 판단실험을 실시하였다. 피험자들 중에 한국어화자는 모국어를 통해서는 하위인접원리의 어떤 경험도 가지지 않는 반면에, 화란어화자의 경우는 모국어의 의문사 이동이 하위이접원리에 있어서 영어와 유사하였다. 실험결과 한국어화자들은 문법적인 영어문장에 대하여는 정확하게 판단하였지만 하위인접조건을 위반한 문장들에 대하여는 제대로 판단하지 못하였다. 그러나 화란어화자들은 상당한 정확성을 가지고 문법적인 문장을 받아들였으며 하위인접원리를 위반한 문장들은 거부하였다. Schachter (1988)는 이러한 결과를 토대로 보편문법원리가 제1언어와 제2언어에 유사하게 작동하는 경우에는 제2언어 학습자들은 그 원리에 접근할 수 있지만 그 원리가 제1언어에 존재하지 않는 경우에는 그 원리를 제2언어 습득에서 접근할 수 없다는 것을 주장한다.

학습자의 모국어 지식과 인지발달보다 인간의 보편적 언어능력이 제2언어 습득에서도 중요한 영향을 미친다는 접근가설은 제1언어습득에서 보편적 언어능력이 존재하는 한 성인 제2언어 습득에서도 보편문법이 작동한다는 것을 주장한다. 선천적인 언어 지식인 보편문법이 성인 제2언어 습득에서도 위축되지 않고 제1언어에서와 같이 작동한다. 예를 들어, 매개변수 재고정 모델parameter-resetting model에서 Flynn(1987)은 제1언어습득이 보편문법의 매개변수의 고정과정이라면 제2언어 습득은 제1언어의 매개변수의 값을 제2언어 매개변수의 값으로 재고정하는 과정이라고 설명한다. 모국어 습득 과정과 같이 제2언어 습득 과정을 보편문법을 이용한 학습자의 능동적인 구문형성과정으로 설명한다.

2. 유형적 보편성

(1) 모국어 습득

Chomsky의 보편문법이론과는 달리 언어 보편성에 대한 유형학적인 접근에서는 한 언어나 한 어족에 초점을 맞추지 않고 자연 언어들의 표본을 조사함으로써 언어 보편적 특성을 찾아간다. 유형적 보편성typological universals을 연구하는 학자들은 언어 보편성에 대하여 여러 가능한 설명을 한다. 단일 발생 기원설로 언어 보편적 특질을 설명하는 견해도 있고 Chomsky의 입장과 같이 언어 보편성을 선천적으로 인간이 타고난 능력일지도 모른다고 설명하는 견해도 있다. 또한 어떤 언어 보편성은 의사소통적 사용으로부터 파생되어 나온 것이라고 설명한다.

유형적 보편성은 실질적 보편소, 형식적 보편소, 그리고 암시적 보편소의 세 가지 유형으로 기술된다. 실질적 보편소와 형식적 보편소는 보편문법의 보편성과 상응한다. 암시적 보편성은 어떤 언어 자질의 존재와 다른 자질의 존재와 관련된다. 만약 자질 x가 어떤 언어에 존재한다면 그것은 y, z....의 자질들이 그 언어에 또한 존재한다는 것을 암시할 수 있다.

암시적 보편성이 위계를 이루는 경우 한 자질의 존재가 위계에서 그보다 상위에 있는 모든 자질들의 존재를 암시한다. 예를 들어, 보편적인 문장 보어 위계는 다음과 같다.

절 미(clause final)

절 두(clause initial)

절 중(clause internal)

그림 5.3 문장 보어 위계 complement hierarchy

이 위계에 따르면 어떤 언어가 보어를 문두에 위치시킨다는 것은 그 언어가 또한 보어를 문미에 위치시킨다는 것을 알 수 있다.

유형적 보편성과 모국어 습득에 대하여 Zoble(1983)은 투영장치를 통해서 설명한다. 하나의 보편적 규칙의 습득은 그 규칙에 의해서 암시되는 다른 규칙들의 습득을 자동적으로 야기한다. Zoble은 학습자가 목표어에 대하여 얻는 최종 상태의 언어 지식은 습득 기간 동안 학습자가 받은 언어 자료를 훨씬 넘는다는 것을 지적하면서 만약 학습자가 성인 문법 자질 모두를 입력 자료로 필요로 한다면 목표어를 습득하는데 걸리는 시간은 너무나 길 것이라고 설명한다. 따라서 Zoble은 학습자는 소량의 언어입력을 기본으로 목표어 자질에 관한 문제를 해결하는 능력을 지닌다고 가정한다. 즉, 학습자는 보편적 규칙이 습득되어지면 그 규칙이 암시하는 다른 규칙들의 습득을 야기하는 투영장치를 가진다.

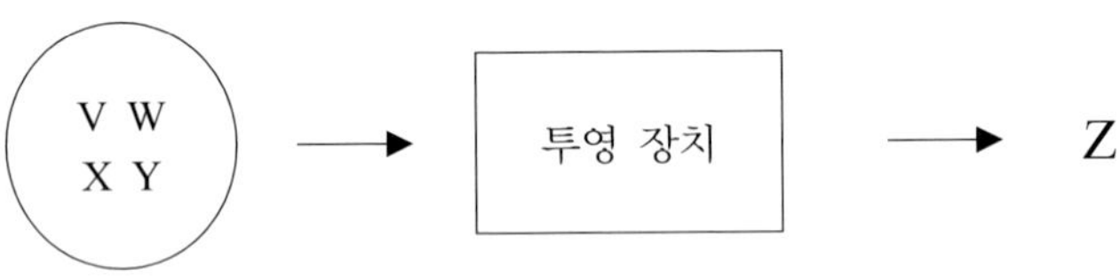

그림 5.4 Zoble의 투영 모델(1983)

(2) 제2언어 습득

유형학적 보편성은 제2언어 학습자의 중간언어 발달 과정을 언어 보편적 특질을 반영하는 체계로 설명한다. 제2언어 학습자는 목표어 입력 자료를 가지고 언어 보편적인 원칙들에 조화를 이루는 언어 체계를 만들어 나간다.

자연 언어를 동사와 목적어의 상대적 위치에 따라서 나누면 <표 5.1>과 같다. 가능한 기본 어순 타입은 SVO, VOS, VSO, SOV, OVS, OSV의 여섯 가지 이지만 OVS, OSV는 목적어가 주어를 선행하는 형태로 실제 세계어에 거의 존재하지 않기에 제외하였다. 표면 구조에 많은 다른 요소들의 순서는 목적어가 동사 앞에 나오느냐 아니면 동사가 목적어 앞에 나오느냐에 따라서 달라진다.

표 5.1 자연 언어에서 두 언어 타입의 분포

VO	OV
SVO 35%	SOV 45%
VSO 19%	
VOS 2%	

모든 언어들은 기본적인 장치로 대등 연결 구조를 가지며 동일 요소의 반복을 피하려는 경향을 가진다. 영어의 'and' 등위 구조가 그 예이다. 언어 유형에 따른 표면 문장 어순과 대등 구문 삭제 유형은 다음과 같다.

표 5.2 표면 문장 어순과 대등 구문 삭제 방향

	VO	OV
	SVO + SVO	SOV + SOV
주어 삭제	SVO + _VO	SOV + _OV
동사 삭제	SVO + S_O	SO_ + SOV
목적어 삭제	SV_ + SVO	SOV + S_V

어떤 언어도 후방향성 삭제만을 가지는 언어는 없으며 'and'로 연결되는 대등 구문에서 잉여 요소는 전방향성 삭제가 보편적이다. 영어의 예문들은 다음과 같다.

표 5.3 영어 대등 구문에서 삭제 유형의 예

유형	예
주어 삭제	John sang a song and played a guitar.
동사 삭제	John played the piano and Mary the violin.
목적어 삭제	John typed and Mary mailed the letter.

위의 표에서 알 수 있듯이 동일 주어 삭제의 경우 VO/OV 언어 타입 모두가 보편적인 전방향성 삭제를 가진다. 동사 삭제의 경우는 VO 타입의 언어는 보편적인 전방향성 삭제를 하며 OV 타입은 후방향성 삭제를 한다. 목적어 삭제의 경우 대부분의 VO 언어들은 보편적인 경향과 일치하지 않으며 OV 타입은 전방향성 삭제의 보편적인 과정을 가진다. 이러한 유형학적 보편성을 고려하여 제2언어 학습자가 VO 타입의 영어를 습득하는 경우를 생각해 보자. 영어 동사를 삭제하는 경우 영어는 보편적인 전방향성을 취하므로 학습자의 모국어가 VO 언어이든 OV 언어이든 영어 대등 구문을 만드는데 큰 차이가 없다. 그러나 목적어를 삭제해

야 하는 대등 구문의 경우 영어의 표면 구조는 보편적인 경향과 일치하지 않는다. 따라서 모국어가 OV 타입인 영어 학습자는 모국어가 보편적인 경향과 일치하는 목적어 삭제 구조를 가지기 때문에 영어 목적어 삭제 대등 구문을 만드는 경우에는 보편적인 경향을 취하는 형태를 보일 것이라고 예측해 볼 수 있다.

다양한 모국어 배경을 지닌 영어 학습자들의 대등 구문 습득에 대한 Schmidt(1980)의 연구는 유형적 보편성이 제2언어 학습자의 언어 발달에 어떻게 작용하는가를 보여준다. Schmidt의 연구에서 주어 삭제 구문의 경우 유형적 보편성으로 예견할 수 있는 것처럼 모든 피험자들은 영어와 같은 삭제 유형을 보여 주었다. 동사의 경우도 몇 몇 학습자의 언어에서 동사를 삭제하지 않는 경우를 제외하고 삭제를 하는 경우 영어와 같은 유형을 보였다. 목적어의 삭제의 경우, 영어와 같은 표면 구조를 나타내는 경우가 있었지만 다른 경우와 비교해서 영어의 삭제 어순 형태에서 이탈한 형태가 가장 많이 나타났다. 이러한 영어 학습자들가 산출한 형태와 영어 표면 어순과의 관계를 나타내면 다음과 같다.

a. 주어 삭제: 학습자언어 형태 = 영어 표면 어순
b. 동사 삭제: 학습자언어 형태 = 영어 표면 어순
c. 목적어 삭제: 학습자언어 형태 ≠ 영어 표면 어순

이러한 영어 학습자들의 언어 형태는 유형적인 보편적 특질인 표면 어순 제약이 학습자의 언어 체계에 영향을 미친다는 것을 보여준다. 학습자는 주어와 동사의 삭제 구문의 경우 보편적인 표면 어순 제약과 영어의 표면 어순이 일치하기 때문에 영어 대등 구문에 큰 어려움이 없었다. 그러나 목적어 삭제의 경우 영어의 표면 어순이 보편적 어순 제약에

일치하지 않기 때문에 학습자는 보편적인 제약을 따르는 자신의 모국어의 어순을 채택하고 있는 것으로 설명할 수 있다. 김희숙(1987)도 영어 대등절 습득 연구를 통하여 언어 보편성이 제2언어 습득 과정을 설명하는데 중요한 요인이라는 것을 제시하였다. 그녀는 학습자의 모국어 어순에 따라서 학습자의 보편적인 표면 어순 제약에 대한 민감도가 체계적으로 차이가 나타난다는 것을 보여주었다. 이것은 제2언어 학습자는 유형적 어순 보편성에 대한 심리적 실재성psychological reality을 지닌다는 것을 제시하는 증거이다. 그녀의 연구는 유형적 언어 보편성과 학습자의 모국어는 상호작용하면서 제2언어 학습자의 언어 발달에 영향을 미친다는 것을 보여주고 있다.

3. Krashen의 모니터 모델

Chomsky의 생득적 관점의 연구와 실증 자료를 바탕으로 Krashen (1982)은 제2언어 습득에 대한 모니터 모델monitor model을 제안하였다. 그의 이론은 제2언어 습득과 교육에 큰 영향을 미쳤다. 그의 '모니터 모델'은 (1) 습득-학습가설acquisition-learning hypothesis (2) 모니터가설monitor hypothesis (3) 자연적 순서가설natural order hypothesis (4) 입력가설input hypothesis, 그리고 (5) 감정 여과기가설affective filter hypothesis에 토대를 두고 있다. 이 다섯 가지 가설을 소개하면 다음과 같다.

(1) 습득-학습가설

Krashen에 의하면 학습자는 두 가지 서로 다른 방식으로 제2언어를

Krashen교수와 학생들

배울 수 있다. 학습자들은 제2언어를 '습득 과정acquisition processes'을 통하여 배워 나갈 수 도 있으며 또한 '학습 과정learning processes'을 통하여 배워 나갈 수 있다. 그에 따르면 학습자들은 아동들이 그들의 모국어를 배우는 것처럼 제 2언어로 의미 있는 상호작용에 참여하면서 언어를 습득할 수 있다. 다른 한편으로 학습자들은 가장 전형적으로 언어교실에서 형식중심과 오류 교정을 통한 의식적인 과정을 통해서 제2언어를 학습해 나갈 수 있다.

Krashen에 있어서 습득은 언어를 배워나가는 보다 중요한 과정이다. 그는 습득된 지식은 자연스럽고, 유창한 의사소통을 위한 토대가 되는 반면에 학습을 통해서 축적된 지식은 의사소통활동에 도움이 되지 않는다고 주장한다. 더 나아가 그는 학습을 통해서 형성된 지식체계는 습득 지식체계로 변화할 수 없다는 것을 주장한다.

실제적으로 습득과 학습 중 어느 체계가 주어진 어떤 순간에 효과적인지를 탐지해 내기란 극히 어렵다. 이 가설을 시험해 보기 위해서는 실험적으로 통제되고 조작될 수 있도록 이 두 가지 추상적인 개념(습득과 학습)이 각각 좀 더 명확하게 정의되어질 필요가 있다.

(2) 모니터가설

Krashen은 습득된 체계acquired system는 화자의 발화를 시작되게 하고 유창함과 말의 정확성에 대한 직관적인 판단을 책임진다고 주장한다. 반면에 학습된 체계learned system는 습득된 체계가 생산한 것에 조그마한 변화를 주거나 세련시키면서 편집자나 '모니터' 역할만을 행한다. 더욱이 Krashen은 모니터 사용을 위해 충분한 시간, 형식에 초점 두기, 해당 문법을 알기와 같은 세 가지 조건들이 충족되어야 한다는 것을 지적한다. 그는 문법 규칙을 의식적으로 아는 것은 실제의 의사소통을 통해 습득된 것을 화자가 다듬거나 하는 데 도움을 줄 뿐이라고 주장한다. 그래서 언어 교수의 초점은 규칙 습득이 아니라 의사소통에 두어야 한다.

이 가설의 단점은 '모니터' 사용의 증거를 보여 주기가 아주 어렵다는 데 있다. 어떤 주어진 발화에 있어서 습득 체계에 의해 생산된 것이 무엇이고 모니터 사용의 결과로 생산된 것은 무엇인지 결정하기는 어렵다. '학습이 곧 습득이 될 수 없다'는 Krashen의 주장은 자발적으로 생산된 것은 무엇이든지 학습된 것이 아니고 습득된 것이다. 그러나 Krashen의 이러한 견해에 대한 다른 입장과 주장이 많이 제기된 상태로 다음 장에서 다루어질 인지 처리과정을 참고해 볼 수 있다.

(3) 자연적 순서가설

이 가설은 우리가 언어의 규칙들을 예측 가능한 일련의 순서를 따라서 습득한다는 것을 말해 주고 있다. 즉, 자연적 순서가 있어서 어떤 규칙들은 일찍 습득되는 반면에 어떤 규칙들은 늦게 습득된다. 가장 쉬운 규칙이라고 해서 가장 먼저 습득되는 것은 아니다. 예를 들어, 현재시제에서 3인칭 단수 동사에 -s를 붙이는 규칙은 학습하기에는 어렵지 않지만 고급단계의 제2언어 학습자도 실제 언어 사용에서는 종종 오류를 범하는 형태소이다. 더욱이 Krashen은 자연적 순서는 규칙들의 교육순서와 독립적이라는 것을 주장하고 있으며 이는 학습자들은 가르친 순서대로 배우는 것은 아니라는 것을 의미한다. 이 가설을 위한 대부분의 증거들은 특정한 문법형태소 사용의 정확도를 측정한 형태소 습득 연구를 토대로 한다.

(4) 입력가설

Krashen은 언어 학습자는 오직 한 가지 방법인 이해가능한 입력comprehensible input을 받아들임으로써, 즉 전달내용을 이해함으로써 언어를 습득한다고 주장한다. 그렇다면 어떠한 입력이 이해가능한 입력이 될 수 있을까? 이에 대하여 Krashen은 학습자의 현재의 언어 수준을 조금 능가하는 입력으로 현재의 학습자의 언어수준을 i라고 한다면 i + 1 정도의 수준이면 학습자에게 이해가능한 입력이라고 설명한다. 그러한 i + 1 정도의 언어 형식과 구조를 포함하는 전달내용은 학습자가 이해할 수 있고 그 이해는 언어 습득을 유발시킨다.

Krashen은 이해 가능한 입력이 언어 습득에 필수 요소이지만 습득을 위한 충분조건은 아니라는 것을 지적한다. 다른 필수 조건은 가설 5와 관계가 있다.

(5) 감정 여과기가설

'감정 여과기'라는 것은 학습자들이 환경 속에서 얻을 수 있는 입력을 받아들이지 못하게 하는 가상의 장벽이다. '감정'은 동기나 욕구, 태도, 그리고 정서적인 상태와 같은 것들을 말한다. 긴장해 있거나, 화가 나 있고, 초조하거나 지루해진 학습자들은 습득을 위해 그것을 사용할 수 없도록 입력을 차단해 버린다. 그러므로 학습자들의 정신이나 기질의 상태에 따라 여과기는 관심을 두어야 할 것이 무엇인지, 그리고 습득되어져야 할 것은 무엇인지 제한한다. 여과기는 학습자가 스트레스를 받거나 자의식에 빠져 있거나 동기가 유발되지 않을 때는 '올라가' 있고, 즉 작동을 할 것이고, 학습자가 편안하게 있을 때나 동기가 유발되어 있을 때는 '내려가' 있게 된다.

이러한 5가설에 기초한 Krashend의 모니터 모델에서 제시하는 제2언어 습득의 정신적 처리과정을 그림으로 나타내면 다음과 같다.

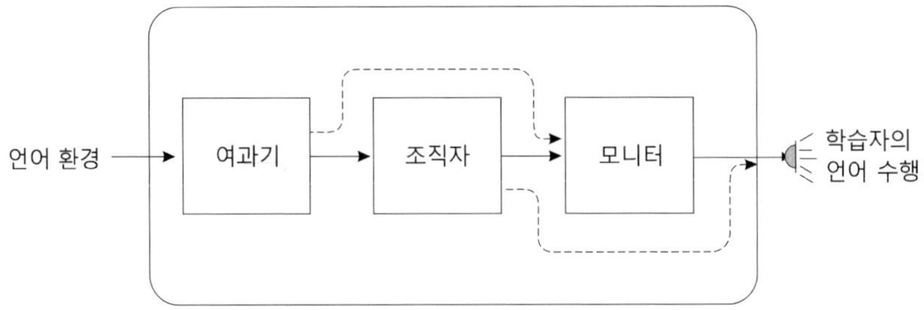

그림 5.5 내적 처리체계 (Dulay, Burt, & Krashen, 1982, p. 46)

위의 그림은 우리 인간이 제2언어를 배울 때 세 가지 내적 요인이 작동한다는 것을 보여준다. '여과기filter', '조직자organizer'은 무의적 처리자이며 '모니터monitor'는 의식적인 처리자이다. 언어 학습자는 주변에서 듣게 되는 모든 것을 취하지는 않는다. 감정 여과기가설에서 제안하듯이 학습자의 동기, 필요, 태도, 그리고 감정적인 상태가 학습자가 듣는 것을 필터링을 하면서 언어 학습의 속도와 질적인 측면에 영향을 미친다. '조직자'는 무의식적으로 새로운 언어 체계를 조직하는 학습자의 정신체계의 부분을 가리킨다. 학습자의 조직자는 특정한 방식으로 새로운 언어의 체계를 형성해 나가며 학습자는 이 체계를 이용하여 새로운 문장을 생성해 나간다. '모니터'는 의식적으로 정보를 처리하는 학습자의 내적체계의 부분을 가리킨다. 학습자가 문법 규칙을 암기하여 대화를 하면서 그 규칙을 의식적으로 적용하려고 노력한다면 그 때 학습자는 모니터를 작동한다고 말할 수 있다.

제6장

인지적 처리과정과 영어 습득

1990년대 이후 인지심리학이론이 제2언어 습득과 언어 발달 연구에 적용되면서 제2언어 습득분야를 풍부하게 하였다. 인간의 정신이 어떻게 작동하는가를 설명하는 인지심리학 이론은 언어습득을 정보를 저장하고 통합하며 다시 정보를 인출하는 컴퓨터의 처리과정에 비유하여 설명한다. 인지적 관점은 크게 처리적 접근processing approach과 발생주의적emergentist 관점으로 구분할 수 있다(Mitchell & Myles, 2004). 처리적 접근에서는 제2언어 학습자가 언어정보를 어떻게 처리하며 정보처리능력이 시간을 거치면서 어떻게 발달하는가에 관심을 가지며 언어 학습의 계산 메커니즘에 초점을 두고 있다. 반면에 구성주의적·발생주의적 관점에서는 언어적 신호는 음운적 형태와 그 의미 또는 의사소통적 의도간의 일련의 매핑mapping이라는 것을 강조하며 언어발달은 거대하고 복잡한 환경에 노출되어서 연상적 학습 과정 또는 적절한 단서의 채택을 통해서 이루어진다고 본다. 본 장에서는 처리적 관점에서는 정보처리 모델과 처리가능성이론을, 발생주의적 관점으로는 경쟁이론과 연결주의를 중심으로 살펴보도록 하겠다.

1. 처리적 접근

(1) 정보처리 모델

언어습득에 대한 인지적 관점 중 대표적인 이론의 하나는 정보처리 모델information-processing model이다. 인간이 어떤 사건을 기억하기 위해서는 두뇌에 정보를 집어넣는 부호화를 해야 하며encoding, 그 정보를 저장해야 하며storage, 후에 그 정보를 인출해야 한다retrieval. 이러한 정보처리과정에 대하여 Atkonsin과 Shiffrin은 기억에 대한 고전적 3단계 처리모델three-stage processing model을 제안하였다. Atkonsin과 Shiffrin은 우리 인간은 일차적으로 기억해야 할 정보를 순간적인 감각기억sensory memory으로 기록하며, 여기에서 처리된 정보가 단기기억short memory으로 들어가며, 단기기억에서 되뇌기rehearsal를 통하여 정보는 장기기억long-term memory으로 입력되어 나중에 인출되게 된다고 제안하였다. 그러나 최근에는 작업기억working memory 개념이 포함된 수정된 기억의 3단계 처리모델을 일반적으로 가정하고 있다. 수정된 3단계 처리모델의 중요한 차이는 어떤 정보는 우리가 의식적으로 자각하지 못한 채 자동적으로 장기기억으로 들어간다는 점을 포함하고 있으며 또한 앞서 언급한 작업기억의 개념을 포함하고 있다. 우리 인간은 일상생활에서 감각정보의 홍수 속에서 모든 정보에 초점을 맞추지 않으며 새롭거나 중요한 자극에 우리의 주의를 기울인다. 이러한 입력 자극은 장기기억에서 인출한 정보와 함께 잠정적으로 구성되는 기억영역에서 의식적 단기기억인 작업기억이 된다. 이 영역은 우리가 새로운 정보와 옛 정보를 연합시키고 문제를 해결하는 곳이다.

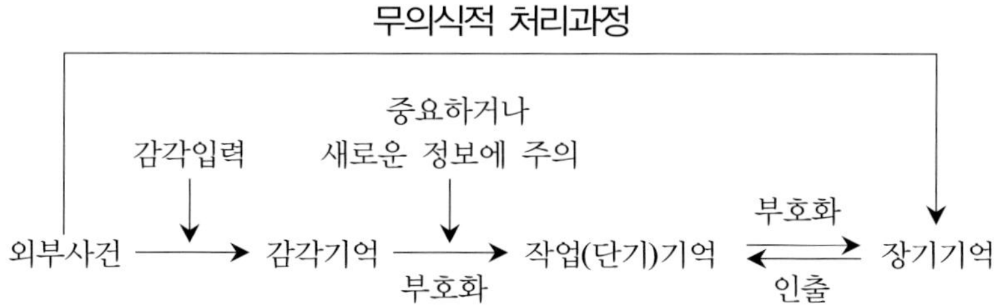

그림 6.1 수정된 기억의 3단계 처리모델

일단 등록된 감각정보가 어떻게 부호화되어서 기억시스템으로 전이되는지, 어떤 유형의 정보를 무의식적으로 받아들이고 어떤 유형의 정보가 의식적으로 처리되는가에 대하여 정보처리모델에서는 자동처리automatic processing와 통제처리controlled processing로 설명한다.

우리는 공간, 시간, 빈도, 그리고 잘 학습된 정보는 무의식적으로 아주 쉽게 자동처리함으로써 기억시스템은 덜 친숙한 사건에 초점을 맞출 수 있게 된다. 그러나 새로운 정보, 예를 들어, 새로운 외국어 단어와 같은 정보를 저장하려면 주의를 기울이고 노력을 해야 한다. 즉, 우리는 정보를 의식적 노력을 기울이지 않고 자동적으로 처리할 수도 있고 주의와 의식적 노력을 동원하여 통제적으로 처리할 수 있다. 우리가 처음 수행하는 처리는 주의와 노력이 요구되지만 경험과 연습에 의해서 자동화된다. 예를 들어, 아동이 피아노를 배우는 과정을 생각해 보자. 아동은 처음에는 악보의 각각의 음표가 가리키는 건반의 위치를 알아야 한다. 아동은 천천히 애를 쓰면서 악보를 읽어가면서 건반을 두드려야 한다. 그렇지만 매일 매일의 연습을 통해서 일정시간이 지난 후에는 아동은 피아

노 악보를 보면서 신속하고 힘들이지 않고 피아노를 칠 수 있게 된다. 새로운 것을 읽히기 위해서 처음에는 노력이 필요하다. 그러나 충분한 연습을 하고나면 그것을 자동적으로 수행할 수 있게 된다.

이와 같이 인간이 한 번에 처리할 수 있는 집중적 정신활동의 양amount에는 제한이 있다는 것을 전제로 정보처리모델에서는 제2언어 습득을 언어수행을 위하여 자동적으로 불러올 수 있는 지식을 형성하는 과정으로 바라본다. 먼저 언어 학습자는 처음 언어를 이해하거나 산출하려고 할 때 들어오는 언어의 어떤 부분에 주의집중을 해야 한다. 이때 주의집중을 한다는 것은 정보를 처리하기 위하여 학습자의 인지자원cognitive resources을 사용하다는 의미이다. 하지만, 이때 학습자가 주의를 기울일 수 있는 정보의 양에는 제한이 있어서 들어오는 모두 정보에 주의를 기울일 수 없다. 따라서 언어를 배우는 초기단계에서는 학습자는 들어오는 메시지의 주요 단어만을 이해하는데 거의 모든 자원을 사용하게 된다. 즉, 단어에 첨부된 문법형태소에 주목하지 못한다. 그러나 점진적으로 연습과 경험을 통하여 낯선 새로운 정보였던 것을 더 쉽게 처리할 수 있게 되고 학습자는 그 정보에 신속하게 접속할 수 있게 될 뿐만 아니라 자동적으로 접속할 수 있게 된다. 이러한 과정을 거치면서 학습자는 정보처리에 여유가 생기고 결과적으로 처음에는 주의를 기울이지 못하였던 정보에도 주의를 기울일 수 있게 되고 처리할 수 있게 된다.

능숙한 언어 화자는 단어를 선택하고 발음하며 적절한 문법표시어grammatical markers를 사용하여 단어를 연결하는 과정을 자동적으로 처리한다. 능숙한 청자가 익숙한 단어를 들으면, 순간적으로 그 단어를 이해할 수 있다. 이러한 자동적 반응은 새로운 정보를 처리하기 위하여 필요한 자원을 소비하지 않으며 따라서 능숙한 언어 화자는 글이나 대화의 전체적인 의미에 충분한 주의집중을 기울일 수 있다. 대조적으로 언어 학습자의 경우, 개별단어의 의미를 처리하는데도 상당한 주의집중을 쏟아야 하므로 글을 읽고 이해하는데 훨씬 더 많은 시간이 필요하다.

자동적 처리와 통제적 처리와 함께 언어의 형태에 대한 주의집중을 집중적 주의집중focal attention과 주변적 주의집중peripheral attention을 구분하여 McLaughlin, Rossam과 McLeod(1983)은 제2언어 학습을 설명하고 있다(표 6.1). 통제적 처리는 새로운 기술을 배우는 초기단계에서 전형적으로 나타나는 과정으로 제한된 능력으로 인하며 학습자의 통제 하에서 일련의 노드nodes가 일시적으로 활성화된다. 반면에 자동적 처리는 적절한 입력이 존재할 때는 언제나 기억속의 노드가 활성화되는 비교적 영속적인 숙련된 기술을 처리하는 과정이다. 집중적 주의집중은 의도적인 반면에, 주변적 주의집중은 우연적으로 일어난다. 대부분의 통제적 처리과정은 집중적 주의집중을 필요로 하며 반면에 일반적으로 자동적 처리과정은 주변적, 우연적 주의집중 속에서 이루어진다. 예를 들어, 숙련된 운전자가 동시에 여러 가지를 살피면서 능숙하게 운전을 하는 경우는 자동화된 행동이며 주변적 주의집중이라고 할 수 있다. 그러나 C형과 같이 통제적 처리과정이며 주변적 주의집중이 이루어지는 암시적 학습상황에서의 언어수행이 있으며 B형의 테스트 상황에서의 수행과 같이 자동적 처리과정이 집중적 주의집중 속에서 이루어 질 수 있다.

표 6.1 McLaughlin, Rossam과 McLeod의 제2언어 학습

주의집중	정보처리 과정	
	통제적 처리	자동적 처리
집중적인 (focal)	(A형): 형식적인 규칙학습에 근거하여 언어수행	(B형): 테스트 상황에서의 수행
주변적인 (peripheral)	(C형): 암시적 학습 또는 추론적 학습에 근거한 언어수행	(D형): 의사소통 상황에서의 수행

Brown은 MacLaughlin 외(1983)의 모델을 언어습득 과정에 구체적으로 적용하여 다음과 같이 언어 수행의 유형을 구분하였다(표 6.2).

표 6.2 주의집중과 언어수행

	통제된 처리	자동적 처리
집중적 주의집중	(가) • 특정 문법규칙을 토대로 언어수행 • 다양한 개별 언어항목 학습 • 대화암기 초기단계 • 다양한 언어항목 연습	(나) • 시험 상황안에서의 언어수행 • 고급단계 학습자가 복잡한 문법 구조에 초점을 둠. • 이야기나 글을 쓰면서 모니터하기 • 편집하기
주변적 주의집중	(다) • 단순한 인사 • 대화 암기 후기 단계 • 초보학습자가 간단한 대화를 성공적으로 완성함.	(라) • 다양한 의사소통 상황에서 언어수행 • 속독, 대충 훑어 읽기 • 일상적인 회화 나누기

아동의 자연스런 언어습득은 언어형태에 대한 주변적인 주의집중을 하는 (다), (라) 칸으로 이루어진다. 반면에 대부분의 성인 제2언어 학습자의 학습 과정은 교수방법에 따라서 (가), (다) 칸에서 (나)로 또는 (가)에서 (나), (다)가 혼합적인 상태 그리고 최종적으로 (라) 칸으로 이동하여 나아간다. 실제로 초급 단계의 성인 교실 수업 활동은 집중적, 의도적 주의집중과 통제된 처리과정이 이루어지는 (가) 칸으로 이루어지며, 고급단계의 성인 제2언어 학습자는 목표어에 대한 정교한 문법 지식을 집중적 주의집중을 통하여 자동적으로 처리하는 (나) 단계에서 주변적 주의집중으로 자동적 처리를 하는 (라) 단계로의 이동을 목표로 한다.

정보처리모델에 따르면 학습자는 상례화routinization를 통하여 정보처리 능력을 확장시킬 수 있다. 상례화를 통하여 학습자는 자동화 처리과정에 보다 많은 정보를 이용할 수 있게 되고 학습자는 정보처리에 있어서 양적인 변화를 가진다. 다른 한편, 정보처리과정은 구조조정화restructuring를 통하여 질적인 변화를 갖게 된다. 구조조정화를 통하여 학습자의 중간언어 내적 표상에 질적인 변화가 일어난다. 학습자의 중간언어 구성성분들이 새로운 단위로 배열, 통합, 재조직화되면서 보다 효율적인 절차로 대체되는 과정이다. 구조조정화과정은 소위 U자형 패턴U-shaped patterns의 발달 과정으로 나타난다. U자형 패턴은 세 가지 단계의 언어 사용으로 나타난다. 처음 단계에서는 학습자는 목표어의 표준에 일치하는 언어 형태를 사용한다. 다음 단계에서는 학습자는 1단계에서 사용하였던 언어 형태를 사용하지 않고 목표어의 표준에서 이탈된 형태를 사용한다. 3단계에 이르면 학습자는 1단계에서 사용하였던 형태를 다시 정확하게 사용하는 모습을 보인다. 이러한 발달 단계의 모습을 그림으로 나타내면 다음과 같다(그림 6.2).

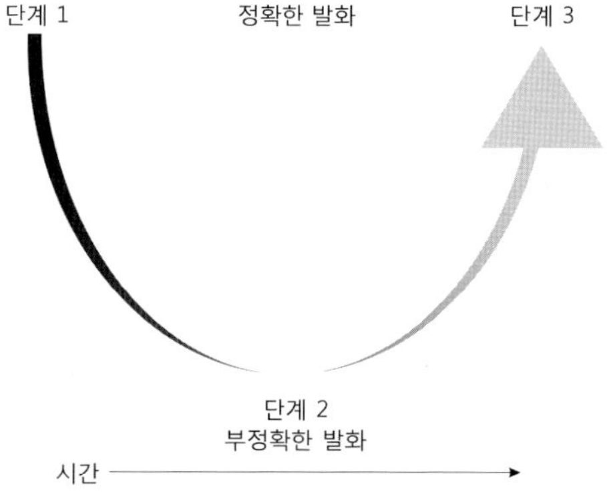

그림 6.2 U자형 발달 패턴

교실에서 영어를 배우는 불어화자 학생들의 -ing 형태 사용에 대한 Lightbown(1983)의 자료는 U자형의 구조조정화과정을 잘 보여주고 있다. 그림을 묘사하는 활동에서 영어를 배우는 불어화자 6학년 학생들은 처음에는 전형적으로 다음과 같은 문장을 사용하였다.

He <u>is taking</u> a cake.

7학년이 되면 동일한 그림에 대하여 학생들은 다음과 같은 문장으로 반응을 하였다.

He take a cake.

이 단계에서 학습자는 진행형을 사용하지 않고 현재형을 사용하면서 언어 지식의 퇴보backsliding를 보이는 듯하다. 학습자는 처음에는 -ing 형태에 노출되어 그 형태를 자신의 모국어인 불어의 단순현재형과 동등한 것으로 간주하여 여러 상황에서 현재진행형을 사용하였을지 모른다. 영어동사 형태에 대한 다른 어떤 지식도 없기에 현재형을 과잉 확장하여 사용한 것이고 이것이 결과적으로 적절한 사용으로 나타난 것이 1단계였다. 그 후 학습자가 단순현재형에 대하여 알게 되면서 학습자는 새로운 동사 형태에 대하여 알게 되었고 동시에 현재 진행형에 대한 자신의 지식을 다시 조정하였다. 현재 진행형의 사용 범위에 대하여 혼란과 함께 그 형태에 대한 지식을 구조조정화하면서 현재 진행형의 형태의 사용 빈도와 정확도가 감소하게 되었다. 이러한 구조조정화의 시간을 거치면서 학습자는 마침내 자신의 영어 동사 형태에 대한 지식을 적절하게 완성하게 되고 진행형과 단순현재형을 목표어 표준에 맞게 사용하게 되는 3단계에 이르게 된다.

(2) Anderson의 지식 구분

Anderson(1983)은 선언적 지식declarative knowledge과 절차적 지식procedural knowledge의 구분에 기초하여 제2언어 학습을 '기능 학습skill learning'으로 설명한다. Anderson은 지식의 체계는 단일하지 않으며 사실과 개념의 명제적 형태로 표현되는 선언적 지식과 자전거를 타거나 피아노를 치는 방법과 같은 절차적 지식으로 구분된다고 주장한다. 선언적 지식은 전부all 또는 무none의 방식으로 소유되는 반면에 절차적 지식은 부분적으로 소유될 수 있다. 또한 선언적 지식은 순간에 습득되는 반면에 절차적 지식은 그 기술을 수행함으로써 점차적으로 습득된다. 선언적 지식을 평가하는 기준은 얼마나 많은 양의 지식을 알고 있느냐인 반면에 절차적 지식을 평가하는 기준은 수행을 할 수 있느냐 없느냐 이다. Anderson에 따르면 선언적 지식은 3단계를 거치면서 절차적 지식으로 전환될 수 있다.

1. 인지 단계cognitive stage
2. 연상 단계associative stage
3. 자동화 단계autonomous stage

1단계 인지적 단계cognitive stage에서는 정보와 지식은 단지 사실로써만 저장되어 기존 활성화 절차가 존재하지 않는 상태이다. 예를 들어, 'friends'는 'friend'와 '-s'로 구성된 것이라는 것을 인식하지만 언어 사용에서 문맥에 맞게 정확하게 'friends'를 사용할 수 없는 단계이다. 2단계는 연상단계associative stage이다. 여러 개별적인 산출을 하나로 합하는 복합과 특정 예에 일반화 규칙을 적용하는 절차화 과정을 통하여 정보를 더 효율적인 산출집합으로 배열하려고 시도하는 단계이다. 예를 들어,

'friends'와 'books'을 개별적으로 학습하였다가 경제적인 하나의 산출집합으로 둘을 표시화한다. 이 단계에서는 과잉일반화overgeneralization로 인한 오류가 산출된다. 3단계는 자동화 단계autonomous stage이다. 절차는 점점 더 자동화, 구별화가 이루어지면서 특정 산출을 하게 된다. 예를 들어, 영어 명사의 복수 산출 집합을 수정하여 일련의 부분 집합에만 적용하게 된다. Anderson은 이러한 단계 전환은 연습을 통하여 이루어진다고 본다. 그는 모국어 습득과 제2언어·외국어 학습의 차이는 단지 위의 3단계에서 어느 단계에 도달하였는가에 있다고 본다. 모국어학습자는 거의 예외없이 자동화단계에 도달하지만 외국어학습자들은 전형적으로 연상단계에 도달한다.

(3) 처리가능성 이론

Pienemann의 처리가능성 이론processability theory(1998, 2003)은 학습자가 제2언어 입력을 처리하기 위하여 요구되는 절차적 기술을 어떻게 습득하는가에 초점을 두고 있다. Pienemann은 처리가능성 이론을 설명하는데 어휘기능문법lexical functional grammar을 이용하는데 이 어휘기능문법은 Chomsky의 보편문법과는 달리 언어 지식과 언어처리를 하나의 틀 안에서 나타내고 있다. 언어 지식이론인 보편 문법과는 달리 어휘기능문법은 언어처리의 인지적 특질에 부합하는 심리학적으로 가능한 문법을 목표로 하고 있다.

처리가능성 이론의 틀 안에서 학습자가 직면하는 도전적 처리문제는 학습자은 문법적 정보를 문장의 구성요소들과 교환하는 방식을 학습하는 것이다. 언어 사용자는 한 문장 안의 동사와 그 주어가 동일한 수 자질number feature을, 또는 명사와 관사가 동일한 성gender을 갖도록 해야 한다. 예를 들어, '*Suzy feeds a cats'와 같은 문장의 경우 'Suzy'와 'feeds'는 수-일치가 이루어졌지만 'a cats'의 경우 'a'는 단수를 요하는 반면에 'cats'는 복수 형태소를 담고 있어서 수-불일치가 일어났고 결과적으로 비문법적인 영어가 되었다. 이러한 구성요소들 간의 언어적 자질을 매치시키는 능력은 점진적으로 발달한다. 처리가능성 이론의 기본 전제는 학습자는 처리할 수 없는 제2언어에 대해서는 어떤 가설에도 접근할 수 없다. 이 이론에서는 학습자는 가설 공간hypothesis space이라는 것을 가지며, 이 가설 공간은 다음과 같은 처리 위계를 따라서 발달한다고 주장한다.

1단계: 절차과정 없음 (예, 1단어 발화)
단어의 기본형 접근, 단어, 구성성분에 대한 순서의 개념 없음
2단계: 범주 절차category procedure, 어휘 형태소, 정보 교류 없음, 기본 어순
3단계: 명사구 절차noun-phrase procedure, 구 형태소phrasal morphemes
4단계: 동사구 절차verb-phrase procedure
단순화된 문장 처리, 내적인 것에서부터 현저성이 있는 구성성분으로 정보 교류
5단계: 문장 절차sentence procedure, 구간 형태소inter-phrasal morphemes
6단계: 종속절 절차subordinate-clause procedure

위의 처리 위계의 수준이 높아지면서 학습자는 점진적으로 문장 안의 구성요소들을 가로질러 정보를 공유할 수 있게 된다는 것을 의미한다. 처리 위계에서 중요한 것은 낮은 수준의 절차는 보다 높은 수준의 절차가 가능하기 위한 선결요건이다. 즉, 학습자가 어떤 단어에 문법범주를 부여할 수 있기 위해서는 그 단어가 L2 어휘사전lexicon에 들어있어야 한다. 예를 들어, 범주절차가 이루어지기 전에 단어lemma의 문법범주가 필

요하며 구절차가 이루어지기전에 핵 구head phrase의 문법범주가 전제되어져야 한다. 따라서 학습자는 처음에는 구문 절차를 사용하여 제2언어 문법 정보와 부합하는 어떤 구조도 산출하지 못한다. 예를 들어, 3단계에 이르기까지는 명사구안의 명사와 관사를 동일한 성gender에 맞추어서 표시하지 못하며, 4단계에 이르러서야 주어의 인칭과 동사를 일치시키는 것을 할 수 있게 된다. 학습자들은 그림 6.3의 수형도에서 나타나듯이 단어에서 구문 범주로, 다음에는 구 안에서 범주들을 연결하면서 문장 구조의 상위의 단계로 점진적으로 이동한다.

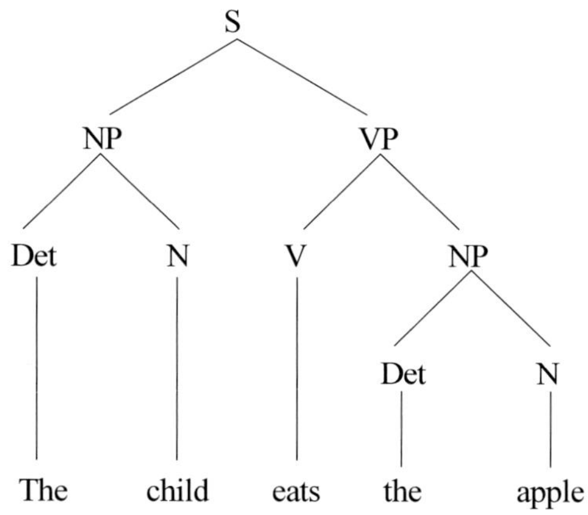

그림 6.3 문장구조의 상위 단계로의 이동

따라서 Pienemann(1998)에 따르면 언어 습득은 다음과 같이 발달한다.

1. 첫 단계에서는 특별한 언어적 절차가 일어나지 않는다. 학습자들은 제2언어 어휘 항목에 전혀 구문적 정보를 가지고 있지 않으며 따라서 개념적 구조를 개별 단어와 고정된 구phrases에 사상시킨다.

2. 일단 어휘 항목에 문법적 범주가 부여되면 어휘 형태론적 표시가 산출되어질 수 있다. 그러나 아직 문법적 정보가 교환되는 것은 아니다. 학습자들은 행위 + 동작주 + 피동작주와 같은 엄격한 순차적 어순serial word order에 의존한다.
3. 핵head과 그 수식어modifiers 사이와 같이 구 수준에서 정보의 교환이 이루어질 수 있는 구 절차phrase procedures가 발달된다. 아직은 정보가 구 수준을 넘어서 교환되지는 않는다.
4. 구 절차가 발달되어지고 나서는 결정규칙appointment rules와 문장절차 S-procedures가 발달된다. 이것은 구의 기능적 목적이 결정되어 각각의 구는 한 덩어리로 문장 안에서 명확한 기능을 하며 문장 안에서 모인다는 것을 의미한다.
5. 문장 수준에서 구문적 정보가 학습자의 언어 처리에 이용가능하게 되면, 종속절이 발달된다.

Pienemann(1998)은 이러한 모델을 적용하여 ZISA 프로젝트의 독일어 어순 습득을 설명하였다. ZISA 프로젝트는 독일에 이민 온 이탈리아, 스페인, 포르투갈, 터키 화자들의 독일어 습득에 대한 연구로 자연스런 환경과 교실 환경 모두에서 독일어를 배우는 제2언어 학습자들은 독일어 어순 습득의 분명한 발달 경로를 따른다는 연구결과를 발표하였다. 독일어 어순 발달 단계는 다음과 같았다.

1단계: 학습자들의 최초 가설은 독일어는 SVO 어순이며 부사적 어구는 문장 끝에 위치한다.
Die kinder spielen mint ball (The children play with the ball)
2단계: 부사가 문장 앞으로 이동한다.
Da spielen Kinder. (There play children)

3단계: 비한정 동사는 절의 끝에 온다.

Ich mochte heute Abend ins Kino *gehen.* (I would this evening into the cinema go)

4단계: 한정동사 형태는 문장의 두 번째에 위치한다.

Dann *hat* sie wieder die knoch gebringt (then has she again the bone brought)

5단계: 한정동사는 종속절의 끝에 위치한다.

Er gragte mich, warum ich traurig *war.* (He asked me why I sad was)

처리가능성 이론은 이러한 독일어 어순 습득 단계를 다음과 같이 설명한다.

1단계: 엄격한 SVO 어순. 어떤 언어자질의 통합도 이루어지지 않는 수준으로 2단계 처리 위계에 해당된다.

2단계: 부사의 전치. 현저성의 원리에 따라서 부사가 화제가 된다. 여전히 문법 정보의 교환은 이루어지지 않는다.

3단계: 동사의 분리. 동사의 분리가 일어나기 위해서는 동사의 부분들, 즉 주동사와 조동사가 통합되어야 하며 정보의 교환이 구성성분의 경계를 넘어서 이루어진다. 문장의 마지막 위치는 지각적으로 현저성을 가진다.

4단계: 동사는 두 번째 위치에. 이 규칙은 동사와 주어 자질의 통합을 통해서 이루어진다.

5단계: 종속절에서 동사가 끝에 위치하기. 어휘기능문법에서는 주절과 구별되는 종속절의 자질은 주절의 어순 제약이 습득된 후에 습득된다.

이러한 어순 습득에 대한 처리가능성 이론의 주요 원리는 처리 절차 위계에 따른 문법 정보의 교환 관점에서 이루어진다. 또한 Pienemann의 이론의 토대가 되는 두 번째 원리는 지각적 현저성perceptual saliency이다. 지각적 현저성은 문장의 시작과 끝에 위치한 요소는 기억하기가 쉽고 그 결과 조작하기도 쉽다. 따라서 학습자는 문장의 시작과 끝 위치로 문장 요소를 이동하는 것을 먼저 할 수 있으며 그리고 나서 문장 내에서 요소들을 이동할 수 있게 된다. 지각적 현저성은 인지 심리학에서 넓게 사용되는 개념으로 Andersen(1984, 1990), Slobin(1985)과 같은 다른 학자들에 의해서도 사용된 개념이다.

지각적 현저성 관점에서는 인간은 어떤 방식으로 정보를 지각하고 조직해 나가는데 이때 학습자의 학습 과정을 주도하는 것은 언어 정보의 지각적 현저성이다. 대표적으로 Slobin은 아동 언어 발달에 대한 다양한 언어 자료를 분석하여 1985년 책을 출판하면서 생득적 언어 능력이 아니라 지각적 현저성이 아동 언어 습득의 중요한 토대가 된다는 것을 주장하였다. 지각적 현저성을 바탕으로 Slobin(1985)은 아동의 언어처리를 가이드하는 작동원리operating principles를 제시하였고 그의 작동원리는 Andersen(1990)에 의해서 제2언어 습득에 적용되었다.

(4) 작동원리

모국어 습득의 원리로 Slobin이 제안한 작동 원리는 기본적으로 어떤 언어 형태는 다른 형태보다 접근이 용이하다는, 즉 현저성saliency을 가진다는 주장을 전제로 한다. 그는 언어적이라기보다 인지적 접근에 기초하여 처음에는 다섯 가지의 작동원리와 그에 따른 다섯 가지의 보편성을 제시하였고 후에 그 목록은 40개에 이르게 된다. 그가 초기에 제안한

다섯 가지 작동 원리는 다음과 같다.

작동 원리 A : 단어의 끝에 집중한다.
작동 원리 B : 단어 간의 관계를 암호화하는 언어적 요소가 있다.
작동 원리 C : 예외를 피한다.
작동 원리 D : 기저의 의미 관계는 명확하고 분명하게 표시돼야 한다.
작동 원리 E : 문법 표시어의 사용은 의미적인 이해가 통해야 한다.

이러한 원리로부터 다음과 같은 언어 보편성이 예측 가능하다.

보편성1 : 특정 의미적 개념의 경우, 뒤에 위치한 문법적 실현이 앞에 위치한 것 보다 먼저 습득될 것이다.
보편성2 : 의미적 개념의 언어적 표시는 다음과 같은 단계로 나타날 것이다. (1) 표시 없음 (2) 제한된 경우에 적절한 표시 (3) 표시의 과잉일반화 (4) 완전한 성인 체계
보편성3 : 의미적 요소와 표면 요소 간에 일대일 사상이 더 긴밀할수록 더 일찍 습득될 것이다.
보편성4 : 동일한 의미 기능을 수행하는 일련의 굴절형태 중에 적절한 굴절형태의 선택이 임의적인 형식적 기준에 따라 결정될 때, 아동은 처음에는 모든 환경에서 한 가지 형태를 사용한다.
보편성5 : 의미적으로 일관성 있는 문법 규칙은 일찍 그리고 큰 오류 없이 습득된다.

Slobin의 모국어 습득 작동 원리를 토대로 Andersen(1990)은 제2언어 학습자의 언어발달을 이끄는 작동원리를 제시하였다. Andersen이 제시한 원리 중 영어 학습과 관련된 원리의 일부를 소개하면 다음과 같다.

일대일 원리one-to-one principle : 중간언어 체계는 의도된 기저 의미가 분명한 일정한 표면 형태로 표현되도록 구성된다. 예를 들어, 독일어 학습자는 처음에는 모든 맥락에서 SVO 어순을 사용하는 것은 이 원리에 해당되는 경우이다.

다기능성 원리multi-functionality principle : 현재의 중간언어 체계에서는 하나의 형태로만 전달되는 의미가 언어입력을 통하여 하나 이상의 형태로 표시된다는 것이 명확한 경우, 새로운 형태의 분포와 추가적인 의미를 발견한다. 그리고 중간언어 형태가 동일한 형태가 지니는 여러 의미 중에 한 의미를 전달한다는 것이 언어입력 안에 분명한 경우에는 그 형태의 추가적인 의미를 발견한다. 예를 들어, 일대일 원리에 따라서 영어 학습자는 영어 부정을 습득하는 경우 'no the dog, he no go'와 같이 단지 한 형태를 사용하여 부정 표현을 시작한다. 그러나 일단 이 형태가 중간언어체계에 통합이 되어지면, 학습자는 환경에 따라 다른 부정 형태가 쓰인다는 것을 주목할 수 있다.

관련성 원리relevance principle : 두 개 이상의 기능사가 하나의 내용어content word에 적용되어질 때 그 기능이 내용어와 보다 긴밀한 관련성을 가질수록 내용어에 더 가까이 위치시킨다. 예를 들어, 스페인어의 동사 굴절어미에 대한 습득연구를 통해서 Andersen(1991)은 상aspect이 시제tense 앞에 부호화되는 것을 입증하였다.

재어휘화 원리relexification principle : 학습자가 현재 습득하고 있는 언어의 구조적 패턴을 지각할 수 없을 때, 제2언어의 어휘항목에 모국어의 구조적 패턴을 사용한다. 예를 들어, 영어를 배우는 한국어화자들은 초기 단계에서 한국어의 SOV 어순에 영어 어휘 항목을 넣어서 사용하는 경우를 볼 수 있다.

일치 원리congruence principle : 학습자는 과거시제, 완료, 진행과 같은 동사 형태소들을 습득할 때, 그 형태소를 그 형태소가 지니는 의미와 어휘적으로 가장 일치하는 동사의 유형과 연관시킨다. 예를 들어, 과거 형태소 -ed의 경우 학습자들은 'have, seem'과 같은 상태 동사보다는 'break'와 같은 동사의 유형과 연관시켜 과거 형태소를 잘 사용하는 것을 볼 수 있다.

지금까지 언어처리와 관련되어서 제안된 이론을 간략히 살펴보았다. 언어입력의 처리 관점의 학자들은 주어진 다양한 제약 속에서 학습자는 언어를 어떻게 처리하여서 언어체계를 구축해 나가는가에 궁극적인 관심이 있고 언어의 형식적 자질이나 체계에 대하여는 언어학자들의 몫으로 남겨두고 있다.

2. 발생주의적 접근

발생주의적 접근emergentist approaches에 대하여 MacWhinney(2015, p. 13)는 언어와 언어 학습과 관련된 중요 이슈를 중심으로 UG 패러다임과 비교하여 다음과 같이 설명하고 있다.

- 언어란 무엇인가? UG는 구문능력에 집중하여 언어를 구문적 구성요소의 모듈에서 규칙을 반복적으로 적용하는 것으로 정의하고 있다. 언어의 더 넓은 영역인 어휘, 음운, 대화, 의미와 해석을 언어능력language faculty의 영역 밖에 두고 있다. 반면에 발생주의적 입장에서는 인간 언어의 모든 구성요소들이 상호 연결되어 통일된 체계의 부분을 이룬다는 입장이다.

- 반복적 장치의 독특성. UG와 발생주의 모두 문장과 담화 구조의 산출에서 반복적 결합recursive combination의 중요한 역할을 인정하고 있다. 그런데, UG는 구문적 반복을 인간 언어의 가장 중요하고 독특한 특질로 보고 있는 반면에 발생주의는 반복을 기억, 어휘, 담화, 역할 활성화role activation가 결합된 활동으로부터 발생한다고 보고 있다.
- 규칙rules 대 단서cues. 발생주의는 언어적 구조는 어법의 패턴으로부터 발생한다고 본다. 반면에 UG는 순서화된 규칙의 체계가 기능적 동기와 아무런 연결 없이 형성된다는 것을 초기에 주장하였다. 규칙의 체계는 후에 원리, 매개변수로 대체되었다. 반면에, 발생주의는 어법, 일반화, 자체-구성self-organization으로 부터 패턴이 어떻게 발생하는가를 이해하는데 집중하고 있다.
- E-Language의 무관성. UG는 이상적인 언어화자와 청자의 언어능력을 전제로 이론을 제시한다. 이러한 이상적인 언어능력은 I-Language internal language로 특징화되어 E-Language external language of the community와 대립되는 개념으로 사용하고 있다. 반면에, 발생주의는 개인의 언어적 능력을 보다 넓은 사회 공동체와의 상호작용으로부터 나오는 것으로 보고 있다. 그러한 상호작용을 통하여 개념적 합의를 이루는 구조가 발달한다고 본다.
- 언어의 진화. UG는 언어는 사회적 상호작용의 목적이 아닌 보다 정교한 인지를 지원하는 방식에서 최근에 진화된 인간의 특징적 산물이라고 주장한다. 반면에 발생주의는 언어는 직립보행, 사회집단의 통제, 유아 성숙의 지연과 관련된 일련의 신경적 물리적 적응으로부터 파생된 것으로 설명한다.
- 유전적 결정. UG는 언어의 발생을 하나 또는 둘의 유전적 변이와 관련된 특정 유전적 변이와 연결한다. 반면에 발생주의는 언어를 수 백만년을 거치면서 넓은 범주의 유전적 적응에 근거한 것으로 본다.
- 언어speech는 특별하다. 생득적 언어 능력이 음운적 발달과 구조를 안

내하는 것으로 UG는 본다. 반면에 발생주의는 조음을 통제하는 생리적 기제의 역할을 강조한다. 또한 청각적 학습을 청각 체계와 시간적 처리 제약의 기본적 양상에 의해 통제되는 것으로 바라본다.

- 언어 학습의 결정적 시기. UG는 언어 학습의 기저를 이루는 특별한 능력에 종결 시기가 있다는 것을 주장한다. 발생주의는 언어 학습 능력의 점진적 하락을 모국어의 확립, 모국어의 기생적 전이, 사회적 고립에 기인하는 것으로 설명한다.
- 마음의 모듈성. UG는 캡슐화된 모듈 복합체로서의 문법을 강조한다. 발생주의는 삼투성의 발생적 모듈들 간의 상호활동성interactivity을 강조하고 있다.
- 자극의 빈곤. UG는 언어 학습자는 불충분한 언어입력 정보에 노출되며 결과적으로 언어 학습은 UG에 의해서 안내되는 것으로 설명한다. 발생주의는 학습자가 접하는 언어입력의 풍부함을 강조하며 복잡한 구조의 효과적인 학습을 달성하는 항목-기반item-based, 분배적 언어 학습 전략의 역할을 강조한다.

이러한 발생주적 접근을 채택하는 다양한 이론과 모델이 제시되고 있고 그 중에서 연결주의connectionism와 경쟁이론에 대하여 간략히 살펴보자.

(1) 연결주의

학습에 대한 연결주의적 접근은 컴퓨터과학의 발전과 함께 기억과 학습 분야에 활발하게 응용되고 있다. 연결주의자들은 신경망에 대한 컴퓨터시뮬레이션을 통해서 학습 과정을 보여주고 있다. 인간의 두뇌는 정보 노드가 복잡한 연결다발의 신경망neural network으로 이루어져 있다. 신경

망 각 층의 뉴런들은 다음 층의 다양한 뉴런들과 연계되어 있다. 우리 두뇌의 모래알만한 크기 속에도 100,000개 정도의 뉴런이 존재하고 십억 개 이상의 시냅스가 서로 정보를 전달하고 있다고 한다(그림 6.4 참조). 뉴런들은 가깝고 신속한 연결을 맺을 수 있는 이웃 뉴런들과 네트워크를 이룬다. 상호 연결된 뉴런들은 경험을 통하여 피드백이 특정한 결과를 초래하는 연결을 강화하거나 억제함으로써 학습을 하게 된다.

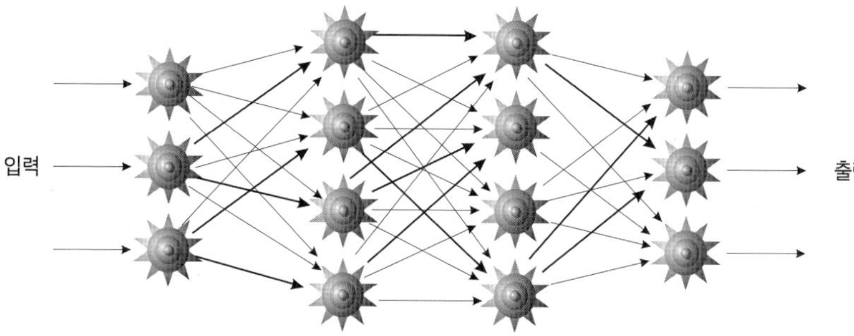

그림 6.4 뇌의 신경망 구조

언어 학습에 대하여 연결주의는 학습자는 언어입력에 존재하는 특정 언어 형태들이 규칙적으로 함께 나타나는 것에 민감하며 이를 토대로 가능한 연결 패턴을 추출한다고 주장한다. 이들 연결 패턴이 반복적인 활성화를 통해서 강해지는 것이 학습이다. 여기서 주목해야 할 점은 연결주의는 언어 학습을 언어 지식을 구성하는 규칙을 학습하는 것으로 보지 않으며, 언어 학습은 연상적 과정을 통하여 일어나며 겉으로 보이는 규칙과 같은 행동이 규칙-지배적인 행동을 함축하는 것은 아니다. 이러한 견해는 언어는 구문, 형태, 음운과 같은 일련의 모듈로 이루어지며 언어 학습자는 주변의 언어입력으로부터 규칙을 추출하면서 언어를 학습하는 과정으로 보는 언어학자들의 일반적인 생각과는 아주 다른 파

격적인 입장이다.

연결주의 연구자들은 인공지능 컴퓨터 모델을 설계하여 그들의 가설을 검증하여 왔다. 입력에 근거하여 망이 생기도록 모델이 설계되어 컴퓨터에 입력이 제공되고 처리 결과물은 자연언어의 결과로 비교된다. 연구자들은 연상 패턴을 토대로 영어의 규칙·불규칙 과거시제 학습을 시뮬레이션 하는 컴퓨터 모델을 설계하였다. 자연상태에서 영어를 모국어로 습득하는 아동은 3단계를 거치면서 영어의 과거시제형을 습득한다. 첫 단계에서 아동은 'went', 'fell', 'saw'와 불규칙 과거동사 형태를 산출한다. 두 번째 단계에서는 아동은 'goed', 'seed'와 같이 규칙 과거시제를 과잉일반화하여 불규칙 동사에도 적용하게 된다. 세 번째 단계에서 아동은 규칙과 불규칙 동사에 대하여 정확하게 올바른 형태를 사용하게 된다. 이러한 습득 과정에 대한 일반적인 설명은 처음에는 아동이 주변에서 많이 접한 동사의 형태를 단순 암기하여 산출하였다가 점차적으로 언어입력으로부터 과거시제 규칙동사형에 대한 규칙을 추출한다는 것이다. 아동은 처음에는 이 규칙을 모든 동사에 적용하다가 점차적으로 예외적인 불규칙동사에는 적용하지 않게 된다는 것이다.

Rumelhart와 McClelland(1986)은 연상과정에 바탕을 둔 컴퓨터 학습 모델을 설계하여 아동들의 영어 과거시제 형태 습득 과정과 유사한 결과를 얻었고 이 분야의 연구를 촉진하는 기폭제가 되었다. Rumelhart와 McClelland(1986)의 연구에 대하여 Pinker는 불규칙 동사는 연상적 기억으로 인출되지만 규칙 동사는 연상적 패턴이 아닌 상징적 규칙의 결과라고 반박하였다.

N.C. Ellis와 Schmidt(1997)는 Rumelhart와 McClelland(1986)의 주장의 진위를 확인하기 위하여 실험실에서 인공 언어를 이용하여 성인 영어 복수형태소에 대하여 조사하였다. 복수형의 절반은 규칙형으로 동일한

접사가 붙었으며 다른 절반은 불규칙형이었다. 연구에서는 규칙과 불규칙형의 빈도도 고려하였다. 입력이 연결주의 컴퓨터 모델에 투입되었고 그 결과는 인간의 데이터를 정확하게 반영하는 것이었다. 이러한 결과로 연구자들은 영어 형태소 습득을 설명하는데 연상적 메커니즘으로 충분하며 Pinker가 제안한 혼합형 시스템은 필요하지 않다는 다음과 같은 결론을 내리고 있다.

> These effects are readily explained by simple associative theories of learning. It is not necessary to invoke underlying rule-governed processes.
>
> (N.C. Ellis & Schmidt, 1997, p. 152)

(2) 경쟁 모델

경쟁 모델competition model은 언어의 기저 구조가 어떻게 되어 있는가에 관심을 갖기 보다는 언어가 어떻게 사용되는가에 관심을 갖고 언어화자가 문장을 어떻게 해석하는가를 설명하기 위하여 개발된 이론이다. 따라서 경쟁 모델은 언어의 형태와 기능은 분리될 수 없다는 기본 가정을 전제한다. 예를 들어, MacWhinney와 동료들(1984)은 다음과 같이 말하고 있다.

> The forms of natural languages are created, governed, constrained, acquired and used in the service of communicative functions. (p. 126)

경쟁 모델의 주요 개념은 화자들은 문장안 요소들 간의 관계를 결정하는 어떤 방식을 머릿속에 가지고 있다는 것이다. 언어 처리과정은 다양한 단서cues간의 경쟁 과정이며 각각의 단서는 다른 방식의 문장 해석을 가져온다. 단서의 범주는 보편적일지라도 단서가 실제 언어처리과정에 실현되고 단서에 부여되는 강도는 언어-특정적이다. 예를 들어, 다음의 문장을 보자.

The dog eats the bones.

이 문장의 의미 해석을 위하여 영어 화자들은 다양한 단서를 사용할 수 있다. 첫째로, 영어의 어순word order 관계를 토대로 'the dog'는 문장의 주어로 'the bones'은 목적어로 결정할 수 있다. 다음으로 어휘 항목의 의미 지식이 문장의 정확한 해석에 기여할 수도 있다. 'the dog'의 어휘 의미와 'the bones'의 어휘 의미는 문장을 정확하게 해석하는데 이용될 수 있다. 세 번째로는 생물성animacy 기준으로 문장안의 요소들의 문법적 관계를 결정할 수 있다. 명사가 생물성을 가지는가 아닌가는 문장의 주어를 결정하는데 기여한다. 마지막으로 주어-동사의 일치와 같은 형태론적 지식이 문장의 해석에 기여할 수도 있다. 'The dog'는 단순 동사를 요하고 따라서 문장의 해석에 'the dog'를 주어로 해석할 수 있다. 이러한 모든 단서가 위의 문장에서 'the dog'를 문장의 주어로 그리고 'the bones'를 목적어로 해석하게 한다.

그러면 문장의 해석이 위의 경우와 같이 분명하게 나타나지 않는 다음의 문장을 보자.

The bones eat the dog.

이 문장의 해석을 위하여 주어가 무엇인지를 결정해야 한다. 어순이라는 단서를 이용한다면 주어는 'the bones'이어야 한다. 그러나 의미와 생물성 기준을 사용한다면 'the dog'가 주어이어야 한다. 형태를 이용한다면 복수명사인 'the bones'가 된다. 즉, 위의 문장을 해석하기 위하여 어떤 명사를 주어자리에 넣어야 하는가에 대하여 여러 가지 단서가 서로 충돌하며 경쟁을 하게 된다. 그리고 이러한 갈등의 상황에서 언어마다 갈등을 해결하는 방식이 다양하다. 영어의 경우는 어순과 일치를 가장 중요한 결정적 단서로 사용하는 반면에 이탈리아어와 같은 언어는 영어와는 달리 어순이 상대적으로 약한 역할을 하며 형태론적 일치, 의미, 화용론이 더 중요한 역할을 한다.

제2언어 습득의 경우 학습자가 모국어에 적절히 맞추어진 언어처리 메커니즘을 목표어에 적절한 메커니즘으로 어떻게 조절하는가의 문제가 생기게 된다. 제2언어 학습자는 모국어에서 사용되는 동일한 단서를 목표어의 메시지를 이해할 때 사용하는가이다. 이에 대한 한 가지 가설은 학습자는 처음에는 자신의 모국어의 문장 해석과 일치하는 가설을 세울 것이라는 가정이다. 그러나 다른 한편, 모든 언어를 해석하는데 보편적인 경향이 있을 수 있다. 즉, 모든 화자가 지니는 문장 해석에 대한 특정 단서에 대한 선호가 있을 수 있다. 이를 알아보기 위하여 연구자들은 모국어에서 사용되는 단서와 목표어에서 사용되는 단서가 상충하는 제2언어 학습자들을 대상으로 문장을 제시하고 그 반응을 조사하였다. 예를 들어, 영어를 배우는 이탈리아어 화자들에게 다음과 같은 문장을 제시할 수 있다.

The pencil looks at the dog.
La matita guarda il cane.

영어는 어순이 어떤 다른 단서보다 우선하는 반면에 이탈리아어는 어순이 아닌 형태론적 단서, 그 다음으로는 의미적 화용적 단서가 중요한 역할을 하는 언어이다. 따라서 문장의 주어가 무엇인가에 대하여 영어적 단서를 사용하면 'the pencil'이라고 답할 것이고, 이탈이아어의 단서를 사용한다면 'the dog'라고 할 것이다.

지금까지 경쟁 모델에 근거한 연구는 학습자가 모국어와 목표어의 단서와 단서의 강도와 관련하여 갈등상황에 직면하였을 때, 이러한 갈등을 해결하기 위하여 처음에는 자신의 모국어의 이해전략에 의지한다는 것을 보여준다. 그러는 과정에서 모국어와 목표어 체계간의 불일치를 인지하게 될 때, 학습자들은 문법중심의 이해전략보다는 의미중심의 이해전략을 우선으로 취하는 보편적 선택을 한다. 예를 들어, 영어를 배우는 일본어 화자들은 영어 문장을 이해할 때 자신의 모국어에서 사용하는 의미중심의 단서를 일차적으로 사용하는 경향을 보인다는 점이다. 점진적으로 목표어의 능숙도가 발전하면서 제2언어 학습자는 적절한 목표어 단서를 채택하게 된다. 다른 한편, 일본어를 배우는 영어 화자들은 자신의 모국어의 강력한 단서인 어순을 사용하는 대신에 일본어 문장을 해석하는데 의미중심의 전략을 사용하는 경향을 보인다는 점이다.

이와 관련하여 Sasaki(1994)는 위의 주장과는 다른 흥미로운 연구결과를 보고하고 있다. 일본어를 배우는 영어화자들을 대상으로 일본어 문장을 제시하였을 때, 피험자들은 일본어의 어순에 대하여 잘 파악하기도 전에 일본어의 어순인 SOV를 엄격하게 단서로 사용하였다. 영어화자들은 자신들의 모국어와 같이 엄격한 SOV어순을 문장 해석을 위한 초기 가설로 채택하였다. 일단 일본어의 어순이 SOV라는 것을 알고 나서는 이 새로운 어순을 영어에서와 같이 엄격하게 적용하였다. 일본어를 몰입프로그램을 통하여 배우는 영어화자를 대상으로 한 Round와 Kanagy(1998)

연구는 보다 복잡한 요인이 영향을 미칠 수 있다는 것을 보여주고 있다. Round와 Kanagy의 연구 참가자들은 의미전략에 의존하기 보다는 일본어의 기본어순에 의존하는 어순전략을 채택하였다. 일본어의 경우 기본어순은 SOV와 함께 OSV와 같은 어순이 화용적으로 빈번하게 사용된다. 따라서 일본어를 배우는 학습자는 SOV 어순전략이 잘 맞지 않는 경우에 부딪히게 되고 일본어를 해석하기 위하여 SOV의 엄격한 어순 적용은 충분하지 않다는 것을 인식할 것이다. 그러나 Round와 Kanagy의 참가자들은 계속하여 SOV 어순을 주요 해석 전략으로 사용하였다. 이러한 결과에 대하여 Round와 Kanagy는 학습환경에 기인하였다고 설명하고 있다. 즉, 이들 피험자들은 교사와 제한된 읽기 수업자료를 통하여 SOV 어순을 주로 포함하는 일본어를 접하는 교육 환경에 있었기 때문이다. 이러한 연구는 학습자가 문장을 어떻게 해석하는가를 알아보기 위해서는 학습환경과 관련하여 다양한 변수들을 고려해야 한다는 것을 보여주는 예라고 하겠다.

지금까지 살펴본 바와 같이 제2언어 습득에 대한 인지적 관점에서는 일반적인 언어처리모델 연구에서부터 컴퓨터 시뮬레이션을 통한 개별 문법 현상의 습득 연구에 이르기까지 다양한 연구가 이루어지고 있다. 제2언어 습득의 처리과정에 집중하는 연구자들은 언어의 본질에 대해서 많은 것을 제시하지 않는다. 이들 연구자들은 보편문법이론이나 어휘기능 문법과 같은 언어 이론을 채택하여 자신들의 언어 처리 과정을 설명하고 있다. 반면에 발생주의적 관점의 연결주의에서는 언어 학습을 연상 과정으로 보고 따라서 추상적인 규칙의 구성을 전제하지 않는다. 연결주의에 따르면, 인간의 정신은 요소와 요소들 간의 연상을 찾으며 그들 간의 신경적 연결을 만드는 것이다.

다른 한편, 연결주의자들이 인공언어나 자연언어의 단편을 대상으로 컴퓨터 시뮬레이션을 통한 실험에 의존하는 것에 대한 비판도 적지 않다. 특정 지엽적인 언어 부분에 집중한 엄격히 통제된 실험연구가 다양한 측면들이 상호작용하는 제2언어 습득 과정을 제대로 설명할 수 있는가에 대한 의문이 제기되고 있다. 최근에는 코퍼스 언어학을 이용하여 '실제 학습자'가 '실제 언어'를 배우면서 경험하는 입력을 조사하고 이것을 연결주의자들의 언어 습득 시뮬레이션에서의 수행과 비교하는 연구가 이루어지기도 하였다(Kempe & MacWhinney, 1998).

제2언어 습득에 대한 인지주의적 관점의 연구자들은 일차적으로 개인 학습자에게 관심을 가진다. 이들은 정보처리자로서의 학습자, 즉 학습자의 정신mind에 관심을 갖고 연구하며 나아가 연결주의 학자들은 일반적인 학습원리 뿐만 아니라 그들의 이론을 인지적 현상과 신경생리적 현상에 연결하는 시도를 하고 있다.

제7장

상호작용과 영어 습득

제2언어 습득에 대한 상호작용적 접근은 Krashen이 제안한 입력가설 input hypothesis로부터 촉발되었다. Krashen의 입력가설에 따르면 이해가능한 입력comprehensible input의 이용가능성은 언어 습득이 일어나기 위한 필수적 조건이다. 이러한 Krashen의 주장은 언어 습득의 환경적 조건에 대한 많은 실증적 연구를 자극하였고 Long(1981, 1983)은 제2언어 습득에서 입력의 본질과 유용성에 관심을 갖고 학습자가 참여하는 상호작용에 주목한다. Long은 학습자가 대화상대자와 상호작용에서 서로의 메시지를 이해하기 위하여 의미를 협상하는 과정에 입력의 특성이 질적으로 변화한다는 것에 주목하면서 그의 상호작용가설interaction hypothesis을 제안한다.

다른 한편 Swain(1985)은 Krashen의 입력가설에 대응하는 출력가설 output hypothesis을 제안하였다. 그녀는 제2언어로 불어를 내용-중심 몰입 프로그램content-based immersion program으로 배운 캐나다의 학생들의 불어발달을 조사하였다. 학생들의 불어 듣기, 말하기, 읽기, 쓰기 발달을 조사한 결과, 그녀는 이해할 수 있는 제2언어 입력이 언어의 모든 측면을 효과적으로 발달시키기에는 충분하지 못하다는 주장을 한다. 불어 몰입 프로그램에 참여한 학생들은 장기간에 걸친 불어를 매개로한 교과 교육에 노출되었고, 그 결과 원어민 수준에 가까운 제2언어 불어 이해능력을 보였지만 학생들의 불어 산출능력은 자신들의 이해능력에 훨씬 미치지 못하는 수준이었기 때문이다. 따라서 제2언어의 이해와 산출 능력을 효과적으로 향상시키기 위해서는 이해가능한 입력comprehensible input만을 제공하는 것으로는 충분하지 않으며 이해가능한 입력과 함께 이해가능한 출력comprehensible output을 장려하는 수업이 이루어져야 한다.

본 장에서는 이러한 입력, 상호작용, 그리고 제2언어 습득의 관계를 관련 연구들을 중심으로 살펴보자.

1. 상호작용과 모국어 습득

제2언어 습득에 대한 상호작용주의자의 전통을 살펴보기 전에, 모국어 습득에서 입력과 상호작용에 대해 살펴보는 것은 도움이 될 것이다. 부모나 아기를 돌보는 성인들이 어린 아이들과 이야기 할 때 보통 '특별한' 말투를 사용하는 것은 잘 알려져 있으며, 이러한 말투를 언급할 때 '아기 말투baby talk'이라는 용어를 사용한다. 이 아기 말투가 아동의 언어 습득에 어떤 도움을 주는가를 알아내고자 어린 아이와 돌봐주는 성인들의 상호작용에 대한 실증적 연구가 이루어졌다.

대표적으로 Snow(1995)는 북미의 중산층 가정을 대상으로 성인이 어린 아이들에게 이야기하고 상호작용하는 방식을 연구하였다. Snow는 성인이 어린 아이들에게 이야기할 때는 말하는 방식을 종종 수정한다는 것을 관찰하였다. 일반적으로 엄마말motherese, 보모말caretaker speech 등으로 일컬어지는 '아동에게 주어지는 언어child-directed speech(CDS)'는, 천천히 말하기, 고음조high pitch 사용, 다양한 과장된 억양 사용, 짧고 단순한 문장 구조 사용, 핵심어에 강세두기, 반복하기, 그리고 풀어서 쉽게 말하기와 같은 특징을 보였다. 이와 함께, 대화의 주제는 아동의 즉시적 환경인 '여기 지금here and now' 또는 성인과 아동이 함께 알고 있는 경험을 중심으로 한다. 성인은 아동의 발화 내용을 종종 반복하는데, 이때 아동의 발화를 문법이 정확한 문장으로 재구성하여 던져주는 방식을 사용한다. 예를 들어 성인과 아동의 다음 대화를 보자.

> 아동: Dump truck! Dump truck! Fall! Fall!
> 성인: Yes, the dump truck fell down.
>
> (Lightbown & Spada, p. 11)

24개월 된 아동은 성인과 함께 장난감 트럭을 가지고 놀고 있는 상황이다. 장난감 트럭이 넘어지는 것을 자신의 언어수준에서 말하고 있으며 이를 같이 있던 성인 Lois가 'Yes, the dump truck fell down'으로 문법에 맞는 올바른 문장으로 재구성하여 던져주고 있다.

Gallaway와 Richards(1994)는 이러한 CDSchild-directed speech가 다음과 같은 측면에서 아동의 언어 습득을 촉진할 수 있다고 요약한다.

- 주의집중 관리하기
- 긍정적 정서 증진하기
- 이해가능성 향상시키기

- 분절음화 촉진하기
- 피이드백 제공하기
- 올바른 모델 공급하기
- 처리부담 줄이기
- 대화의 참여 격려하기
- 사회적 관례를 명시적으로 교수하기

어린 아동들이 성인과 어떤 방식으로 상호작용하는가에 대한 연구는 주로 영어문화권의 중산층 가정을 대상으로 많이 이루어졌다. 최근에는 다양한 문화권의 아동 언어습득에 대한 연구가 이루어지면서 중산층 영어권 사회에서 나타나는 CDS가 모든 사회에 보편적인 특징인가에 의문이 제기되고 있다. Heath(1983)는 1970년대 10년 동안 미국 남동부에 위치한 Piedmont Plateaus에 있는 Tracton, Roadville, Townspeople의 세 지역사회의 사람들과 함께 생활하면서 이들의 언어활동에 대하여 민족문화기술연구ethnographic research를 실시하였다. Trackton은 노동자 계층의 흑인사회였고, Roadville은 노동자 계층의 백인사회였으며 Townspeople은 중산층 가정들이 생활하는 지역이었다. 이들 지역사회에 대한 비교에서 Heath는 시골 마을 Tracton 아동은 다-단어 발화multi-word utterances를 산출하기 전에는 성인들과 직접적인 대화상대자가 되지 못하는 반면에, Roadville 지역 아동의 경우 부모로부터 격려를 받으며 처음부터 성인과의 대화에 적극적으로 참여한다는 것을 보여준다. 또한 Schieffelin(1990)는 파푸아뉴기니의 엄마는 자신의 아이들을 적절한 대화의 대상으로 간주하지 않으며 아기의 옹알이를 'bird talk'로 간주하여 칭찬하고 격려하지 않는다는 것을 보고하였다. Crago(1992)는 에스키모인들에 대한 연구에서 에스키모 사회에서는 어린 아이들은 성인의 대화를 보고 듣기만

할 수 있으며 아이들이 적절한 언어기술을 발달시키고 나서야 성인과의 대화에 끼어들 수 있다는 것을 관찰하였다. 이러한 연구들은 문화에 따라 부모와 아동간의 상호작용의 패턴이 다양하며 위의 언급한 CDS의 특징도 결코 모든 문화에 보편적으로 나타나는 특징은 아니라는 것을 보여준다. 그럼에도 불구하고, 모든 사회의 아동들은 주어진 사회 환경에서 모국어의 언어능력을 충분히 잘 발달시킨다는 것은 분명한 사실이다.

언어습득에서 상호작용의 역할을 뚜렷하게 보여주는 연구로 Sachs, Bard와 Johnson(1981)의 사례연구가 있다. 이 연구에서 'Jim'이라는 아동은 언어습득에서 상호작용을 통한 학습자의 언어수준으로 조절된 목표언어입력을 접하는 것이 얼마나 중요한가를 보여준다. Jim은 부모가 모두 청각장애인이었으며 그래서 태어나서 3년 9개월까지 정상적인 성인과 거의 접촉을 하지 못했다. 이 아이가 접할 수 있는 언어입력은 오직 텔레비전을 통한 언어였다. 언어검사 결과 Jim의 언어발달 수준은 3년 9개월의 정상적인 아동의 언어수준을 훨씬 밑도는 수준이었다. 그러나 그 후 Jim은 성인과의 대화시간을 정기적으로 갖기 시작하였다. 이러한 대화시간을 갖기 시작한 후 Jim의 언어표현능력은 빠르게 정상적인 수준으로 회복하여 4년 2개월의 나이가 되었을 때는 이전의 이상한 언어패턴들은 거의 없어지고 그 또래의 전형적인 언어구조로 대치되었다. Jim에게는 동생이 있었는데 동생의 경우는 Jim에게서 나타난 언어 지체 language delay 현상이 나타나지 않았다. 그 이유는 동생의 언어 학습 환경은 형인 Jim이 대화의 파트너로 존재하였고 Jim과는 달리 텔레비전만이 유일한 언어입력이 아니었기 때문이다.

Jim의 사례는 언어습득에서 일대일 상호작용의 중요성을 잘 보여주고 있다. 텔레비전을 통해서 학습자는 언어입력에 접할 수 있지만 텔레비전과 같은 비인칭적인 언어원천은 언어습득에 충분하지 못하다. 면대면 상호작용을 통하여 언어입력이 학습자의 이해수준으로 조절되고 또한 학습자는 상대방의 반응을 통하여 자신이 메시지가 어떻게 이해되는가를 확인하는 상호작용 과정은 언어습득을 촉진하는 중요한 부분이다.

2. 상호작용과 제2언어 습득

아기 말투baby talk가 모국어 습득의 초기단계에서 중요하게 주목받은 것과 같이 1960년대와 1970년대에 많은 사회언어학자들은 외국인에게 말을 걸기 위해 사용했던 단순화되고 혼성어pigin의 특징을 보이는 외국인 말투foreigner talk에 주목하였다. 외국인 말투도 원어민 화자들간의 대화에서 일상적으로 사용되지 않는 언어 패턴을 보이는 언어적 수정이 나타난다. 아기 말투와 일부 비슷한 언어 패턴들이 나타나며 두드러진 특징을 정리하면 다음 표와 같다.

표 7.1 외국인 말투의 특징 (Gass 외, 2013, p. 341)

느린 속도: 명확한 조음	• 음절말 폐쇄음을 정확하게 발음함 • 모음 축약을 거의 하지 않음 • 줄임말을 사용하지 않음 • 긴 휴지 사용
어휘	• 고-빈도 어휘 사용: 속어와 관용어를 적게 사용 • 대명사 형태를 적게 사용 • 정의definitions를 사용 (예, This means X) 의미적 특질 정보 (예, a cathedral usually means a church, that's a very high ceiling) 문맥적 정보 (예, if you go for a job in a factory, they talk about a wage scale) • 제스처와 그림

구문	• 짧고 단순한 문장 • 화제를 문장 앞으로 이동 • 반복과 재진술 • 새로운 정보는 문장의 끝으로 • 학습자의 비문법적인 발화를 문법적인 형태로 수정·반복 • 학습자의 불완전한 발화를 채워서 완성함.
담화	• 원어민 화자가 질문에 답변을 준다. • 원어민 화자는 부가의문문을 사용한다. • 원어민 화자가 교정을 제공해 준다.

이러한 외국인 말투의 특징을 요약하면 느리고 큰 소리의 언어, 긴 휴지, 단순한 어휘와 구문, 반복과 상세화, 그리고 원어민 화자간에 사용되는 일상적 속어를 사용하지 않는 것으로 정리할 수 있다.

외국인 말투로 수정된 이해가능하고 적당히 문맥화된 제2언어 입력이 언어 습득이 일어나기 위해서 필수적이라는 것은 Krashen(1982)의 입력가설input hypothesis로 구체화되었다. 입력가설에 따르면 이해가능한 입력comprehensible input에 노출되는 것이 언어습득이 일어나기 위한 필수 조건이다.

> Humans acquire language in only one way - by understanding messages, or by receiving 'comprehensible input'. . . We move from i, our current level, to i+1, the next level along the natural order, by understanding input containing i+1. (Krashen, 1985, p. 2)

이 가설과 관련하여 중요한 Krashen의 주장은 '말하기는 습득의 원인이 아니고 결과이다', 라는 것이며, '만약 입력을 이해하고, 입력이 충분하다면, 필수적인 문법은 자동적으로 주어진다'는 것이다.

Long은 박사학위 연구(1980)에서 원어민 화자-원어민 화자 16쌍과 원

M. Long의 모습

어민 화자-비원어민 화자 16쌍에게 비형식적 대화, 게임 설명 지시하기, 게임하기 등과 같은 구두 과제oral tasks를 실시하도록 하였다. 문법적 복잡성을 측정하였을 때는 두 집단간의 언어적 차이는 거의 없는 것으로 나타났다. 그러나 대화 관리conversational management와 언어기능 수행이라는 관점에서 분석할 때, 두 집단 간에는 중요한 차이가 있었다. 특히, 과제진행 중에 발생한 의사소통 어려움을 해결하기 위해 원어민-비원어민 쌍은 반복, 확인 점검confirmation checks, 이해 점검comprehension checks, 명료화 요청clarification requests과 같은 대화 전략을 많이 사용하였다. 확인 점검은 한 화자가 다른 화자가 앞서 말한 발화를 반복하거나 상승 억양rising intonation을 사용함으로써 앞서 말한 발화의 일부나 전부를 확인을 하려는 노력이다. 명료화 요청은 한 화자가 다른 화자가 앞서 말한 발화에서 이해하지 못한 부분을 명확히 하기 위하여 의문문, 'I don't understand' 같은 평서문, 'Please repeat' 같은 명령문을 사용하여 도움을 찾으려는 노력이며, 이해 점검은 한 화자가 다른 화자가 앞서 전달한 메시지를 제대로 이해하고 있는지를 확실하게 하기 위하여 시도하는 움직임이다. 다음은 그 예들이다.

• 확인 점검

학습자1: When do you go to visit me?

학습자2: Visit?

• 명료화 요청

학습자1: ....research

학습자2: Research, I don't know the meaning.

• 이해 점검

학습자 : I was born in Nagasaki. Do you know Nagasaki?

Long(1983)은 언어습득에 이해가능한 입력은 필수적이라는 Krashen의 주장에서 나아가 입력이 어떻게 이해가능하게 되는가에 보다 관심을 가졌다. 그는 상호작용 과정에서 언어입력이 수정되어지고 그 결과 언어입력이 이해가능하게 되는 과정에 주목하였다. 학습자에게 필요한 것은 단순화된 언어입력이 아니라 다른 화자와 상호작용할 수 있는 기회를 가지는 것이며 이를 통하여 상호간의 이해에 도달한다. 상호작용을 통하여 대화자들은 대화를 지속하기 위하여 무엇이 필요한지 그리고 입력을 이해가능하게 하기 위하여 무엇이 필요한가를 파악할 수 있다.

Long(1983)은 다음과 같은 삼단논법으로 상호작용적 수정interactional modifications이 언어습득에 필수적이라는 것을 추론하였다.

step 1 : 상호작용적 수정은 입력을 이해가능하게 만든다.
(Interactional modification makes input comprehensible.)

step 2 : 이해가능한 입력은 습득을 촉진한다.
(Comprehensible input promotes acquisition.)

그러므로

step 3 : 상호작용적 수정은 습득을 촉진한다.
(Interactional modification promotes acquisition.)

이러한 배경 하에서 Long은 Krashen의 입력가설을 확장함으로서 그의 상호작용가설interaction hypothesis을 제안했다. 모국어 습득에서의 CDS처럼 원어민 화자들은 유창하게 언어를 구사하지 못하는 비원어민과 대화를 할 때, 의사소통문제를 해결하지 위해 여러 가지 대화 전략들을 사용한다. 상호작용가설 관점에서 볼 때, 그러한 협력적인 노력은 언어 학습에 매우 유용하다. 대화자 간에 서로의 메시지를 이해하려고 최대한 노력하거나, 의미 이해가 어려운 부분을 협상해 나가면서, 원어민-비원어민은 부수적으로 제2언어 입력을 세심하게 조정함으로써 학습자 발달의 현재 상태에 적절한 언어입력을 만들게 된다. Krashen 용어로 학습자는 i+3 이나 i+0 이라기보다는 i+1의 언어입력을 받게 된다. 그리고 이러한 의미 협상 과정이 언어발달의 기회이다.

후에 Long(1996)은 상호작용가설의 수정판에서 상호작용 중에 일어나는 교정적 피드백corrective feedback에 강조점을 두었다.

> It is proposed that environmental contributions to acquisition are mediated by selective attention and the learner's developing L2 processing capacity, and that these resources are brought together most usefully, although not exclusively, during negotiation for meaning. Negative feedback obtained during negotiation work or elsewhere may be facilitative of L2 development, at least for vocabulary, morphology and language-specific syntax, and essential for learning certain specifiable L1-L2 contrasts. (Long, 1996, p. 414)

위와 같이 수정된 상호작용가설에서는 선택적 주의집중selective attention이라는 개념을 사용해서 입력이 흡수되는 과정을 명확하게 하고 있으며 의미협상 과정 중에 발생하는 부정적 피드백이 목표어의 어휘, 형태, 구문 발달을 촉진할 수 있다는 것을 강조하고 있다.

3. 의미협상과 언어산출

상호작용주의자들은 대화에 참여하여 상호작용함으로서 언어습득이 이루어진다는 것을 주장한다(Hatch, 1978; Long, 1983; Pica, 1994 등). 예를 들어, Hatch(1978)는 다음과 같이 주장한다.

> One learns how to do conversations, one learns how to interact verbally, and out of this interaction syntactic structures are developed (1978, p. 404).

즉, 대화적 상호작용은 문장 구조를 연습하는 장으로서가 아니라 구문 발달을 위한 기본을 형성하는 과정이다. 상호작용을 통하여 언어습득이 이루어지는 대표적인 방법은 다음의 예에서 잘 볼 수 있다.

원어민 : Come here.
아동 : No come here.

원어민 : Where's Mark?
아동 : Where's Mark is school.

위의 예는 Wagner-Gough(1975)의 피험자 이란어화자 아동이 원어민 화자와 나누는 대화이다. 위의 예에서 아동은 원어민 화자의 발화를 그대로 자신의 발화에 통합시켜서 대화를 진행해 나가는 전략을 보인다. 다음의 대화의 예를 보자.

원어민 : There's there's a pair of reading glasses above the plant.
학습자 : A what?
원어민 : Glasses reading glasses to see the newspaper?
학습자 : Glass?
원어민 : You wear them to see with, if you can't see. Reading glasses.
학습자 : Ahh ahh glasses to read you say reading glasses.
원어민 : Yeah.

(Mackey, 1999, pp. 558-559)

학습자와 원어민 화자는 위와 같은 상호작용을 통하여 의미 협상 negotiation of meaning을 하는 과정을 통하여 메시지의 상호 이해에 도달하게 되는데 그 과정 속에서 학습자는 'reading glasses'라는 새로운 어휘 항목에 대하여 인지하게 되는 것을 보여준다.

상호작용은 또한 학습자에게 목표어로 이해가능한 언어를 산출할 수 있는 기회를 제공해 준다. 다음 영어학습자들의 대화는 상호작용을 통하여 보다 이해가능한 언어 산출을 만들어낸 예이다.

학습자2: What is the boy doing?
학습자1: Holding the hands.
학습자2: Holding the hands with where?
학습자1: What?
학습자2: Holding the hands with whom?
학습자1: With Santa.

(Park, 2004, p. 229)

학습자 1이 'Holding the hands with where?'라고 하자 학습자 2는

'What?' 하면서 상대방에게 보다 명확한 발화를 요청한다. 이에 학습자1은 'Holding the hands with whom?' 으로 수정하여 정확한 영어발화를 산출하는 결과를 보인다. 즉, 학습자1의 'Holding the hands with where?' 는 의미협상을 야기하였고 학습자1에게 이해가능한 발화(Holding the hands with whom?)를 하도록 유도한 경우이다.

이해가능한 산출이 언어습득에 중요하다는 것은 캐나다의 몰입프로그램에 대한 연구에서 지적된 것이다. 몰입프로그램의 경우 이해가능한 입력은 풍부하지만 이해가능한 불어를 산출해야 하는 환경은 아니다. 이러한 환경에서 불어를 배운 학습자들의 경우 불어를 이해하는 능력은 아무 문제가 없었지만 원어민 화자와 같은 수준의 문법적 능력을 발달시키지 못하는 결과를 보였다. 이러한 배경 하에서 Swain(1985)은 이해가능한 출력가설comprehensible output hypothesis을 제안하며 학습자는 목표어의 충분한 문법능력에 도달하기 위해서 언어적 자원을 사용할 수 있는 기회가 필요하다는 것을 주장하였다. 그녀는 메시지 이해의 경우 언어입력의 구문적 처리 없이 이루어질 수 있는 반면에 메시지의 산출은 의미 표현방식, 즉 '언어적 장치'에 보다 주의를 기울여야 하고 따라서 이해가능한 언어를 산출해야 하는 상황은 학습자의 언어습득을 촉진시킨다는 것을 주장한다. Swain(1985,1995, 2000)은 출력가설을 제안하며, 언어습득에서 출력은 주목 유도 기능, 가설 검정 기능, 그리고 상위 언어적 기능의 세 가지 기능을 한다는 것을 주장하였다. 먼저, 학습자는 발화산출을 하면서 자신의 언어적 어려움을 깨닫게 되면서 후속 언어입력에서 자신이 어려움을 가졌던 언어요소에 주목하게 되는데 이것이 바로 출력의 주목 유도 기능이다. 가설 검정 기능은 학습자의 출력이 목표언어에 대한 자신의 가설을 검증할 수 있는 기회로 학습자는 상대방의 반응에서 자신의 중간언어를 실험하여 검증할 수 있다. 세 번째 상위 언어적 기능은 학습자가 출력을 함으로써 자신의 목표언어 사용에 대해 숙고하고 상위 언어적 분석을 함으로써 언어적 지식을 내재화하고 통제할 수 있도록 촉진하다는 것을 의미한다. 이러한 Swain의 주장에 따르면, 출력은 내재화된 지식의 결과물이 아니라 학습 과정의 일부로 언어습득의 중요한 요소라 하겠다. Allen, Swain, Harley와 Cummins(1990)는 불어 몰입프로그램으로 수업을 받는 3학년과 6학년 15학급을 관찰한 결과 수업에서 학생들이 불어로 대답을 하는 경우는 아주 적었으며 그 길이도 절clause이상인 경우는 15%도 안 된다는 것을 보고하였다. 이러한 보고는 이해가능한 입력으로만은 충분한 목표어 문법지식을 습득하기 어려우며 이해가능한 산출의 기회가 필요하다는 것을 보여주는 예이다. Nobuyoshi와 Ellis(1993)는 의미협상과정에서 집중적으로 주어지는 피드백이 언어수행의 향상으로 이어지는가를 조사하였다. 실험집단은 양방향 정보차과제two-way information gap task을 하면서 과거시제 사용에 오류를 범할 때 마다 명료화요청을 받은 반면에 통제집단은 의사소통에 문제가 발생할 때만 명료화요청을 받았다. 그리고 일주일 후에 동일한 과제를 실시하였고 그 결과 실험집단의 3명 중에 2명은 과거시제 사용에 있어서 향상을 보인 반면에 통제집단의 경우는 그렇지 않았다. 이 연구는 학습자에게 피드백을 통하여 이해가능한 산출을 하도록 압력을 가하는 것이 언어습득에 효과적일 수 있다는 것을 보여준다.

4. 부정적 피드백과 대체표현제시

피드백은 학습자에게 중요한 정보의 원천이다. 언어 학습자는 상대방의 피드백을 통하여 자신의 발화가 성공적인지에 대한 정보를 얻을 수 있으며 더 나아가 피드백은 학습자에게 언어 산출과 이해에 집중할 수 있는 또 다른 추가적인 기회를 제공해 줄 수 있다. 학습자에게 피드백은 직접적으로 발화에 문제가 있다는 것을 지적하는 명시적인 부정적 피드백을 비롯하여 'What did you say?'와 같이 상대방에서 방금 말한 것에 대하여 명료화를 요청하는 암시적 부정적 피드백에 이르기까지 다양한 방식으로 피드백이 주어질 수 있다.

Long은 1996년 수정된 상호작용가설revised interaction hypothesis을 제안하면서 부정적 언어입력의 중요성과 주의집중의 문제를 부각시켰다. 이전까지는 상호작용적 의미협상을 통하여 언어입력이 보다 이해가능한 입력으로 어떻게 질적인 변화를 하는가에 초점을 맞추었는데 이제 더 나아가 상호작용 과정에서 산출되는 부정적 피드백은 제2언어 학습자에게 얼마나 이용가능한가? 부정적 피드백은 학습자의 언어습득과 발달에 의미 있는 증거로 사용되는가와 같은 문제가 제2언어 학습자의 구어 상호작용을 분석함으로써 집중적으로 연구되었다. 이 분야의 연구는 의미협상을 위한 노력의 일환인 이해 점검, 명확화 요구, 확인 점검과 같은 다양한 종류의 부정적 피드백을 포함하여 특별히 제2언어 학습자의 비문법적인 발화를 목표어와 같은 올바른 형태로 바꾸어서 제공하여 주는 대체표현제시recast에 관심을 갖고 이루어졌다. 다음은 학생의 발화에 대하여 교사가 원래의 의미를 유지하면서 올바른 영어로 바꾸어 준 대체표현제시의 예이다.

학생 : Why does the aliens attacked earth?
교사 : Right. Why did the aliens attack earth?

(Mackey 외, 2000, p. 11)

상호작용 중에 대체표현제시가 제2언어 학습자에게 실제로 이용가능한지, 이용가능하다면 학습자들이 얼마나 이용하는지에 대한 실증적 연구들이 진행되었다. Oliver(1995)의 연구는 그 중의 대표적인 연구이다. Oliver는 원어민-비원어민 아동 쌍에게 그림완성과제를 하도록 하였다. 이 연구에서 비원어민 아동 화자의 오류의 60% 이상에 대하여 원어민 짝이 부정적 피드백을 제공하였다. 비원어민 화자 발화가 여러 개의 오류를 포함하거나 의미적으로 모호성이 있는 경우에는 명료화 요구, 확인점검과 같은 의미협상이 빈번하게 일어났다. 보통 하나의 오류를 포함한 발화의 응답이나 특정한 유형의 문법 실수와 관련된 경우에는 대체표현제시가 나타났다. 예를 들어, 아래의 1의 경우에는 비원어민 화자가 부적절한 단어를 사용하여 의미가 모호하게 된 경우로 원어민 화자는 명료화를 위하여 질문을 던지는 형식으로 의미협상을 진행하고 있는 반면에, 2의 경우 비원어민 화자의 발화의 의미가 분명하게 보이고 따라서 원어민 화자는 발화의 오류를 교정하여 대체표현을 던져주고 있다.

1. 학습자 : It go just one line
   원어민 : Just along the line?
   학습자 : Yer.

2. 학습자 : And the. . . boy is holding the girl hand and. . .
   원어민 : Yer.
   The boy is holding the girl's hand.

(Oliver, 1995, p. 473)

Oliver(1995)는 원어민과 비원어민 간의 상호작용 중에 광범위한 부정적 피드백이 산출된다는 것을 잘 보여주고 있으며 또한 학습자인 비원어민 화자가 부정적 피드백으로 주어진 정보를 이용할 수 있다는 것을 보여준다. Oliver의 연구에서는 원어민이 산출한 대체표현제시recasts의 10% 미만을 비원어민 학습자가 후속 발화에 받아서 이용하였다. 10%의 수치가 낮아 보일 수 있지만 대화중에 던져진 대체표현을 받아서 후속 발화에 사용하는 것이 많은 경우 그리 자연스런 대화의 흐름이 아니라는 것을 고려해야 한다. 또한 학습자의 형태구문능력이 대체표현을 수용할 수 있는 수준에서 대체표현의 유용성이 있다. 즉, 학습자의 후속발화에 포함되지 않은 상당 부분의 대체표현은 학습자의 현재의 처리능력을 넘어서기 때문일지 모른다.

면대면 상호작용face to face interaction 중에 제공된 부정적 피드백이 제2언어의 발달을 촉진시키는가에 대한 Mackey와 Philp(1998)의 대체표현 사용과 영어의문문 형태의 습득에 대한 연구가 있다. 이 연구에서는 특별히 설계된 정보차과제information gap task를 35명의 성인 학습자들이 실시하였다. 학습자들은 원어민 화자와 함께 그 과제를 수행했다. 영어 의문문 발달 정도를 확인하기위해서 사전·사후 시험을 보았다. 일부 학습자들은 의문문에 오류를 만들 때 마다 원어민 화자가 대체표현을 던져 주었고, 다른 집단의 경우는 같은 과제를 수행했지만 대체표현을 받지 않았다. 통제 집단은 오직 사전·사후 검사만 받았다. 실제 과제 수행 중에, 대체표현을 받은 학습자들은 대체표현의 5% 경우에서 자신의 발화를 수정하거나 고쳤다. 사후 검사를 실시한 결과는 매우 흥미로웠다. 실험에 참여한 학습자들은 사전검사에서 의문문 발달의 4단계 수준이었는데 사후검사에서 대체표현을 경험한 대부분의 학습자들은 적어도 1단계가 향상되었다. 대체표현 없이 상호작용만 한 집단과 통제집단에서는 이러한 향상이 나타나지 않았다. 이러한 결과는 비록 실제 과제 수행 중에 대체표현을 명시적으로 흡수하는 것이 보이지 않을 지라도 대체표현을 던져주는 것이 언어적으로 준비된 학습자들에게 도움이 된다는 것을 잘 보여준다.

다른 한편 여러 유형의 피드백의 효과를 비교한 연구들은 대체표현제시가 다른 피드백보다 언어 습득에 더 효과적인가에 대해서는 신중하다(Lyster, 1998; Ammar & Spada, 2006; Ellis et al., 2006). 예를 들어, Ellis 외(2006)는 상위언어학적 설명(명시적 피드백)과 대체표현제시(암시적 피드백)의 경우 상위언어학적 설명을 받은 집단이 대체표현집단보다 우수한 결과를 보였으며 이것은 상위언어학적 피드백이 지니는 명시적인 교정 본질 때문이라고 설명하고 있다. McDonough(2007)는 과거시제 습득에 대한 연구에서 명료화 요청과 대체표현을 비교하였고 두 방식의 피드백이 모두 과거시제 습득에 긍정적인 영향을 미쳤다는 것을 보고하였다. Goo와 Mackey(2013)는 선행 문헌자료를 분석하여 대체표현제시의 효과에 대하여 조명하며 대체표현제시, 프롬프트(명료화 요청, 잘못된 학습자의 발화를 상승 억양으로 반복, 상위언어학적 실마리 제공, 유도 등을 포함), 상위언어학적 피드백 각각이 가지는 언어 습득에서의 고유의 역할을 강조하고 있다.

McDonough와 Mackey(2006)는 대체표현제시에 대하여 보다 상세한 연구를 실시하여 대체표현과 학습, 학습과 대체표현에 대한 즉각적 응답 간의 관계를 살펴보았다. 이들은 대체표현을 받은 집단과 아무런 피드백을 받지 않은 집단으로 나누어서 실험을 진행하였다. 대체표현집단의 경우 다시 반응할 수 있는 기회가 주어진 경우와 그렇지 않은 경우로 나누어서 분석하였다. 예를 들어 대체표현집단은 다음과 같이 두 유형으로 나누었다.

응답할 수 있는 기회가 주어진 대체표현제시

학습자 : Why he must say it like that?

원어민 : Why did he say that?

학습자 : Yeah

응답할 수 있는 기회가 없는 대체표현제시

학습자 : How many sister you have?

원어민: How many sisters do I have? I have one sister.

이들은 또한 대체표현에 대한 응답을 순수한 대체표현의 반복과 앞 대화자의 언어의 패턴을 따라서 하되 새로운 산출을 하는 점화된 산출 primed production로 나누어서 조사하였다. 예를 들어 다음과 같이 분류하였다.

단순 반복

학습자 : When it happen?

원어민 : When did it happen?

학습자 : When did it happen?

점화 산출

학습자 : Why he hit the deer?

원어민 : Why did he hit the deer? He was driving home and the deer ran out in front of his car

학습자 : What did he do after that?

이들은 세 번의 평가를 실시하였고 분석결과는 학습자가 단순히 원어민 화자가 던져준 대체표현을 반복하는 것과 언어발달은 아무런 상관관계가 나타나지 않은 반면에 점화 산출은 학습자들의 의문문 발달을 예견하는 것으로 나타났다.

다른 한편 학습자들이 피드백에 어느 정도 주의집중하는가는 또 다른 연구문제이다. 학습자들의 주어지는 피드백에 얼마나 주의 집중을 하며, 또한 그 피드백을 어떻게 받아들이는가의 문제이다. 학습자들의 사고과정을 알아내는 한 방법으로 내적성찰 방법introspection technique을 사용할 수 있다. 예를 들어 Mackey 외(2000)는 상호작용 과정을 비디오로 녹화를 하여 관련 학습자에게 다시 보여주고 그 당시의 생각을 기억해서 말하도록 하였다. 그 결과 학습자들은 어휘와 음운적 교정에 대하여는 잘 인식을 하고 있었고 설명도 할 수 있었는데 반하여, 문법항목에 대한 피드백을 받는 장면의 경우 주어지는 피드백을 정확하게 문법적인 것으로 인식을 하지 못하거나 정확하게 해당 문법항목을 찾아내지 못하였다.

학습자 (on video) : It have mixed colours

원어민 : It has mixed colours

학습자 : mixed colours aha

학습자 (후속 회상에서): Uh, I was thinking. . . nothing, she just repeat what I said.

(Mackey et al., 2000, p. 486)

위의 비디오촬영 부분에서 학습자는 동사 굴절 오류를 범했다('have'). 이에 대하여 원어민 화자가 동사형태를 올바르게 고쳐서 'It has mixed colours'라고 던져 주었는데, 회상 활동에서 학습자는 원어민 화자가 자신의 발화를 단지 반복하였다는 것으로 인식하였고 던져준 대체표현에 담겨진 문법교정에 대하여는 전혀 알아채지 못한 것으로 나타났다.

이러한 결과는 학습자는 어휘적, 음운적 피드백에 대해서는 상대적으로 정확하게 지각하는 반면에 형태구문적인 피드백에는 그렇지 못하다는 것을 보여주었다. 이것은 언어적 영역에 따라서 피드백이 다양한 역할을 할 수 있다는 것을 제시하고 있다. 대화의 상황에서 전형적으로 대화자들이 언어의 형태가 아닌 내용에 주의 집중을 하고 따라서 음운적, 어휘적 오류는 기본적인 의미에 영향을 주기에 바로 현장에서 주의가 기울여지는 반면에 형태구문적 피드백은 그렇지 않다는 것을 보여주고 있다.

5. 주목하기, 주의집중, 현저성

학습자가 언어형태에 얼마나 주의를 기울이는가는 언어입력과 상호작용이 새로운 언어가 충분히 처리되어 학습자의 발달진행중인 제2언어체계로 포함되는 과정인 입력의 흡수intake에 영향을 미칠 수 있다. 이러한 견해의 대표적인 연구자는 Schmidt(1990,1994, 2001)이다. Schmidt(1990)는 제2언어 학습자의 언어 지식의 내재화 과정을 주목하기noticing를 통한 입력의 흡수intake로 설명한다. 주목하기 없이는 언어 학습은 일어날 수 없다고 주장하는 Schmidt의 주목가설noticing hypothesis은 주목하기는 입력의 언어적 자질에 의식적으로 주의하는 과정으로, 이를 통하여 학습자는 언어입력의 특정자질에 주의를 기울이게 되고 그럼으로써 특정 언어입력이 흡수된다는 것을 강조한다.

Schmidt의 주목가설은 자신의 포르투갈어 학습의 경험에서 왔다. 그는 브라질에 거주하면서 포르투갈어 수업을 몇 개월 수강하면서 일기를 작성하였다. 다음은 그의 일기의 일부분인데 그가 포르투갈어의 의문문 형태에 주목하는 과정을 잘 기록하고 있다.

> Journal entry, Week 21. . . I'm suddenly hearing things that I never heard before, including things mentioned in class. Way back in the beginning, when we learned question words, we were told that there are alternative long and short forms like o *que* and *o que é que*, *quem* or *quem é que*. I have never heard the long forms, ever, and concluded that they were just another classroom fiction. But today, just before we left Cabo Frio, M said something to me that I didn't catch right away. It sounded like Frentch *que'est-ce c'est*, only much abbreviated, approximately [kekse], which must be (o) que (é) que (vo) cê. . .
>
> Journal entry, Week 22. I just said to N *o que é que você quer*, but quickly:[kekeseker]. Previously, I would have said just o que. N didn't blink, so I guess I got it right. (Schmidt, 1990, p. 140)

위의 일기는 언어의 특정형태가 학습자의 주의집중attention에 들어와서 그 형태를 주목하였을 때만이 언어 환경에서 존재하고 있던 그 형태가 학습자의 언어체계로 들어오기 시작하는 것을 잘 보여준다. 이와 같은 자신의 경험을 증거로 Schmidt는 'noticing is the necessary and sufficient condition for the conversion of input to intake for learning'(1994, p. 17)라고 주장하였다.

다른 한편 Gass(1998)는 그녀의 언어입력 처리과정 모델에서 언어입력이 흡수intake 되기 전의 단계로 인식된 언어입력apperceived input 단계와 이해된 언어입력comprehended input 단계를 제시한다(그림 7.1 참조). 학습자에게 주어지는 모든 입력이 학습자의 언어발달에 기여하는 것이 아니며 흡수가 되기 위해서는 일차적으로 학습자가 그 언어입력을 인식해야 한다. 인식된 입력은 학습자가 이해된 입력단계로 들어가도록 학습자를 준비시키는 역할을 한다. 학습자가 특정 언어자질을 인식하는데 빈도, 정서, 주의집중, 선험지식이 중요한 역할을 한다. 다음 단계로 학습자는 지각된 언어입력을 이해하려고 노력을 기울이고 이 과정을 통해서 언어입력은 흡수가 될 수 도 있고 그렇지 않을 수도 있다. Gass는 이해된 언어입력이 흡수로 전이되기 위해서는 주의집중이 중요하다고 언급하고 있다.

input → apperceived input → comprehended input → intake

그림 7.1 Gass의 언어입력 처리과정

제2언어의 흡수에 주의집중의 중요성이 강조되면서 대체표현의 흡수와 주의집중에 대한 연구가 관심을 받고 있다. 대체표현은 던져지는 발화 그 자체로서 긍정적인 증거를 제공하며 또한 오류가 포함된 이전 발화와 대체표현 간의 대조는 부정적인 언어입력이 됨으로써 제2언어형태에 대한 긍정적인 증거와 부정적인 증거 모두를 제공한다. 최근의 연구에서 Leeman(2003)은 대체표현제시의 가장 중요한 특징은 부정적 입력 증거를 제공해 주는 것이 아니라 대체표현안의 새로운 형태의 현저성saliency이라고 주장한다. 대체표현 안의 새로운 형태의 현저성은 학습자의 주의집중을 끄는데 도움이 되며 따라서 그 새로운 형태의 처리와 내재화가 가능하게 만들어 준다.

Leenan(2003)은 스페인어를 학습하는 성인 학습자들을 대상으로 부정적 입력증거만 받은 집단, 강화된 현저성만 주어진 집단enhanced saliency, 부정적 입력증거와 강화된 현저성이 함께 동반된 대체표현집단, 통제집단으로 나누어서 명사-형용사 일치 형태를 대상으로 실험을 하였다. 실험의 결과는 대체표현집단과 강화된 현저성 집단이 통제집단을 능가하는 결과를 보였지만 부정적 입력만을 받은 집단은 통제집단을 능가하는 결과를 보이지 않았다. 이러한 결과를 토대로 Leeman은 형태의 현저성을 높이는 것이 학습자에게 그 형태에 주의를 집중하도록 이끌며, 대체표현제시는 특정형태를 두드러지게 함으로써 더 많은 언어발달을 이끌 수 있다고 제안한다.

6. 상호작용에 영향을 미치는 요인들

(1) 과제 유형

과제 유형은 제2언어 학습자들의 상호작용에 어떠한 차이를 가져올까? 지금까지의 연구를 통한 일반적인 결론은 첫째, 양방향과제two-way tasks에서 보다 많은 의미협상이 일어난다는 것을 보고하고 있다. 그리고 미리 계획된 과제와 계획되지 않은 과제의 경우 학습자는 산출을 계획하고 준비할 시간이 주어질 때 보다 정교하고 목표어에 가까운 언어를 산출하는 경향을 보인다. 또한 폐쇄형과제가 개방형과제 보다 많은 의미협상을 산출한다는 것을 보고한다.

아동 영어학습자들을 대상으로 한 연구에서 Park(2004)은 자연 상황, 일방향one-way, 양방향two-way, 그리고 협동과제에서 학습자의 의미협상의 양과 질에 대하여 분석하였다. 의미협상의 양적 측면에서 볼 때 양방향과제two-way task에서 가장 높은 비율을 보였다. 양방향과제의 경우 명료화요청과 확인점검의 사용이 두드러졌다. 반면에 그림을 함께 보고 이야기를 구성하는 협동과제의 경우 다음과 같은 부정적 피드백이 가장 두드러지게 나타났다.

학습자 : And the egg is going to be crack.
원어민 : No, the egg is cracking.
학습자 : Cracking.

Bygate(1988)는 모둠활동은 학습자에게 위성단위satellite units를 이용하여 발화를 산출할 수 있는 기회를 제공함으로써 언어습득을 촉진시킨다는 것을 강조하고 있다. 위성단위satellite unit는 구문적으로 종속적인 단어, 구, 그리고 한정동사finite verb가 결여되어 있는 절을 가리킨다.

아래의 학습자 1, 2, 3은 위성단위를 서로에게 제공하면서 협력적으로 담화를 구성해 나가는 것을 보여준다.

학습자1: at the door
학습자2: yes in the same door I think
학습자3: besides the man who is leaving
학습자2: behind him

학습자들은 위성단위를 사용함으로써 유연한 의사소통을 할 수 있고 메시지를 준비할 수 있는 시간을 주며 서로 협력해서 메시지를 구성함으로써 서로의 언어능력을 확장시켜 줄 수 있다.

(2) 학습자의 언어수준

이번에는 과제를 수행하는 학습자의 언어수준과 역할이 상호작용에 어떠한 영향을 미치는가에 대하여 살펴보도록 하자. Long과 Porter(1985)는 영어를 배우는 12명의 스페인어화자와 6명의 영어 원어민 화자를 피험자로 대화상대자(원어민 대 비원어민, 언어수준)에 따른 학습자언어의 차이를 조사하였다. 학습자들은 원어민 화자보다 다른 학습자와 대화시 보다 많은 대화를 하였다. 또한 중급 수준의 상대자 보다 고급 수준의 상대자와 보다 많은 대화를 나누었다. 반면에 문법·어휘 오류에 있어서는 대화상대자에 다른 차이가 나타나지 않았다. 즉, 학습자는 서로에게 정확하고 문법적인 언어입력을 항상 제공하지는 않지만 서로 의미협상을 포함하는 진정한 의사소통의 기회를 제공해 줄 수 있다는 것을 시사한다.

다른 한편, Yule과 Macdonald(1990)는 두 학습자가 건물의 위치와 그 곳에 도착하는 길에 대한 정보를 의사소통해야 하는 과제를 이용하여 과제에서의 역할과 학습자의 언어수준이 상호작용에 어떠한 차이를 가져오는가를 조사하였다. 정보 전달자 역할을 하는 학습자는 건물과 건물에 도달하는 길이 그려져 있는 지도를 가지고 설명을 하고 상대자는 그 설명을 듣고 지도에 길을 그려야 한다는 것이다. 한 집단에서는 상위수준의 학습자가 정보 전달자 역할을 하였고 다른 집단에서는 낮은 수준의 학습자가 정보 전달자를 하였다. 두 집단을 비교한 결과 높은 수준의 학습자가 전달자인 경우보다 낮은 수준의 학습자가 전달자의 역할을 하는 경우에 보다 상호작용이 길고 다양하게 전개되었다. 상위수준의 학습자가 전달자인 경우에는 거의 상위수준 학습자 주도적으로 과제의 완수가 이루어지고 따라서 낮은 수준의 학습자는 과제의 완수에 수동적인 역할만을 하는 반면에 낮은 수준의 학습자가 전달자의 역할을 하는 경우에는 과제를 완수하기 위해 보다 많은 의미협상이 이루어졌다. Yule과 Macdonald(1990)의 연구는 짝활동이나 모둠활동을 실시할 때 학습자의 언어수준을 주의 깊게 고려해야 한다는 것을 보여준다. 과제를 실시할 때 상위수준의 학습자보다는 상대적으로 낮은 언어수준의 학습자에게 보다 주도적인 역할을 담당하도록 할 때 학습자간 상호작용이 보다 활발하게 이루어질 수 있다.

(3) 상황 문맥

학습자가 처한 상황문맥에 따라서 학습자의 언어는 다르게 나타날 수 있다. Tarone과 Liu(1995)는 중국어화자 소년 Bob의 대화를 26개월간 기록하여 분석하였다. 선생님과의 대화상황, 교실친구들과의 대화상황, 연구자인 Liu와 대화상황을 비교분석하였다. 세 상황에서 Bob이 산출한 언어에 대한 양적 분석을 한 결과 Bob의 대화상대자가 누구인가에 따라서 문법 요소의 빈도와 기능에 있어서 많은 차이가 나타났다. 선생님과의 대화인 경우 Bob은 주로 선생님의 질문에 대답을 하는 것에 국한하여 비교적 간단한 구문을 이용한 반응을 하였고 거의 Bob이 주도적으로 대화를 시작하는 경우는 없었다. 다른 한편, 교실친구들과의 대화상황에서 Bob은 훨씬 유창하게 많은 말을 하였고 대화를 시도하는 경우가 많았다. 친구들과의 상호작용은 명령을 하고 (자기)주장을 하고 상대방을 질책하는 언어기능의 사용을 유도하였다. Bob의 가족과 친구관계인 연구자(Liu)와의 대화에서 Bob은 보다 대화를 주도하는 역할을 하였고 또한 복잡한 구문을 보다 많이 산출하였다. 상호작용중의 대화시도와 반응횟수는 <표 7.2>와 같다.

표 7.2 대화시도와 반응횟수

상황문맥	대화시도	반응	전체
교사와 대화	74(29%)	186(71%)	260(100%)
친구와 대화	1,798(73%)	651(27%)	2,449(100%)
연구자와 대화	3,497(61%)	2,219(39%)	5,716(100%)

피험자 Bob은 선생님 보다는 친구들과의 대화에서 보다 적극적으로 대화를 시도하였고 나아가 친구들과의 대화에서는 다양한 언어기능을 사용하였다. 친구에게 명령하고 또는 자기주장을 하거나 친구를 비난하고 때로는 욕설을 하는 등 선생님과의 대화에서는 일어나지 않는 여러 언어행위를 수행하였다. 무엇보다도 친밀한 관계인 연구자와의 대화에서 Bob은 가장 많이 대화를 시도하였고 반응을 하였으며 또한 새로운 언어구조나 보다 복잡한 언어구조를 가장 많이 사용한 경우였다.

Tarone과 Liu의 연구는 상호작용 상황 문맥에 따라 그리고 그 상황에서 수행하는 역할에 따라서 학습자의 중간언어 지식은 다르게 나타날 수 있다는 것을 보여준다. 즉, 상호작용에 있어서 역할관계의 중요성을 보여준다. 대화자간의 역할관계가 평등하지 않을 때는 그 사이에 의미협상과정은 저지되고 형성되지 않는다는 것이다. Bob과 선생님과의 대화는 바로 이러한 관계유형의 전형이라고 할 수 있다.

7. 상호작용과 영어교육

지금까지 언어습득의 상호작용이론과 관련 연구들을 중심으로 살펴보았다. 상호작용이론이 제시하는 가장 중요한 점은 의사소통능력의 향상을 가져오는 효과적인 영어학습은 가능한 상호작용을 활발하게 진행하는 것이다. 일반적으로 영어교실에서는 패턴연습patterns drills과 같은 통제된 언어연습식의 상호작용이 이루어진다.

교사 : Repeat after me. Is there any butter in the refrigerator?
학급 : Is there any butter in the refrigerator?
교사 : There's very little, Mom.
학급 : There's very little, Mom.

엄격한 교사의 통제에 의해서 진행되는 이러한 연습은 의미협상과정을 유도하는 전형적인 상호작용과는 다른 특징을 가진다. 그럼에도 불구하고 Ellis(1988)는 이러한 언어연습도 여전히 학습자편의 개인적인 (노력)투자가 주어지는 사회적 사건이며 어느 정도의 상호작용이 존재한다는 것을 강조하고 있다. 언어연습식 상호작용도 적절하게 이루어진다면 교실 영어학습자에게 의미 있는 연습이 될 수 있다.

교사중심의 수업의 경우를 생각해 보자. 영어수업에서 교사가 던지는 질문유형은 다음과 같이 분류할 수 있다(Kearsley, 1976).

표 7.3 교사의 질문유형

유형	하위범주	구체적인 예
반향 질문	a. comprehension checks	All right?; OK?; Do you understand 'polite'?
	b. clarification requests	What do you mean?; I don't understand; What?
	c. confirmation checks	Did you say 'he'?
지식 질문	a. referential	Why didn't you do your homework?
	b. display	What's the opposite of 'up' in English?

크게 교사의 질문은 발화를 반복하거나 제대로 이해가 되었는가를 확

인하는 반향 질문echoic questions과 정보를 얻는 것이 목적인 지식 질문epistemic questions으로 구분된다. 지식 질문에는 순수하게 정보를 구하는 참고 질문referential questions과 이미 알고 있는 정보를 유도함으로써 학습자를 테스트하는 전시 질문display questions이 대표적이다. 교사의 전시 질문display questions에 대한 학습자의 대답과 참고 질문referential questions에 대한 대답을 비교하면 참고질문에 대한 대답의 평균발화 길이는 전시질문에 대한 평균발화길이는 보다 긴 것이 일반적이다.

교사 : What's this?
학생 : It's a cup.
교사 : Good

교사 : Did anyone manage to find some reasons for this?
학생 : With the decline of religion there is no pressure on woman to get married.

위의 첫 번째 예의 경우는 교사들이 학생들에게 던지는 질문의 유형이다. 이러한 전시질문의 경우 교사와 학생간의 의미협상과정이 거의 이루어지지 않으며 간단하고 짧은 학생의 대답으로 끝난다. 반면에 두 번째 예의 경우는 영어지문을 읽고 그것을 근거로 교사가 학생에게 질문을 던진 경우로 이미 읽은 영어지문을 기초로 대답을 하는 것이므로 전시질문이지만 학생은 읽은 것을 생각하면서 자신의 영어 발화를 산출하게 되고 그 과정에서 교사와 학생간의 의미협상이 일어날 수 있는 여지가 많이 있다.

다음은 과제유형에 대하여 생각해 보자. 앞에서 살펴보았듯이 과제의 유형에 따라서 의미협상의 양과 질에 차이가 나타나고 따라서 수업활동으로 주어지는 과제의 유형을 다양하게 하는 것이 필요하다. 학습자의 보다 많은 영어 사용에 초점이 있는 경우에는 학습자들에게 일정한 정보를 주고 서로 교환하여 완성해야 하는 양방향과제two-way task를 실시할 수 있다. 반면에 보다 정확한 영어 사용에 초점이 있는 경우에는 학습자들이 서로 협력하여 과제를 완성하게 하는 협동과제를 줄 수 있다.

일방향one-way나 양방향two-way 과제를 실시하는 경우 학습자들의 언어수준을 고려하여 역할을 부여할 것을 연구는 제시한다. 상위수준의 학습자에게 중심 역할을 하도록 하는 경우에는 상호작용이 상위수준의 학습자 중심으로 진행되어 결과적으로 상대 학습자는 거의 대화에 참여하지 못하는 상황이 벌어질 수 있기 때문이다. 따라서 과제에서의 역할과 학습자의 언어수준을 신중하게 고려하여 상호작용이 일방적으로 진행되지 않도록 해야 한다.

Tarone과 Liu의 연구는 다양한 상황문맥에서 상호작용의 필요성을 보여준다. 수업에서 교사와의 상화작용만을 갖는 경우 교사와 학생이라는 역할관계의 불평등으로 인하여 언어습득에서 중요한 의미협상과정이 활발하게 진행되어질 수 없다. 따라서 학급 동료들 간의 보다 친밀한 관계 속에서 상호작용이 이루어질 수 있는 기회를 제공해야 한다. 또한 교실 내에서 뿐만 아니라 교실 밖에서 상호작용이 이루어질 수 있는 기회를 갖도록 해야 한다.

최근의 상호작용연구에서 제시하는 중요한 사항은 상호작용 중에 주어지는 피드백의 역할이다. 피드백을 주는 주체가 교사인지, 학습자인지가 차이를 가져올 수 있을 것이다(Oliver, 2000). 또한 학습자는 어떠한 피드백에 주의를 기울이는가에 대한 연구들이 발표되고 있으며 이러한 연구들은 영어교육에 실제적인 도움을 제시해 주고 있다.

제8장

사회·문화적 접근과 영어 습득

L. S. Vygotsky의 모습

사회·문화적 이론은 근본적으로 사회적 관점에서 언어 학습을 바라본다. 사회·문화적 관점에서 상호작용은 자율적이고 내적인 학습 기제에 투입되는 언어입력의 원천으로서의 역할을 넘어서서 학습에 훨씬 더 중심적 역할을 한다. 본 장에서는 1990년대 이후 제2 언어 습득 분야에 활발하게 적용되고 있는 러시아의 발달심리학자 Lev S. Vygotsky의 사회·문화 학습이론을 중심으로 살펴본다.

Lev Semeonovich Vygotksy는 1896년 스위스 발달 심리학자 Jean Piaget과 같은 해에 출생하였다. 러시아의 시골에서 태어난 Vygotsky는 1925년과 그가 요절한 1934년 사이에 모스크바에서 활동하였다. Piaget와 같이 아동발달 연구가로 그의 이론은 당시 소련의 심리학계에서 환영받지 못하였다. Vygotsky는 1920년대와 1930년대 소비에트 연방체제하에서 아동들 간의 그리고 아동과 성인간의 상호작용을 관찰하였고 이를 통하여 언어 발달은 일차적으로 사회적 상호작용으로부터 발달한다는 것을 주장하였다. 그는 후원적인 상호작용 환경 안에서 아동은 자신의 현재 수준보다 높은 지식과 수행으로 나아갈 수 있다는 것을 간파하였다. 그는 아동이 성인이나 다른 아동과 나누는 대화conversations의 중요성에 주목하였으며 이 대화가 언어와 사고의 근원이라고 주장한다. 언어는 아동이 물리적 세계와의 상호작용을 통하여 습득한 지식을 표현하기 위해 사용하는 상징체계라고 보는 Piaget와는 달리, Vygotsky는 사고는 본질적으로 내재화된 언어이며, 이 언어는 사회적 상호작용으로부터 나오는 것으로 보았다.

그의 많은 저서들 중에 처음으로 *Thought and Language*가 1962년 영어로 번역되었고 그 후 아동발달에 관한 그의 사상은 Bruner(1985)와 같은 심리학자들과 아동발달 이론가들에 의해 서구에 소개되었다. 또한 많은 교육연구가(Mercer,1995, 2000; Wells, 1999) 들에 의해 그의 이론이 교실 수업에 적용되고 있다.

1 매개와 학습

Vygotsky의 사회문화이론에 따르면 아동의 인지적 발달은 두 단계를 거쳐서 이루어진다(정양수, 2013). 첫 번째 단계는 사회적 단계social plane 또는 인간간 단계interpersonal plane로 아동과 성인간의 정신적 매개 작용을 통해 학습이 이루어지는 단계로 다른 사람과의 정신적 상호작용이 지적 발달의 핵심이 되는 단계이다. 학습자를 둘러싼 외부환경과 상호작용하면서 새로운 지식을 받아들이는 사회적 단계는 인간간 단계이며 이때 학습자의 정신능력은 외부에 의해서 지배된다. 다음 단계는 심리적 단계 psychological plane 또는 인간내 단계intrapersonal plane로 학습자의 내부의 정신이 상호작용하는 단계이다. 이 단계에서 학습자의 내부에서 이미 정립된 지식과 새로운 지식간의 상호작용이 일어나면서 새로운 지식체계가 구축되는 단계로 외부 환경에 의해서 지배를 받기 보다는 자신에 의해서 지배를 받는 단계이다. 이렇게 기존 지식과는 질적으로 다르게 재편된 지식체계를 가진 학습자는 이 지식체계를 통해서 다시 사회적 단계로 넘어간다. 사회적 단계를 통해서 새롭게 받아들인 지식은 학습자 내부의 심리적 단계를 통해서 다시 내재화 과정을 거친다. 이러한 내재화 과정은 <그림 8.1>과 같다.

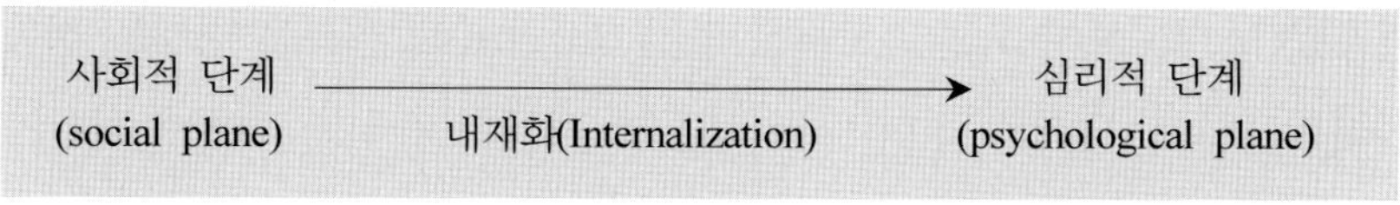

그림 8.1 Vygotsky의 사회적 단계에서 심리적 단계로의 내재화 과정

사회·문화이론의 가장 중요하고 구별되는 개념은 인간의 고등 정신활동은 매개된다는mediated 것이다. Vygotsky(1987)에 따르면 인간은 물질세계에 즉각적으로 행동하지 않는 대신에 도구tools와 노동활동labor activity에 의존하기 때문에, 다른 사람들과 자신과의 관계를 규제하고 매개하기 위해서 상징적인 도구를 사용한다. 물질적이고 상징적인 도구들은 시간이 흐르면서 인간문화에 의해 만들어진 인공물로 세대를 거치면서 계승되고 이용가능하다. 상징적 도구는 대표적으로 숫자와 산수체계, 음악 예술, 무엇보다도 언어가 포함된다. 물질적 도구를 가진 인간은 우리 자

신과 세상 사이의 간접적이거나, 매개된 관계를 만들기 위해 상징적인 인공물을 사용한다. Vygotsky의 입장에서 심리학은 인간의 정신적 활동이 어떻게 문화적으로 구축된 인공물과 사회관계를 통해 체계화되는지 이해하는 것이다.

Vygotsky는 인간의 정신활동에서 사고를 위한 도구이자 매개의 수단으로써 언어의 역할을 분명히 하고 있다. 예를 들어 언어를 통해 우리는 학습된 정보를 시연하고 계획을 공식화하며, 또는 문제를 푸는 단계를 설명할 수 있다. 더 나아가 우리가 이용할 수 있는 정신적 도구의 본질인 언어 그 자체가 우리의 생각을 어느 정도까지 형성할 수 있다. 예를 들어 문자체계가 고안되면서, 인간은 언어 그 자체의 본질을 이해하는 방식을 변화시켰다. 쓰기 체계가 글을 읽고 쓰는 능력이 발달하기 전에 존재하지 않았던 단어, 문장, 음소같이 언어에 관한 개념과 범주를 인류에게 제공했다. 비슷하게 오늘날 SNS를 통한 의사소통의 새로운 형태는 전통적인 의사소통 방식과 전혀 다른 새롭고, 독특한 특징을 가지며 인류에게 새로운 개념과 범주를 생산하고 있다.

사회문화적 관점에서 학습은 매개된 과정mediated process이다. 학습은 부분적으로 학습자편에서의 정신적 도구의 사용과 통제를 통해서 매개된다. 여러 상징 도구 중에서도 언어는 학습을 위한 가장 중요한 도구이다. 학습은 또한 사회적으로도 매개된다. 즉, 학습은 협력문제해결이나 토론과 같이 타인과 공유된 면대면 상호작용 과정에 의존한다.

2. 조절, 비계, 근접발달영역

분별력 있고 숙련된 개인은 주어진 상황이나 문제에 직면할 때 자율적으로 기능할 수 있다. 이것을 자기조절self-regulation 과정이라 한다. 그러나 아동이나 미숙한 개인은 교사와 같이 능숙한 사람들의 지도하에 과제와 활동을 수행함으로써, 즉 타인조절other-regulation 과정을 통해 학습을 하게 된다. 즉, 아동이나 학습자는 다른 사람과의 협력적인 대화를 통해서 어떤 일의 수행 방식에 대하여 이해하게 되고, 마침내 자기 자신의 의식에 새로운 지식이나 기술을 점유할 수 있게 된다appropriate. 따라서 성공적인 학습은 협력적인 상호간 정신간 활동inter-mental activity에서 자율적인 정신내 활동intra-mental activity으로의 이동이다. 학습자의 관심을 그 환경의 주요한 특징에 쏟게 하면서 일련의 문제해결 단계를 통과하도록 유도하는 후원적인 대화과정이 비계scaffolding이다.

Vygotsky의 학습이론에서 가장 중요한 개념은 근접발달영역zone of proximal development으로 학습이 가장 생산적으로 일어나는 영역이다. 근접발달영역은 학습자가 주어진 문제해결을 위하여 아직 독립적인 수행을 할 수는 없는 수준이지만, 적절한 비계된 도움으로, 즉 후원적인 환경에서 다른 사람과의 협력을 통하여, 문제를 해결할 수 있는 학습자의 발달영역을 가리키는 은유적 표현이다.

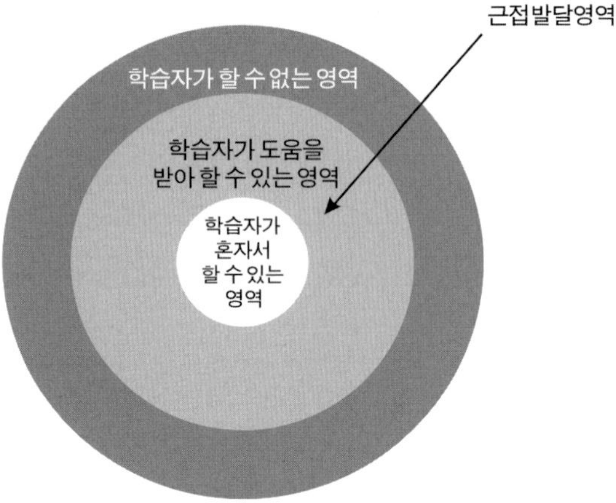

그림 8.2 근접발달영역

Wood 외(1976)는 근접발달영역 내에서 비계된 도움은 다음과 같은 기능을 가진다고 기술한다.

- 과제에 흥미 강화하기
- 과제를 단순화하기
- 목표의 추구를 유지하기
- 산출된 것과 이상적인 해결책 사이에서 중요한 특징과 차이를 표시하기
- 문제를 해결하는 동안 좌절감을 제어하기
- 이상적인 수행 결과 형태 입증하기

3. 미세발달

Vygotsky의 사회문화이론의 원칙은 두 가지 서로 다른 시간범위에 적용된다. 사회문화적 원칙은 유아가 초기 발달 과정에서 거쳐 가는 학습인 개체 발달ontogenesis뿐만 아니라, 인류가 연속적인 세대를 거치면서 통과하는 학습인 계통 발달phylogenesis에도 적용된다. 유아뿐만 아니라 모든 인류에게 학습은 처음에는 사회적으로 시작하여 후에 개별적인 과정으로 발달한다. 의식과 개념의 발달은 먼저 개개인 사이에 공유된 정신간inter-mental 현상이다. 후에 개개인들이 그들 고유의 의식을 발달시켜 정신내intra-mental 현상이 된다. 인류와 유아에게 언어는 의식 발달에 있어서 최고의 상징적인 매개 도구이다.

인간은 일생을 거치면서 학습을 할 수 있는 능력을 가진다. 성숙한 개인에게 새로운 지식이나 기술을 습득하는 지역적 학습 과정들은 본질적으로 동일하다. 즉, 새로운 개념들은 전문가와 초보자의 사회적 또는 상호작용적 대화를 수단으로 지속적으로 습득된다. 이런 지역적이고 맥락화된 학습 과정local contextualized learning process이 미세발달microgenesis 이다.

4. 사적 언어와 내적 언어

어린 아동은 외부의 대화 상대자들 보다는 오히려 자기 자신과 하는 대화인 사적 언어private speech를 하는 것으로 잘 알려져 있다. 아동발달에 관한 Piaget 이론에서 이러한 사적 대화는 아동의 자기중심주의에 대한 증거이거나 다른 사람의 관점으로 세상을 보지 못하는 것으로 설명된다.

그러나 사적 발화는 사회문화이론에서 매우 다르게 설명된다. 예를 들어 한 아이가 그림을 그리거나 퍼즐을 푸는 동안 혼잣말을 하고 있는 것은 아이들이 그들 자신의 행동을 조절regulation하는 능력이 성장하고 있는 것을 보여준다. Vygotsky는 사적 언어가 나중에 외부 발화 없이 내적인 사고를 조절하는 언어의 사용인 내적 언어inner speech가 된다고 본다. 따라서 사적 언어는 언어의 가장 초기 사용의 발달을 반영하며, 사회적이고 대인관계적이다. 완전히 자율적인 개인은 사고의 도구로써 내적 언어를 발달시켜서 보통은 외부로 사적 언어를 산출할 필요를 더 이상 느끼지 않는다. 그러나 새로운 과제와 씨름할 때 심지어 능숙한 성인도 사적으로 독백을 하면서 그들의 노력을 조절하게 된다.

5. 사회문화관점에서 제2언어 습득

사회문화적 관점에서 아동의 초기 언어 학습은 주어진 문화의 다른 구성원들과 함께 협력적인 행위 안에서 의미를 만드는 과정이다. 이러한 협력적인 행위로 부터, 언어는 의미를 만드는 도구로써 발달된다. 비슷하게 제2언어 학습자는 다른 제2언어 사용자와 함께 협력적인 행위를 통해 새로운 방식의 의미와 더 많은 도구를 만들어내는 기회를 가진다. 이러한 사회문화이론은 다른 언어 학습 이론과는 달리 언어 학습을 사회적인 측면과 심리학적인 측면으로 구분하려는 접근을 거부한다. 즉 새로운 언어 학습에 대한 '미세발달'의 개념은 심층적 언어능력과 표면적인 언어 수행을 구분하여 보지 않는다. 또한 근접발달영역이라는 개념은 소위 Krashen이 주장한 조직화된 학습 과정인 교육과 자연주의적인 발달 과정인 습득을 구분하지 않고 있으며 하나의 단일 사이트에 연결한다. 제2언어 습득은 근접발달영역 안에서, 공식적 교육과정이든 자연 환경에서든, 새로운 언어 지식이 협력적인 행위를 통해 함께 구성되고, 그 다음 능동적인 행위자인 학습자에 의해 그 지식이 점유되는 과정이다.

(1) 제2언어 담화에서 사적 언어

사적 언어는 아동의 제2언어 습득연구에서 흔히 관찰되며 그 중요성은 다양하게 설명된다. 다음은 영어를 제2언어로 배우는 일본 아동 Takahiro의 예이다.

성인 : House.
아동 : This house?
성인 : House.
아동 : House.
To make the house.
To make the house.
To make the house.
This?
house.
Garage.
Garage house
house
big house
Oh-no!
broken.

Too bad.
성인 : Too bad.
아동 : Try again.
성인 : I get try.
아동 : I get try.
성인 : Good. (Hatch, 1978, p. 411)

Vygotsky의 관점에서 아동의 두 번째 길게 늘어진 확장된 말차례는 문제 해결과 자기조절에 중요한 역할을 한다. 위의 담화는 처음에 성인이 'house'라는 단어를 제공하고, 'to make a house', 'garage house', 'big house'와 같이 다양한 통사적 틀을 이용하여 'house'가 재사용되면서 아동이 'house'라는 새로운 어휘를 점유하는 과정을 보여준다.

Ohta(2001)는 교실상황에서 제2언어 사적 언어의 세 가지 주요 유형을 반복repetition, 대리 응답vicarious response, 조작manipulation으로 구분한다. 가장 일반적인 형태는 반복이다. 교실에서 학습자들은 남몰래 선생님이나 다른 학생의 발화를 반복하는데 이것은 새로 소개된 어휘항목이나 문장을 연습하는 일반적인 수업에서 흔히 관찰할 수 있다. 두 번째로 학습자들은 또한 사적 언어로 대리 응답을 만들어 낸다. 교실수업에서 학습자들은 선생님의 질문을 남몰래 대답하거나, 누구가의 발화를 완성하거나 고쳐준다. 아래의 예는 학습자가 처음엔 부정확한 대리 응답을 한 뒤('it is easy') 선생님의 발화를 듣고 스스로 고치는 예를 보여준다(일본어수업에서 이루어진 담화를 영어로 바꾼 대화이다).

교사 : Um well there was a kanji quiz wasn't there. there was right? There was, was it difficult?

학습자 : Um
다른 학생들 : No
학습자 : Eeh *it is easy* (error: should be in the past tense)
교사 : *It was easy um.*
학습자 : *It was easy.*
교사 : That's good. Is everyone okay with the kanji?

(Ohta, 2001, p. 51)

마지막으로 학습자들은 그들 나름으로 고유의 제2언어 발화를 구성할 때, 문장 구조를 조작하고 분해하며 소리를 내어 보면서 제2언어를 조작하는데 사적 언어를 사용한다.

Ohta(2001)는 학습자들이 새롭거나 문제가 있는 언어와 마주쳤을 때 전형적으로 제2언어 사적 언어를 이용한다고 주장한다. 이 사적 언어는 다양한 방식으로 교실수업에 학습자들이 적극적으로 참여하고 있다는 것을 보여준다. 학습자들은 반복을 통해 새로운 요소의 음운적 그리고 조음적 통제를 발달시킬 수 있다. 또한 학습자는 자신의 사적 발화를 다른 학습자들의 발화와 비교함으로써 자신의 제2언어 가설을 검증할 수 있는 기회를 가질 수 있다. 또한 사적 언어를 통해서 짝이나 모둠 활동을 하기에 앞서서 전체 교실 대화가 진행되는 동안 학습자는 사회적 상호작용과 의사소통의 시뮬레이션을 해 볼 수 있다.

(2) 근접발달영역에서 비계와 제2언어 습득

사회문화이론에서는 새로운 언어 지식이 사회적인 상호작용 안에서 어떻게 발생하는지 어떻게 학습자에 의해 내재화되는지 근접발달영역과 비계를 통하여 살펴보자.

Hatch (1978, p. 410)에 제시된 다음 대화의 예를 보자.

원어민 : O that's a beautiful plant!
I like that.
Did you buy that?
학습자 : Excuse me. . .
This is the . . .
October 24.
The how you say. . .
the . . . (writes '1974')
year, ah?
원어민 : 1974. Last year.
학습자 : Ah! Last years.
원어민 : One. (Correction of plural form)
학습자 : Last year.
Last year a friend gave me it.

Vygotsky식 관점에서 위의 대화를 보았을 때 우리는 원어민이 비계로 제공한 새로운 어휘 항목(이 경우 'last year')을 학습자가 점유 과정을 통하여('Ah! Last year', 'Last year a friend gave me it'), 학습자의 제2언어 체계에서 미세발달이 일어나고 있다고 설명할 수 있다.

대부분의 사회문화적 관점에서 실시되는 연구는 자연 환경보다는 교실에서 진행되었다. 교실에서 진행된 대표적 연구로 Aljaafreh와 Lantolf (1994)의 연구를 살펴보자. 본 연구의 참여자들은 매주 작문 과제에 대해 언어교사에게 일대일 피드백을 받았다. 매주 개별지도에서 학생들은 처음에 그들이 작문한 글을 다시 읽고 교사의 도움 없이 그들이 확인 할 수 있는 오류를 점검했다. 그리고 나서 교사와 학생은 문장 하나하나를 같이 읽어나가면서 점검하였다. 학생의 작문에 오류가 확인되었을 때 교사는 학습자가 오류를 교정하도록 비계를 제공하는 것을 목표로 했다. 이것은 언어 학습이라는 행위에 참여하는 학습자에게 충분한 도움을 줌으로써 용기를 주고 행위에 참여하도록 이끌고 학습에 대한 책임감을 갖도록 하기 위한 것이다.

연구는 영어 관사, 시제 표시, 전치사의 사용, 조동사와 같은 4개의 문법항목의 미세발달과정에 초점을 맞췄고 8주 동안의 이러한 학습 과정을 오디오로 녹음하였다. 연구는 교사를 통한 오류 피드백이 학습자들의 특정 문법항목의 정확도를 높여주는가를 알아보고자 하였고 또한 오류 피드백을 통하여 학습자들이 자기-교정self-correction 능력을 발달시키고 교사에 대한 타인조절 의존도를 낮추는가를 찾아보고자 하였다.

표. 8.1 언어체계내의 미세발달 (Aljaafreh & Lantolf, 1994, pp. 478-9)

(L) F1

1.	교사:	Okay, 'to the. . . [yeah] to the US [Okay] In that moment I can't
2.		. . . lived in the house because I didn't have any furniture'
3.		Is that. . . what what is wrong with that sentence, too?
4.		What is wrong with the sentence we just read? . . . 'In that
5.		moment I can't lived in the house because I didn't have any
6.		furniture'. . . Do you see?
7.	학습자:	No
8.	교사:	Okay. . . ah there is something wrong with the verb with the
9.		verb tense in this this sentence and the modal.... Do you know
10.		modals?

11. 학습자: Ah yes, I know.
12. 교사: Okay, so what's what's wrong
what's wrong here?
13. 학습자: The tense of this live.
14. 교사: Okay, what about the the. . . is it
just in this or in this, the
15. whole thing?
16. 학습자: The whole this
17. 교사: Okay, how do you correct it?. . .
Okay, 'In that moment,. . . What?
18. . . . What is the past tense of can?
what was
19. happening. . . what. . .the past,
right? what was happening
20. . . . what. . . the event happened
in the past right? so what
21. is the past tense of this verb can?
. . . Do you know?
22. 학습자: No
23. 교사: Okay, ah could
24. 학습자: Ah yes
25. 교사: Okay, 'I could not. . .'
26. 학습자: Live
27. 교사: Ah exactly, okay. So when you use this in the past then the second
verb is the simple. . .
28. 학습자: Yes
29: 교사: Form, okay. . . aah 'in that moment I could not. . . '
30. 학습자: Live in the house

(M) F1

1. 교사: Okay, 'I called other friends who can't went do the party.' Okay,
2. what is wrong here?
3. 학습자: To

교사: 'Who cant's went do the party because that night they worked at the hospital.' Okay, from here 'I called other friends who can't went do the party.' What's wrong in this?
학습자: To?
교사: Okay, what else? . . . what about the verb and the tense? The verb and the tense?. . .
학습자: Could
교사: Okay, here
학습자: Past tense
교사: All right, okay, 'who [alright] could not.' Alright? And?. . .
학습자: To
교사: Here [points to the verb phrase], what's the right form?
학습자: I . . .go
교사: Go. Okay, 'could not go to [that's right] to the party. . .'

(N) F2

교사: Is there anything wrong here in this sentence? 'I took only Ani Because I couldn't took both'. . . Do you see anything wrong?. . . Particularly here 'because I couldn't took both'
학습자: Or Maki?
교사: What the verb verb. . .something wrong with the verb. . .
학습자: Ah, yes. . .
교사: That you used. Okay, where? Do you see it?
학습자: (Points to the verb)
교사: Took? Okay
학습자: Take
교사: Alright, take
학습자: (Laughs)

위의 Protocol L과 M은 교사와 학생이 조동사와 본동사의 구조에 올바른 시제 표시를 해결하려는 과정을 보여준다(표 8.1 참조). Protocol L의

2~3행에서 나타나는 것처럼 교사는 계속해서 학생의 영어작문 오류에 대한 좀 더 명시적인 피드백을 제공하고 있으며, 실제로 23행에서 조동사 can에 대한 올바른 과거시제 형태를 만들어 주고 있다. 후에 Protocol M 1~2행에 보여 지듯이 교사와 학생은 동일한 문제에 다시 마주치고 있다. 처음에는 학습자는 다른 부분, 즉 to 대신에 do를 쓴 부분의 오류를 알아채고 고친다. 그러나 일단 교사가 조동사 다음의 부정확한 동사패턴에 주의를 돌리자, 학습자편에서 처음으로 올바른 조동사 시제 형태인 could와 그 다음에 본동사 go의 원형 형태를 제공하고 있다. 1주일 후에 실시한 지도과정을 보여주는 Protocol N에서 이 학습자는 독립적으로 자신이 쓴 글에서 올바른 과거시제 형태인 could를 만들어냈다. 학습자는 여전히 시제가 부정확한 본동사인 took을 could't 다음에 표시했지만 교사가 오류를 확인하는 것을 저지하며(6번째 줄), 조금 주저하며 올바른 take의 형태를 제공하고 있다. 학습자의 웃음과 당황스러움은 자기조절 self-regulation이 여전히 자동화 되지 않고 완벽하지 않다는 것을 보여주고 있다. 그 이후 영어작문에서 이 특정한 구조에 대하여 이 학생은 어떠한 오류도 범하지 않았다고 한다. Protocol L, M, N의 대화과정을 통해서 교사에 의한 타인조절 필요성이 감소하는 것을 볼 수 있으며 이는 학습자가 근접발달영역 내에서 미세발달을 하고 있다는 증거로 해석할 수 있다.

다른 한편, Vygotsky의 근접발달영역을 토대로 Nassaji와 Cumming (2000)은 아동과 교사의 문자 상호작용을 조사하였다. 이란에서 이민 온 6세 아동과 그의 영어교사가 10개월 동안 주고받은 95회의 문자 저널일지를 분석하여 근접발달영역(ZPD) 안에서 둘 사이의 문자 상호작용이 어떻게 협상되어 나가는가를 보여주었다. 일지는 수업의 일상적인 활동으로 이루어진 것으로 아동은 관심 있는 주제를 자유롭게 영어로 적었으며 이에 대하여 교사는 응답을 적어 주는 형식이었다. 일지는 교사가 지속적으로 아동의 영어 학습을 자극하기 위하여 아동의 수준에 맞게 후원적 도움을 주는 것을 보여 준다. 저널일지에서는 근접발달영역의 특징인 간주관성inter-subjectivity과 보충적, 비체계적인 비계scaffolding가 뚜렷한 특징으로 나타났다. 다시 말해서, 교사는 아동이 참여할 수 있도록 후원적인 조건과 언어를 사용하면서 문자적 간주관성literate inter-subjectivity을 위한 기본을 설정하였다.

아동은 주로 개인적인 또는 일반적인 사실을 보고하였으며 교사인 Ellen은 이에 대하여 정보와 명료화를 요청하였다. 예를 들어, 처음 2주에는 다음과 같이 아동의 일지에 대하여 교사가 간단한 질문을 하였고 이에 대하여 아동이 응답을 하는 방식의 문자 교환이 이루어졌다.

(2주)

아동 : Today is +14 A.M. May 1995 is 23th. Yesterday is my borday. I am 7 Yors old. I love my Mom and my Dad. Today is Tuesday. I love my Teacher. I love Appl TREE

교사 : Did you have a birthday cake?

교사는 처음에는 아동의 보고적 언어기능 수준에 맞추는 담화를 이어나갔으며 점진적으로 단순 질문에서 보다 복잡한 반응을 요구하는 방식으로 이동하여 나아갔다. 또한 다음과 같이 철자 또는 영어구문에 대하여 모델도 제시하였다.

(12주)

아동 : Today is Friday. November the 17th 1995. The Temperature is +1 A.M. Today is A sunny Day. I Love Anem and I cood till you whach! Lion-TaGer-chik-Gold Fish- That is what I Like.

교사 : Why do you like tigers, chicks, and goldfish?

일지를 교환해 나갈수록 교사는 또한 언어기능의 빈도를 증가시키면서 아동이 다양한 언어기능을 사용하도록 자극하였다. 예를 들어, Ali가 다양한 언어기능을 사용하여 길게 저널을 작성한 경우에는 짧게 응답을 적은 반면에, 17주 예시에서 보여 지듯이, 알리가 상대적으로 적은 언어기능을 사용하여 짧게 저널항목을 작성한 경우에는 교사는 더 많은 언어기능을 사용하여 응답함으로써 아동으로 하여금 더 많은 것을 적도록 유도하였다.

(17주)

아동 : Today is Tuesday. Dec.19th 1995. The Temperature is 11 A.M. Itis a Cold Day. I very very miss kathryn.

교사 : Kathyrin was a very kind student. We will all miss her very much.
Do you think she will miss us?

근접발달영역에 대한 Vygotsky의 최초의 체계는 초보자와 숙련자 사이의 상호작용으로 정의하고 있지만 최근 사회문화적 이론가들은 초보자와 숙련자 관계를 보다 확장하여 친구들 간의 상호작용과 그룹 과제를 포함하는 협력적인 행위의 다른 형태를 포함하는 개념으로 확장하고 있다. 예를 들어, Wells는 다음과 같이 말하고 있다.

> To learn in the ZPD does not require that there be a designated teacher; whenever people collaborate in an activity, each can assist the others, and each can learn from the contributions of the others.
>
> (Wells, 1999, p. 333)

다음은 영어모국어 학습자들이 영어를 프랑스어로 번역하는 과제를 수행하기 위하여 담화를 구축해 나가는 과정을 보여주고 있다. 아래의 예는 재귀동사 'se souvenir', 'to remember'의 과거혼합시제past compound tense를 구성하기 위해 3명의 학습자들이 협력하는 것을 보여준다.

학습자1 : ... and then I'll say ... *tu as souenu notre anniversaire de mariage* ... or should I say *mon anniversaire*?
학습자2 : *Tu as...*
학습자3 : *Tu as...*
학습자1 : *Tu as souvenu* ... 'You remembered'
학습자3 : Yea, but isn't that reflexive? *Tu t'as* ...
학습자1 : Ah, *tu t'as souvenu*
학습자2 : Oh, it's *tu es*
학습자1 : *Tu es*
학습자3 : *tu es, tu es, tu* ...
학습자1 : *T'es, tu t'es*
학습자3 : *tu t'es*
학습자1 : *Tu t'es souvenu*

(Donoto, 1994, p. 44)

Donato가 지적한 것처럼 그룹의 단일 구성원이 도움 없이 이 복잡한 형태를 만들어 낼 수 있는 능력을 소유하지 않았다. 그러나 학습자 각자의 기여를 통하여 성공적으로 동사의 형태가 만들어졌다. 학습자 3은 동사가 재귀동사이며 재귀대명사가 삽입되어야 한다는 것을 제공한다. 대화의 중간쯤에 학습자 2는 조동사 'as'를 'es'로 수정한다. 마지막 행에서 첫 번째 화자가 정확한 동사 형태를 만들기 위해 이들 정보를 통합하여 문장을 완성하고 있는 것이 보여 진다. 제한된 주의집중과 작업 기억 능력 안에서 각각의 학습자는 자신이 알고 있는 수준에서 정보를 공유함으로써, 즉 각자의 부분적 기여가 협력적으로 상호작용하면서 학습자의 언어발달이 일어난다.

사회문화이론에서 학습의 증거로써 간주하는 것은 무엇인가? 많은 사회문화연구자들은 새로운 언어의 공동 구성과 담화에서 즉각적인 사용을 학습과 동일시한다. 다음은 이러한 입장의 Swain과 Lapkin(1998)의 주장이다.

> Unlike the claim that comprehensible input leads to learning, we wish to suggest that what occurs in collaborative dialogues is learning. That is, learning does not happen outside performance; it occurs in performance. Furthermore, learning is cumulative, emergent and ongoing. . . (p. 321)

Swain과 Lapkin(1998)은 학습은 협력적인 대화collaborative dialogues 안에서 언어수행 중에 일어나며 학습은 축척되며, 출현하며, 계속 진행적이라는 것을 말하고 있다. 그러나 몇몇의 연구가들은 새로운 언어가 성공적으로 공동 구성 될 뿐만 아니라 내재화 되고 그 후에 재사용된다는 것을 명시적으로 보여주기도 한다. 예를 들어 Donato(1994)는 수업시간에 학습자들이 프랑스어 동사의 형태를 공동-구성하였고 다음날 발표를 수행할 때 학습자 각 개인이 그 동사의 형태를 재사용하였다는 것을 제시하며 그 새로운 동사형태가 학습되어졌다고 주장한다. 또한 Aljaafreh와 Lantolf(1994)은 수업 후에 학습자의 작문에 특정 형태가 정확하게 사용된 것을 학습의 증거로 제시하고 있다.

(3) 행위 이론과 제2언어 습득

행위 이론activity theory은 Vygotsky를 계승한 A. N. Leontiev에 의해 발전되었다. 각 개인의 학습이 일어나는 사회적 맥락을 개념화한 행위이론은 사회문화적 환경 안에서 개별적이고 협력적인 행동과 동기를 이해하고 연구하는데 좋은 틀을 제공한다. 행위activity는 그 안에서 협력적인 상호작용과 간주관성, 그리고 도움을 받아 수행이 일어나는 사회 문화적 환경의 관점에서 정의된다. Leontiev의 행위는 주체subject, 지향점object, 행동actions, 조작화operations를 포함한다. 행위의 요소들을 설명하기 위해 교실을 예로 들어보자. 예를 들어 한 학생(주체)이 새로운 언어를 학습하는 행위를 하고 있다. 목표라는 의미로 지향점이 그 학생에 의해 유지되고, 그의 행위에 동기를 부여하여 특정한 방향을 갖도록 한다. 이 경우, 언어 학습자의 지향점은 새로운 문화에 참여하는 것에서부터 졸업에 필요한 점수를 받는 것까지 다양할 수 있다. 목표를 달성하기 위해 학습자는 어떤 행동을 취할 것이고 이 행동은 항상 목표지향적이다. 예를 들어, 문맥을 통하여 객관적 의미를 추론하면서 외국어 신문읽기를 하거나 또는 자신의 독해능력을 향상시키기 위해 영한사전 사용하는 것과 같은 다양한 행동이나 전략이 같은 목표를 달성하기 위해 취해질 수 있다.

마지막으로 행위의 조작화 수준은 행동이 수행되는 방법으로, 행동이 실행되는 조건에 따라 달라진다. 예를 들어 자동차를 운전하는데 얼마나 주의를 기울이는가는 대부분 날씨 조건, 여행 목적, 자동차 종류 등과 같은 행위의 맥락에 의존한다. 일단 의식적인 목표에 더 이상 주의를 기울이지 않게 되면 이러한 행동의 조작적 양상은 일상화되고 자동적이게 된다. 언어 학습의 경우를 보자. 만약 학습자의 목표가 문맥을 통한 의미 추론을 능숙하게 하는 것이라면, 일단 학습자가 이 전략에 능숙해지면, 읽기를 하는 동안 맥락적인 추측을 자동적으로 할 수 있다. 그러나 만약 행동이 수행되는 조건이 바뀐다면, 규칙화된 조작화(자동화 전략)는 의식적으로 목표 지향적인 행동이 될 수 있다. 무의식 수준에서 문맥 추론 전략을 조작화할 수 있는 제2언어 학습자의 경우, 만약 학습자가 자신의 전략 능력을 넘어선 어려운 단락과 마주친다면, 즉 전략을 사용하는 조건이 바뀌면, 그 전략이 의식수준에서 재활성화되어 질 것이다. 이러한 행위이론은 역동적 체계 안에서 사회적이고 개별적인 영향력의 구성형태로 모든 인간의 행동과 특히 매개된 행동을 알아보는 전체적인 관점이다.

Engeström의 행위 이론은 Leontiev의 모델에 개인의 주체성을 부각시킨 보다 비판적인 인식을 가진 이론이다(김태영, 2013). 각 행위의 주체인 각 개인의 고유성, 주체성을 모델의 핵심에 놓고 있다. Engeström의 행위이론을 영어 학습의 경우에 적용해 보자.

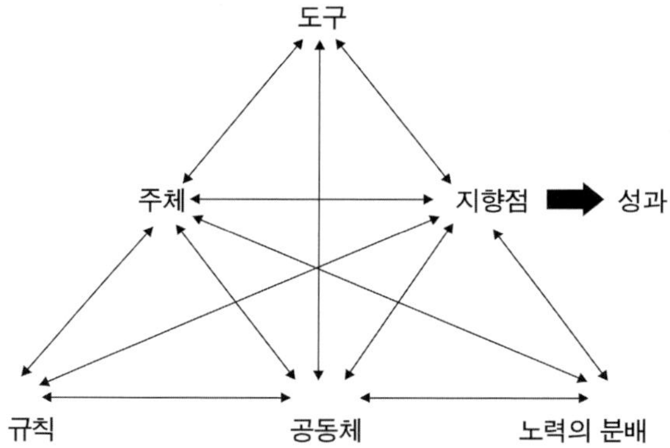

그림 8.3 Engeström의 행위이론 (김태영, 2013, p. 114)

학습자는 학습 행위의 주체subject이며 그 지향점object은 성공적인 영어 습득이 된다. 주체가 지향점을 달성하기 위해서는 도구instruments, 즉 매개 도구mediational tool가 활용되며, 이것은 물질적, 정신적 도구뿐만 아니라 주변의 인적 도구도 포함할 수 있다. 예를 들어, 성공적인 영어 습득을 위한 매개도구는 사전, 효과적인 학습전략, 유능한 교사가 해당될 수 있다. 공동체community는 학교에서의 학급, 영어학원의 학급 등이 될 수 있다. 노력의 분배division of labor는 학습자가 수업을 열심히 듣거나 적극적으로 그룹활동에 참여하는 것과 같은 노력을 포함한다. 규칙rules은 수업 중에 시끄럽게 하지 않는다거나 질문이 있으면 손을 들고 허락을 얻은 후에 하는 것이 해당된다. 이와 같이 행위 체계 각 요소들 간의 조화로운 상호작용이 있을 때에는 전체 행위 체계가 문제없이 계속 존속할 수 있게 된다. 그러나 만일 요소간의 갈등이 발생하는 경우에는 그 행위 체계의 특성이 변화하게 되며 결과적으로 갈등 이전의 행위 체계와는 전혀 다른 새로운 행위 체계로 전환될 가능성이 생긴다.

김태영(2013)은 이와 같은 행위이론을 적용한 연구로 Lantolf와 Genung

(2002)의 중국어를 배우는 미국 대학원생에 대한 사례를 제시하였다. 이 대학원생은 중국어를 수강하기 전 이 수업을 통하여 실제로 구두 언어를 숙달할 기회가 많을 것이고 생활 중국어회화를 배울 수 있을 것으로 기대하였으나 수업방식은 전통적인 교사 중심의 문법번역식 중국어 수업으로 이루어졌다. 이러한 상황에서 이 학생은 수업방식에 대하여 불평을 하고 학습을 포기하기 보다는 자신의 지향점을 변경하였다. 즉, 이 학생은 본인이 최초에 설정했던 생활 회화 능력의 신장을 교사가 설정한 독해와 문법 문제를 잘 풀어 졸업에 필요한 학점을 충족하는 것으로 바꾸었다. 행위이론 관점에서 설명하면 이 학습자는 주체와 매개 도구 간의 충돌이 발생하였지만 주체인 학습자가 자신의 지향점을 변경하여 최종적으로 이 갈등을 해소하였다.

지금까지 살펴본 사회문화적 관점은 이전의 이론과는 다른 몇 가지 특징을 가진다. 먼저, 사회문화이론에서는 인간의 인지와 발달을 바라보는데 심리적인 측면과 사회적인 측면을 구분하지 않는다. 따라서 언어학에서 전통적으로 구분하는 Chomsky의 언어능력language competence과 언어수행language performance, 소쉬르의 랑그langue와 빠롤parole의 개념을 전제하지 않는다. 학습한다는 것은 근접발달영역에서 일어나는 사회적이고 상호 정신적인 행위이다. 그리고 사회적, 상호 정신적 행위는 사회적으로 구조화된 지식의 내재화 또는 점유로 간주되는 개인적인 발달을 앞선다. 이러한 관점은 Chomsky식의 언어능력과 언어수행, 개인적인 발달 연구를 우선시하는 심리언어학적 전통적 전제에 익숙한 기존의 제2언어 연구 분야와는 다른 새로운 아이디어이다. 이러한 사회문화이론은 제2언어 교실수업의 실제와 연계하여 언어 교육자에게 새로운 활력소가 될 수 있다.

사회문화 이론가들은 일반적인 학습 메커니즘이 다른 형태의 지식과 기능에 동일하게 적용된 것처럼 언어에 적용된다고 가정한다. 그러나 모든 학습은 처음에는 사회적으로 다음에는 개별적으로, 처음에는 상호 정신적으로 다음에는 정신내적으로 나아간다. 또한 학습자들은 자신의 목표를 선택하고 조작하면서 그들의 고유한 학습 환경을 만들어나가는 학습의 능동적인 구성자로 간주된다.

이 분야의 실증적인 연구는 어휘와 문법의 습득에서 메타 인식과 학습 전략들의 발달까지 제2언어 학습의 다양한 양상에 초점을 맞추기 위해 사적 언어, 행위 이론, 비계, 근접발달영역 등 다양한 범위의 사회문화적 구성개념을 사용한다. 이 분야의 연구는 전형적으로 작은 규모로, 교실 행위를 녹음하고 분석하는 것을 집중적으로 다룬 질적이고 해석적인 연구방법이 일반적으로 사용되었다. 전체 수업 대화중에 사적 언어를 포함하는 학습자 행위에 대한 근접촬영적 상세설명 또는 영어작문과 형태에 초점을 맞춘 과제들을 해결하는 동안 또래 상호작용에 대한 상세한 이야기들이 수업과정에 대한 우리의 통찰력을 매우 높인다. 그러나 이러한 질적 연구 방법은 일반화와 객관성에 다소의 문제를 포함하고 있다. 또한 원인과 결과를 연결하는 설득력 있는 증거를 제공하는데 어려움을 가질 수 있다.

제9장

학습자 개인적 특성과 영어 습득

우리는 경험과 관찰을 통하여 어떤 학습자는 다른 학습자들보다 더 빨리 더 잘 외국어를 배우는 것을 알고 있다. 심지어 동일한 수업교실에서 어떤 학생들은 다른 학생들 보다 훨씬 빠르게 향상을 보이기도 한다. 경우에 따라서는 아주 이상적인 학습 환경에서도 어떤 학습자는 학습에 진척이 잘 이루어지지 않는 경우도 볼 수 있다. 이러한 현상에 주목하여 연구자들은 언어를 잘 배우는 학습자의 특성을 알아내려고 시도하였다. 본 장에서는 이들 연구자들이 밝혀낸 훌륭한 언어 학습자를 구성하는 여러 가지 특성을 중심으로, 특별히 비언어적인 요인에 중점을 두어서 적성, 학습스타일, 학습전략, 동기, 태도, 불안, 의사소통의지, 정체성과 제2언어 습득과의 관계를 살펴보도록 하겠다.

1. 지능

지능intelligence은 '한 개인이 문제에 대해 합리적으로 사고하고 해결하는 인지적인 능력과 학습 능력을 포함하는 총체적인 능력'이다(심리학 용어사전, 2014). 지능을 측정하는 검사에는 여러 가지가 있지만, 그 중 대표적인 것이 스탠포드-비네 검사stanford-binet이다. 이러한 지능 검사를 통해 표현되는 지능지수는 학업 수행이나 직업에서의 수행을 예측하는 데 사용되어 왔다. 언어 학습과 관련하여서도 오랫동안 성공적인 언어 학습을 예측하는 변인으로 제시되었다. 그러나 지능지수는 오늘날 언어 교육에서 관심을 가지는 의사소통능력 보다는 상위언어적 지식과 더 높은 관계를 가질 수 있다. 예를 들어, 캐나다의 불어 몰입 프로그램immersion program을 받고 있는 학생들을 대상으로 한 Genesee(1976)의 연구에 따르면, 지능은 제2언어 불어의 읽기, 문법, 어휘의 학습과는 관계를 보인 반면에 구두 산출oral production 능력과는 관계가 없었다.

최근에는 전통적인 지능검사가 제한된 인간의 능력만을 측정한다는 것을 비판하면서 지능을 구성하는 보다 포괄적인 이론들이 제안되고 있으며 그 중 Howard Gardner의 다중지능이론multiple intelligences은 교육 분야에 많은 영향을 미친 이론이다.

H. Gardner의 모습

Gardner(1983)는 인간의 지능이 서로 다른 특징을 지닌 여러 유형의 능력으로 구성되어 있으며, 이들은 서로 독립적인 특성을 지닌다고 주장했다. Gardner는 지능을 개인이 특정 상황이나 맥락에서 문제를 해결해 내는 능력, 혹은 개인이 살고 있는 문화에서 가치 있다고 생각하는 것을 만들어 내는 능력이라고 보았다. 이러한 지능은 처음에는 언어linguistic, 논리 수학logical-mathematical, 공간spatial, 신체 운동 감각bodily-kinesthetic, 음악musical, 대인 관계interpersonal, 자기 이해intrapersonal, 자연 탐구natural 지능으로 총 여덟 가지로 구성된다고 제안했는데, 후에 Gardner는 제9의 지능으로 실존existential 지능을 추가하였다.

우선 언어 지능이란 언어를 구성하는 소리나 리듬, 단어의 의미에 민감한 능력을 말하며, 이와 다르게 논리적인 추론의 연결성이나 숫자의 패턴에 민감한 능력을 논리 수학지능이라고 한다. 공간 지능은 시공간적인 세계를 정확하게 지각하고, '마음의 눈'을 이용하여 시각적 경험을 생성해 내는 능력, 신체 운동감각지능은 자신의 신체를 목표에 맞게 자유롭게, 그리고 능숙하게 사용하는 능력을 말한다. 신체 운동감각은 물체를 능숙하게 다루는 능력도 포함된다. 음악 지능은 리듬이나 멜로디 등을 평가하거나 쉽게 산출해 낼 수 있으며, 예술적으로 음악을 표현하는 능력을 말한다. 자연 탐구지능은 다양한 동물, 식물, 그리고 광물 자원들을 쉽게 분류하고 그 종류를 인식하는 능력을 말한다. 자기 이해지능은 자신이 느끼는 감정, 생각, 행동을 잘 인지하고 있으며 그 변화를 민감하게 알아차리는 능력을 말한다. 또한 자신의 강점과 약점이 무엇인지, 자기가 하고 싶은 욕구나 자신의 능력이 어떠한지 내적인 상태에 대해 분간하는 능력을 말한다. 대인 관계지능은 다른 사람의 의도나 감정, 기분, 동기 등을 알아차리고 적절하게 반응해 줄 수 있는 능력을 말한다.

현재 이러한 다중지능이론을 영어 습득·교육에 적용하여 각 지능별 학습활동의 유형과 효과적인 수업방법에 대한 많은 연구와 제안이 이루어지고 있다(Armstrong, 1993; Christison, 2005; Puchta & Rinvolucri, 2007).

2. 언어적성

적성은 어떤 것을 빨리 학습할 수 있는 능력으로 언어 학습의 성공을 예견하는 특별한 능력은 언어적성language aptitude이라는 용어로 연구되었다. 일반적인 가정은 적성이 높은 학습자는 쉽고 빠르게 배울 것이며, 따라서 언어적성이 높은 언어 학습자는 그렇지 않은 학습자에 비하여 더 빨리 언어 학습을 해 나갈 것이며 또한 더 높은 능숙도에 도달할 수 있을 것이라는 것이다. 실제로 인터넷 검색을 통해서 우리는 언어 천재language savant에 대한 많은 글과 영상을 접할 수 있다.

가장 많이 사용되는 언어적성 검사는 Carroll과 Sapon(1959)이 개발한 Modern Language Aptitude Test(MLAT)와 Pimsleur(1966)의 Pimsleur Language Aptitude Battery(PLAB)가 있다. 언어적성은 음소구별능력, 문법적인 민감성, 추론적 언어 학습 능력, 그리고 단어기억능력의 네 구성요소로 이루어진다. 음소구별능력은 새로운 음소를 구별하고 암기하는 능력이고 문법적 민감성은 문장 내에서 단어들의 문법적 기능을 알아내는 능력이다. 추론적 언어 학습 능력은 언어샘플로부터 문법규칙을 알아내는 능력이며 단어기억능력은 자극들 사이에 연상을 형성하여 새로운 단어를 기억해내는 능력이다.

MLAT나 PLAB를 사용한 1960~70년대 언어적성 초기 연구에서 언어적성과 외국어 학습과의 실질적 관계성이 많이 발표 되었다. 보다 최근 연구로 Ranta(2001)는 의사소통중심의 언어 학습 프로그램 참가자들을 대상으로 조사하였고 언어적성을 구성하는 한 요소인 언어분석능력과 성공적인 언어 학습의 관계를 발표하였다. Dekeyser(2000)는 미국에 이민온 헝가리 이민자들을 대상으로 적성과 언어학습의 성공과의 관계성을 조사하였다. 성인의 경우 적성과 영어 학습 성공에 관계성이 있는 반면에 아동 시기에 영어를 배운 경우는 적성과 영어 학습 성공과의 관련성이 나타나지 않았다. 다른 한편 N. Ellis를 포함하는 연구자들은 기억력을 언어 학습의 성공을 예측하는 가장 중요한 변수로 고려한다. 성공적인 언어 학습자는 언어적성의 모든 구성요소에 대하여 탁월하기 보다는 그 중에 한 두 구성요소에서, 예를 들어, 기억력이나 언어분석력에서 탁월한 능력을 가지는 경우 언어를 잘 배우는 학습자가 될 수 있다.

3. 학습스타일

학습스타일learning style은 새로운 정보를 흡수하고 처리하고 저장하는 개인 학습자의 비교적 영속적인 성향이나 선호 방식을 가리키는 용어이다. 제2언어 습득과 관련하여 지각에 근거하여 시각적visual, 청각적auditory, 운동감각적kinaesthetic 학습스타일로 구분할 수 있다. 예를 들어, 제2언어 입력을 눈으로 보아야 학습을 할 수 있는 시각적 학습스타일을 선호하는 학습자가 있는가 하면, 귀로 소리를 들으면서 학습을 해야 학습이 잘되는 학습자가 있다. 운동감각적 학습스타일을 선호하는 학습자의 경우는 마임을 한다거나 역할극과 같은 신체적 행동을 함으로써 학습을 하는 학습자이다. 학습스타일에 대한 대표적 연구자인 Reid(1998)는 학습자마다 선호하는 학습스타일이 다르다는 것을 지적하며 다양한 학습스타일을 고려한 수업의 중요성을 강조하고 있다. Reid(1993)는 문화권에 따른 지각적 학습스타일의 선호도를 조사하였는데 한국 학생들은 활동과 실습을 통한 학습을 가장 선호하였으며 다른 문화권의 학습자들보다 청각적 보다는 시각적 학습을 그리고 모둠학습보다는 개별 학습을 선호하는 것으로 나타났다.

다른 한편 학습자가 개별적인 정보를 전체적인 배경으로부터 분리하려는 성향이 있느냐, 아니면 그렇지 않고 전체적으로 보려는 성향이 있느냐에 따라서 장독립field-independence·장의존field-dependence형 학습스타일으로 나누어진다. 장독립형은 부분을 전체와 구별하여 어떤 일에 집중할 수 있다. 그러나 지나친 장독립은 부분만 보게 되어 부분과 전체와의 관계를 지나칠 수 있다. 반면에, 장의존형은 어떤 문제, 생각을 전체적으로 보고 일반적인 형태를 지각할 수 있다. 제2언어 학습과 장독립과 장의존은 어떠한 관계성을 가질까? 실제로 이 분야의 많은 연구는 장-독립성과 성공적인 제2언어 학습의 관계성을 보여주었다. 예를 들어, Naiman 등(1978)은 토론토에서 불어를 제2언어로 배우는 중학생과 고등학생을 대상으로 조사한 결과 장독립성은 교실 언어 학습의 성공과 중요한 상관관계가 있음을 보여주었다. 보다 최근의 연구에서도 장독립성이 제2언어 학습에 상당한 관계성을 제시하였다(Alptekin & Atakan, 1990, Chapelle & Green, 1992; Stansfield & Hansen, 1983). 다른 한편 Abraham(1985)은 장독립형은 연역적인 수업에서 우수하고, 장의존형은 귀납적인 수업에서 우수하다고 하였다. 그러나 장독립·장의존과 관련된 연구들을 검토하면서 Dörnyei와 Skehan(2003)은 제2언어 학습에서 장독립·장의존의 본질을 확인하기 위해서는 더 많은 연구가 필요하다는 점을 지적하고 있다.

제2언어를 배우는데 장독립형이나 장의존형 중에서 어느 하나가 결정적으로 중요한 역할을 한다고 말하기는 어렵다. 장독립형은 언어 분석, 세부사항에 대한 집중력, 연습문제 등이 포함된 교실수업에 우수할 수 있을 것이며 반면에 장의존형은 감정이입, 타인에 대한 감수성이 뛰어나고 상호작용중심의 의사소통 언어교실이나 자연적인 언어환경에서 성공적으로 학습을 할 수 있다.

다른 한편, 장독립·장의존은 한 개인 내에서 고정된 개념이라기보다는 학습내용에 따라서 변화되는 구성개념으로 생각할 수 있다. 즉, 개인 내에서도 장독립과 장의존은 변화할 수 있으며 주어진 당면 과제에 따라서 학습자는 장독립-의존 중에서 무엇을 이용할 것인지 조정해 나갈 수 있다. 따라서 학습자가 장독립 또는 장의존 중에 어느 쪽인가를 결정하기 보다는 인간 개개인은 자신의 일반적인 선호 학습스타일을 갖고 있으나, 일단 과제가 주어지면 거기에 알맞은 다른 학습스타일을 행사할 수도 있다는 점을 고려해야 한다.

4. 학습전략

학습전략learning strategy은 학습자가 학습을 더 쉽고 더 빠르고 더 즐겁게 자기주도적으로 효과적인 학습을 하기 위하여 취하는 구체적인 행동으로 정의할 수 있다(Oxford, 1990).

특정 교수법이나 교수 기술과 관계없이 제2언어를 성공적으로 습득하는 학습자들과 그렇지 않은 학습자들이 있다는 것에 주목하고 성공적인 언어 학습자들의 특성을 찾아가면서 학습전략에 대한 연구가 이루어지게 되었다. 70년대 중반 특정 언어 학습 전략에 대한 정의와 기술이 이루어졌고 전략사용에 대한 연구가 활발히 이루어졌다. O'Mally와 Chamot (1990)는 제2언어 학습자들이 사용하는 학습전략을 상위인지metacognitive, 인지cognitive, 사회-정서적socio-affective 전략의 세 범주로 구분하였다. 상위인지전략metacognitive strategies은 실행기능을 위한 주의집중 조절하기, 학습을 준비하고 계획하기, 학습과정에 대한 성찰, 자신의 언어산출과 이해에 대한 반성, 자신의 학습에 대한 평가 등과 관련된 것이다. 인지 전략은 특정 학습과제와 관련된 학습자료를 직접 조작하는 일을 포함한다. 사회정의적 전략은 학습을 잘하기 위한 자신의 감정조절과 타인과의 상호접촉과 관련된 행동이다.

다른 한편 Oxford(1990)는 학습전략을 먼저 직접 전략direct strategies과 간접 전략indirect strategies로 나누었다(표 9.1 참조). 직접 전략은 제2언어를 학습과 직접 관련된 전략으로 기억 전략memory strategies, 인지 전략cognitive strategies, 보상 전략compensation strategies으로 나누어진다. 기억 전략은 새로운 정보를 학습자가 저장하고 검색해내도록 도와주는 기능을 하며, 인지 전략은 새로운 정보를 다양한 방법으로 이해하고 사용하도록 도와주고, 보상 전략은 학습자가 잘 모르는 부분이 있어도 짐작하기 등의 방법을 사용하여 제2언어를 이해하거나 산출하도록 도와주는 전략이다. 간접 전략은 언어학습을 지원하고 관리해주며 제2언어 학습에 간접적으로 영향을 미치는 전략으로 상위인지전략, 정의적 전략affective strategies, 사회적 전략social strategies으로 구분된다. 상위인지전략은 학습자가 자신의 인지를 통제하고 학습 과정을 조정할 수 있는 방법을 제공해 주며, 정의적 전략은 동기, 태도와 같은 정의적 영역을 통제하는 것이며 사회적 전략은 다른 사람과 상호작용하며 언어학습을 잘 할 수 있도록 도와준다.

표 9.1 Oxford의 학습전략 구분

직접 전략: 기억, 인지, 보상 전략

- I. 기억 전략
  - A. 정신적 연결 고리 창조
    - 1. 집단화
    - 2. 연계 · 상세한 설명
    - 3. 문맥 안에 새로운 단어 배치
  - B. 이미지와 발음 적용
    - 1. 이미지 사용하기
    - 2. 의미 망 만들기
    - 3. 핵심어 사용
    - 4. 기억 속에 발음 표상
  - C. 효과적인 검토
    - 1. 체계적으로 복습
  - D. 행동 착수
    - 1. 신체적 반응 또는 감각 활용
    - 2. 기계적 방법 이용하기
- II. 인지 전략
  - A. 연습
    - 1. 반복
    - 2. 발음, 쓰기 체계를 통한 형태 중심의 연습
    - 3. 공식화된 상투적인 표현이나 문항을 인지하고 활용
    - 4. 재결합
    - 5. 자연스러운 상황에서 연습
  - B. 메시지 주고 받기
    - 1. 신속하게 개념 파악하기
    - 2. 메시지를 주고 받기 위한 자원의 활용
  - C. 분석과 추론
    - 1. 연역적 추론
    - 2. 표현 분석
    - 3. 언어간 대조적 분석
    - 4. 번역
    - 5. 전이
  - D. 언어입력 및 출력을 위한 정보의 조직화
    - 1. 노트 정리
    - 2. 요약
    - 3. 요점 정리
- III. 보상 전략
  - A. 지적인 추측
    - 1. 언어학적 단서 활용
    - 2. 다른 단서를 활용
  - B. 말하기와 쓰기에서의 한계 극복
    - 1. 모국어로 전환
    - 2. 도움 얻기
    - 3. 마임이나 몸짓 사용
    - 4. 부분적으로 또는 완전히 의사소통을 회피
    - 5. 화제 선택
    - 6. 메시지 조정 또는 근접
    - 7. 단어 생성
    - 8. 우회적 화법이나 유사어 사용

간접 전략: 상위인지, 정의, 사회적 전략

- I. 상위 인지전략
  - A. 학습에 집중
    1. 기존 자료를 검토하고 연결
    2. 주의 집중
    3. 듣기에 집중하기 위해 발화 지연
  - B. 학습을 준비하고 계획
    1. 언어 학습에 대해 알아봄
    2. 체계화
    3. 목표와 목적 설정
    4. 언어 과제의 목적 파악(목적이 있는 듣기 · 읽기 · 말하기 · 쓰기)
    5. 언어 과제 계획
    6. 연습 기회 추구
  - C. 학습을 평가
    1. 자기 감시
    2. 자기 평가
- II. 정의적 전략
  - A. 불안 감소
    1. 점진적 긴장 해소, 심호흡 또는 명상 이용하기
    2. 음악 사용
    3. 웃음 사용
  - B. 자기 격려
    1. 긍적적인 말하기
    2. 현명하게 위험 감수하기
    3. 자기 보상
  - C. 감정 다스리기
    1. 자신의 신체 상태를 파악하기
    2. 점검표 활용
    3. 언어 학습 일지 작성
    4. 자신의 감정에 대해 다른 사람과 토의
- III. 사회적 전략
  - A. 질문하기
    1. 확인 또는 검증을 위해 묻기
    2. 교정 요청
  - B. 다른 사람들과 협동하기
    1. 다른 사람들과 협동
    2. 목표 언어를 능숙하게 사용하는 사람과 협동
  - C. 다른 사람들과의 감정 이입
    1. 문화 이해력 높이기
    2. 다른 사람들의 사고와 감정 인식

이러한 전략의 정의와 구분을 기반으로 전반적인 언어능숙도와 학습전략의 사용을 포함하여 언어의 네 기능, 즉 듣기, 말하기, 읽기, 쓰기를 구분하여 각 기능에 따른 전략 사용에 대한 연구가 이루어졌으며(O'Malley, Chamot, & Kupper, 1989; Park, 2003; Vandergrift, 2003), 학습자들의 성별과 수준에 따른 학습전략 사용의 차이도 연구되어졌다(Erhman & Oxford,

1989; Phakiti, 2003; 이효웅, 2004). 또한 성공적인 언어 학습자들은 어떠한 학습전략을 사용하는가에 대한 연구가 실시되었다. 이들 연구는 성공적인 학습자들 일수록 다양하고 효과적으로 학습전략을 사용한다는 것을 알아냈다(Cohen & Aphek, 1981; Chesterfield & Chesterfield, 1985; Rost & Ross, 1991; 위혜정, 조정순, 2010; 이희경 외, 2015). 연구는 특히나 성공적인 학습자는 상위인지전략을 효과적으로 사용한다는 것을 보여준다. 예를 들어, 성공적인 언어 학습자들은 언어 학습을 체계적으로 접근하고 자신의 학습향상 정도에 대하여 모니터를 하는 등의 상위인지전략을 효과적으로 사용하였으며 자신의 언어 학습 과정에 대한 책임감을 갖는 자율적, 자기주도적 학습자의 특징을 보였다.

또한 성공적인 학습자들은 소리 내어 읽기와 텍스트 분석과 같은 인지전략을 빈번하게 사용하였으며 한국과 같은 EFL 상황에서 영어에 노출되는 시간을 늘리려고 다양한 노력을 하였다. 많은 성공적인 학습자는 영어 입력의 원천으로 다양한 텍스트를 읽는 것을 가장 중요하게 생각하는 것으로 나타났다. 또한 실제적인 언어입력의 접근을 위하여 방송매체를 활용하여 듣기의 시간을 많이 확보하려고 하였다. 성공적인 학습자들의 중요한 특징으로 그들은 영어 입력을 받아들일 때 언어에 의식적으로 주의집중을 기울인다는 것을 보고하였다. 즉, 성공적인 학습자들은 언어 입력을 수동적인 방식으로 접수하지 않고 의식적인 주의집중을 기울이며 주어지는 언어입력에 능동적인 반응을 한다는 것이다.

5. 동기

동기motivation란 어떠한 행위를 하도록 이끄는 욕구나 충동이나 느낌 등으로 정의 될 수 있다. 동기는 우리가 행동할 수 있는 활력소가 되며, 학습이나 생활 속에서 자기에게 알맞거나 유리한 것을 선택할 수 있게 하며, 목표를 달성할 수 있도록 방향제시를 하기도 한다. 제2언어 습득과 관련해서도 동기는 핵심적 요소로 많은 관심과 연구가 이루어졌다.

제2언어 습득 동기에 대한 중요한 연구의 하나는 Gardner와 Lambert (1972)의 연구이다. 이들은 캐나다를 중심으로 제2언어 학습자들의 태도와 동기가 제2언어 습득에 어떻게 영향을 주는가를 연구하는 과정에서 동기의 두 유형-도구적 동기와 통합적 동기-을 제시하였다. 도구적 동기instrumental motivation는, 어떠한 목적을 달성하기 위한 수단으로 볼 수 있다. 예를 들면, 높은 성적을 받기 위해서, 좋은 대학이나 직장에 들어가기 위해서, 실제적인 목적으로 외국어를 배우려 하는 동기이다. 통합적 동기integrative motivation는 그 외국어를 사용하는 집단의 언어나 문화에 관심을 갖는데서 우러나오는 동기를 말한다. 예를 들면, 목표어집단의 사람들과 교제하기 위해서나 목표어로 의사소통을 하고 그 문화에 대해서 이해하고자 하는 것이 목표어를 배우는 동기이다.

Gardner와 Lambert(1972)의 초기 연구에서는 통합적 동기가 목표어의 능숙도와 높은 관계를 가진다는 것을 발견되면서 통합적 동기가 제2언어의 성공적 학습에 가장 중요하다는 것이 주장되었다. 그러나 인도의 영어학습자들에 대한 연구(Lukmani, 1972)를 포함하여 다른 EFL 환경의 영어학습자들에 대한 연구들은 도구적 동기가 통합성보다 학습자들의 영어능숙도에 보다 높은 관계를 가진다는 것을 보고하면서 도구적 동기만으로도 영어를 성공적으로 습득할 수 있다는 것이 지적되었다(Kachru, 1992). 지금까지 연구들의 결과는 통합성과 도구성의 어느 하나를 영어 학습에 결정적으로 중요하다고 주장할 수 있기에는 다소 혼동스러운 상황이다. 영어학습자의 학습 환경과 학습의 목표에 따라서 통합성과 도구성이 학습에 미치는 효과가 달라지며 또한 통합성·도구성의 구분 보다는 동기의 강도가 보다 중요한 요인이 될 수 있다는 것을 보여주고 있다(Lamb, 2004; Masgoret & Gardner, 2003; Park, 2006; Warden & Lin, 2000).

통합적 동기와 도구적 동기 개념과 함께 중요한 동기의 구분은 내적 동기intrinsic motivation와 외적동기extrinsic motivation이다. 내적동기는 동기를 이끌어내는 힘이 학습자의 내부에 있는 경우로 학습자는 보상을 받기위해서가 아니라 학습행위 자체가 즐겁고 만족스럽기 때문에 학습활동을 한다. 반면에 외적동기는 동기를 이끌어내는 힘이 외부 또는 타인에 의해서 비롯된다. 외적동기로 인한 행동은 자기 자신보다는 외부로부터의 보상을 기대하거나 처벌을 피하기 위해서 이루어지는 행동이다. 예를 들어, 칭찬을 받기위한 목적이나 좋은 점수 또는 자격증을 취득하기 위해서 영어공부를 하는 학습자는 외적동기를 가졌다고 할 수 있다. 이 둘 중 어느 형태의 동기가 제2언어 습득에 보다 도움이 되는가에 대하여 많은 연구들은 내적동기가 장기적인 언어 습득에 보다 효과적이며 중요하다는 것을 지적하였다(Crookes & Schmidt, 1991; Dörnyei, 1998).

최근에는 Dörnyei(2005, 2009)가 제2언어 동기적 자아체계L2 motivational self system를 제안하여 이를 바탕으로 한 실증연구가 활발하게 수행되고 있다. 제2언어 동기적 자아체계는 제2언어 학습 및 사용과 관련된 학습자의 자아개념을 토대로 학습자의 동기를 이해한다. Dörnyei의 제2언어 동기적 자아체계는 Marcus와 Nurius(1986)의 가능한 자아possible selves와

Higgins(1987)의 자아이론을 토대로 한 것으로 이상적 제2언어 자아ideal L2 self, 의무적 제2언어 자아ought-to L2 self, 그리고 학습경험learning experiences 으로 구성된 새로운 동기 개념이다. 이상적 자아는 Dörnyei의 동기체계의 가장 핵심적 요소로 미래에 영어를 사용하는 자신이 되고 싶은 긍정적인 자아상을 의미한다. 학습자는 자신의 실제 자아와 이상적 자아간의 간격을 줄이고자 소망하기 때문에, 제2언어학습자가 목표로 하는 언어의 유창한 화자가 되고자 원한다면 이상적 자아는 제2언어를 배우는 강력한 동기가 된다. 의무적 자아는 타인에 의해서 강요된 자아상을 의미하며, 누군가의 기대에 부응하거나 그 기대에 부응하지 못할 때 생길 수 있는 가능한 부정적인 영향을 피하고자 하는 자아로 의무적 자아는 내면화 되지 않은 도구적 동기를 반영하는 것이라고 Dörnyei는 설명한다.

Dörnyei의 새로운 이론을 검증하고 확인하는 정량적 또는 정성적 연구가 여러 나라의 영어학습자들을 대상으로 발표되고 있다. 예를 들어, Dörnyei, Csizér와 Nemeth(2006)은 헝가리 학생들을 대상으로 이들의 영어 학습을 설명하는데 제2언어 동기적 자아체계L2 motivational self system가 설명력이 있다는 것을 제시하고 있다. 다른 한편, Taguch, Magid와 Papi(2009)는 일본, 중국, 이란의 영어학습자들을 대상으로 통합성, 도구성 그리고 Dörnyei의 동기적 제2언어자아체계간의 구조적 모형을 제시하면서 학습자의 통합성과 도구적 지향성이 동기적 자아형성에 영향을 미치며 이것은 다시 학습자의 영어학습에 영향을 미친다는 것을 보여주고 있다. 국내 연구에서도 최근 제2언어 동기적 자아체계 이론에 바탕을 둔 영어학습자들의 학습동기연구가 정량적 그리고 정성적으로 활발하게 발표되고 있는 상황이다(Kim, T-Y., 2009, 2010, 2012; Choi, S., 2012; Park, H. & Lee, H., 2013a, 2013b). 박혜숙과 이호정(2013a, b)은 한국의 영어학습자들의 경우 영어학습의 도구성이 학습자들의 이상적 자아에

의미있는 영향을 미치며 이상적 자아는 학습자들의 영어 의사소통능력에 영향을 미친다는 것을 제시하고 있다.

6. 태도

태도attitude는 정서적으로 일정대상, 사태, 상황에 대해 갖는 일관성이 있는 개인의 성향이며, 사회적으로 특정한 중요 문제나 대상에 대해 개인이 가지고 있는 신념으로서 이들에 대해서 평가적 방식으로 행동하려고 하는 개인의 학습된 성향이라고 할 수 있다.

외국어 학습에 있어서의 태도는 목표언어나 그 문화, 그 언어를 사용하는 사람들에 대해 갖는 문화적 기대감cultural expectation 혹은 외국어 수업시간에 대한 학습자의 평가적 반응이다. Gardner와 Lambert(1972)는 캐나다의 연구에서 학습자가 목표어를 사용하는 화자에 대해 긍정적인 태도를 가질 경우 목표어를 더욱 성공적으로 학습한다고 보고하였다. 반면에 Chihara와 Oller(1978)는 일본의 오사카에서 영어를 배우는 일본 학생들의 태도와 영어 학업성취도 사이의 상관관계를 조사한 결과 거의 관계가 없음을 보고하기도 하였다. 캐나다와 같이 목표어 사용자들과 접할 기회가 많은 상황에서는 그들에 대한 태도가 학습자의 학업성취에 중요한 영향을 미치는 반면, 일본에서와 같이 목표어 사용자와 접할 기회가 극히 제한된 상황에서는 태도가 영어 학업성취도에 미치는 영향이 크지 않다는 것을 보여준다. 다른 한편, 이효웅과 오준일(2000)은 한국의 중·고등학생들의 영어학습태도와 성취도의 상관관계에 대하여 조사를 하였고 영어성취도와 태도의 상관관계를 제시하였다.

그러나 특정문화나 특정언어를 구사하는 사용자들에 대하여 뚜렷한 태도가 생성되지 않은 어린 학습자의 경우에는 학습자의 태도가 외국어 습득에 미치는 영향이 그리 크지 않을 수 있다. 예를 들어, Genesee와 Hamayan(1980)은 모국어가 영어인 6세 된 캐나다 아동들의 프랑스어 구사력과 태도간 상관관계를 조사한 결과 아무런 관계가 없음을 보고하기도 하였다. 이러한 연구 결과는 아마도 피험자가 6세의 아동들이라는 점을 고려해 볼 때 아동들만의 특별한 특성이 가져온 결과로 보여 진다.

7. 불안

불안anxiety은 근심, 좌절, 자기 의심, 우려, 걱정과 관련된 감정 상태이다. 즉, 어떤 대상에 대하여 간접적인 연관이 있는 막연한 두려움, 이러한 감정적 상태를 불안이라고 정의 내리고 있다. Krashen(1982)은 언어 학습이란 복잡하고도 개인적인 과정이며 학습자의 정서적 상태에 따라서 학습 성취도가 달라질 수 있으며, 외국어 학습 과정에서 불안 심리의 영향을 줄이는 것이 말하기와 듣기 능력 향상에 매우 중요하다고 주장하였다. 따라서 외국어 교육 과정에서 학습자에게 심리적 장벽이 낮은 학습 환경을 조성하는 것이 중요하고, 외국어 학습 불안을 낮추면서 동시에 학습 동기를 높일 수 있는 학습 환경이 외국어 습득에 바람직한 환경이다. 불안anxiety은 자아존중, 억압 및 모험 시도와 밀접한 관계가 있으며 대상이 분명하게 존재하지 않는 일종의 공포나 심리적인 불편과 부정적인 정서로 설명된다. 이는 외국어 습득에 아주 중요한 정의적 역할을 한다.

외국어 학습에서 불안의 개념을 보다 구체화하고 독립된 감정 상태로의 대표적 연구는 Horwitz, Horwitz와 Cope(1986)이다. 이들은 외국어학습과 관련된 독립적인 감정 상태로 '외국어 불안foreign language anxiety'을 정의하여 외국어 학습 불안을 언어 학습과 관련된 독특한 현상으로 다루었다. Horwits 외(1986)는 외국어 학습 불안을 의사소통 불안apprehension of communication, 시험불안test anxiety, 부정적 평가에 대한 불안fear of negative evaluation으로 구분하였다.

지금까지의 연구들은 학습자의 불안과 언어성취도의 부정적 상관관계에 대하여 보고하고 있다(박정숙, 1996; 박혜숙 2005, 2006; Aida, 1994; Phillips, 1992). 다른 한편, Alpert와 Haber(1960)는 불안을 정도에 따라 촉진불안facilitating anxiety과 저해불안debilitating anxiety으로 나누었다. 촉진불안은 학습자로 하여금 새로운 문제에 직면하였을 대 도전하도록 하고 문제를 해결함으로써 불안을 없애도록 하는 반면, 저해불안은 학습자로 하여금 문제를 회피하도록 한다. 다시 말하면, 어느 정도의 긴장이 학습에 도움을 줄 수 있는 반면 불안이 지나치거나 전혀 없는 경우는 외국어를 성공적으로 습득하기 어려울 수 있다.

8. 제2언어 의사소통의지

제2언어 의사소통의지willingness to communicate in L2는 주어진 상황에서 말하고자하는 심리적 의지를 나타내는 용어로 최근 제2언어 습득분야에서 의사소통행위에 영향을 미치는 중요한 구성개념으로 연구되고 있다. 간단히 말하면, 의사소통의지는 '말을 할지 말지를 선택할 수 있을 때에 의사소통을 시작하려는 의도'(MacIntyre 등, 2001, p. 369)라고 하겠다. 대표적으로 MacIntyre(1994)는 학습자의 지각 의사소통능력perceived communicative competence과 의사소통 불안감이 의사소통의지에 영향을 미치며 이것이 학습자의 의사소통빈도에 영향을 미친다는 의사소통모델을 제시하였다. 그 후 MacIntyre와 Charos(1996)는 Gardner의 동기모형과 의사소통모델을 통합하여 학습자의 태도, 동기, 언어불안감, 자각능력과 언어 사용 빈도와의 관계를 조사하였고 이들 요인들이 직, 간접적으로 학습자의 영어 사용 빈도에 영향을 미친다는 것을 제시하였다.

이러한 MacIntyre와 Charos(1996)의 의사소통모델을 토대로 EFL상황에서 제2언어 의사소통의지, 학습동기 그리고 제2언어 의사소통빈도와의 관계에 대한 연구가 이루어졌고 이들 연구들은 의사소통의지, 학습동기, 그리고 의사소통빈도와의 직, 간접적인 영향 관계를 제시하였다(Hashimoto, 2002; Yashima, 2002; 김현진, 2005; Kim, S-H & Edwards, 2006; 김영숙 & 이지연, 2008; 배태일, 2011). Yashima(2002)는 의사소통모델과 사회교육모델을 사용하여 일본 EFL 학습자들을 대상으로 제2언어 의사소통모델을 조사하였다. 조사결과, 일본 대학생들의 국제적인 관심도international posture가 영어학습동기와 의사소통의지에 의미 있는 영향을 미치며, 동기는 제2언어 자신감을 매개로 하여 의사소통의지에 영향을 미친다는 결과를 발표하였다. 또한 Yashima외 2인(2004)은 일본의 고등학생 영어학습자들을 대상으로 의사소통의지와 의사소통빈도를 측정하여 의사소통의지가 높은 학생일수록 영어로 대화를 시도하거나 교사나 친구들과 영어로 의사소통을 하는 빈도가 높았다는 것을 보여 주었다. 또한 미국 교환학생 프로그램에 참여한 학생들을 대상으로 조사한 결과 의사소통의지가 높은 학생일수록 미국 내 호스트패밀리와 더 자주 의사소통을 하였으며 대인관계나 문화적응에 보다 적극적인 태도를 보였다는 것을 제시하였다.

김현진(2005)은 한국인 영어학습자들을 대상으로 MacIntyre와 Charos (1996)의 제2언어 의사소통모델을 검증하였다. 연구에서 김현진은 의사소통빈도에 제2언어 의사소통의지는 직접적으로 영향을 미치며 동기는 의사소통빈도에 간접적으로 영향을 미친다는 것을 보고하였다. 동기가 의사소통의지에 미치는 영향은 유의미하지 않지만 의사소통의지는 의사소통빈도에 영향을 미친다는 것을 보여주었다. 반면에, 배태일의 연구(2011)는 학습자의 내적동기와 국제적 관심도가 의사소통의지에 직접적인 영향을 미치며, 의사소통의지의 매개변수 역할을 통하여 내적동기와 국제적 관심도는 학습자의 실제 영어 사용에 영향을 미친다는 것을 밝혀주고 있다.

김영숙과 이지연(2008)은 제2언어 의사소통의지와 영어전용공간의 사용간의 관계를 조사하였다. 조사 결과, 학습자들의 통합적·도구적 학습동기에 따른 영어전용공간의 사용에는 의미 있는 차이가 나타나지 않았으며, 제2언어 의사소통의지가 높은 학습자들이 영어전용공간을 더 많이 사용하는 것으로 나타났다. 또한 학습자들의 제2언어 의사소통의지는 도구적 동기보다는 통합적 동기와 더 높은 상관관계를 보인다고 보고하였다. 다른 한편 Park과 Lee(2013a)는 한국대학생들의 의사소통의지와 동기가 학습자의 구두의사소통능력과 어떠한 관계가 있는가를 알아보았다. 이들의 연구결과에서도 학습자의 구두의사소통능력과 가장 밀접한 관계를 가지며 영향을 미치는 변인은 의사소통의지라는 것이 밝혀졌다. 이러한 연구결과들을 종합해 볼 때 의사소통의지는 학습자의 의사소통능력에 가장 중요한 학습자 변인이 아닌가 한다.

9. 정체성

학습자의 사회적 정체성identity은 새로운 언어를 배우는 학습자의 동기, 태도, 성공에 영향을 미칠 수 있다. 제2언어 학습자의 사회적 정체성을 형성하는 요인 중의 하나는 언어들 간의 힘의 관계power relationship에서 온다. 사회구조적 측면에서 오는 영향력을 고려할 때, 소수집단의 구성원이 다수집단의 언어를 배우는 경우와 다수집단의 구성원이 소수집단의 언어를 배우는 경우는 동일하지 않다. 특별히 그 사회의 주류를 구성하는 집단의 힘 있는 언어를 비주류 소수집단의 구성원이 배우는 경우, 사회적 힘의 역학관계는 학습자의 언어 학습에 상당한 영향을 미칠 수 있다. 다른 한편, 우리나라와 같이 사회에서 인정받는 집단에 들어가기 위하여 영어를 열심히 배우려는 상황에서는 비록 영어화자가 다수의 집단을 차지하지는 않지만 영어가 가지는 사회적 권력과 영향력은 상당하다(김태영, 2015).

Norton(1995)에 따르면, 제2언어 학습자의 사회적 정체성은 '다양하고 상호 모순적이다' 학습자가 자신의 권리를 행사하고 원어민 화자와의 담화에서 담화의 지배자가 될 수 있는 정체성을 구축할 수 있을 때 학습은 성공적일 수 있다는 것을 주장한다. Norton의 연구는 영어 학습자들이 그들 자신의 지적, 경제적, 시간적 투자invest를 통해서 변화하는 사회 안에서 그들 자신의 사회 정체성을 형성하는 모습을 보여주었다. 그녀는 사회구조 안에서 언어의 힘의 관계가 제2언어 학습자와 목표어 원어민 화자와의 상호작용에 어떻게 영향을 미치는가를 잘 보여주고 있다. 캐나다에 이민 온 학습자들을 장기간 면담을 하면서 Norton은 자료를 수집하였고 이들 영어학습자들과 그들이 속해 있는 사회와의 관계성을 포착하기 위하여 새로운 개념인 '투자'라는 용어를 사용하였다. 연구에 참여한 이민 온 영어학습자들은 모두가 주류사회의 언어인 영어를 열심히 배우려고 하였고 원어민 화자와 대화를 나누고 싶어 하였지만 원어민 화자들은 제2언어 학습자와 '기꺼이' 대화를 나누려고 하지 않았다. 원어민 화자는 대화의 지배자였으며 학습자는 항상 대화의 피지배자로 힘의 불균형이 존재하는 전형적인 상황이었다. 이러한 불리한 상황을 극복하기 위하여 연구 참여자 중의 한 학습자는 원어민 화자가 갖지 못한 자신만의 모국어 유럽문화 경험과 지식을 자본으로 활용(투자)하였고 원어민 화자와 대화를 나눌 수 있는 기회를 더 많이 갖게 되어 보다 성공적인 언어 학습을 할 수 있었다. 즉, 성공한 제2언어 학습자는 그들 자신이 선택한 사회적 정체성을 구축하고 주장할 수 있는 학습자라는 것을 보여주고 있다.

Gatbonton 등(2005)은 민족소속감과 제2언어 발음 학습 간의 관계에 대한 흥미로운 연구를 발표하였다. 이들 연구에 따르면, 정확한 발음을 학습한 학습자들은 강한 외국인 말투를 보이는 학습자들 보다 자신의 민족에 대한 소속감이 낮은 경향이 있었다. 자신이 속한 집단과 목표어 집단간에 힘의 관계가 있어 자신의 집단에 위협을 암시하는 환경 속에서 학습자들이 자신의 민족 집단에 얼마나 충성스러운가는 제2언어를 숙달하고자 하는 소망에 영향을 미칠 수 있다.

Park(2010)은 한국 영어학습자의 정체성 형성에 영어 학습 환경과 경험이 어떠한 영향을 미치는가를 4명 학습자들의 사례를 통해서 보여주고 있다. 높은 영어능력을 요구하는 한국 사회의 실제가 학습자들의 정체성에 어떠한 영향을 미치는지 그리고 영어 학습에 대한 개인적 경험이 영어학습자로서의 정체성 형성에 어떻게 작용하고 있는가를 보여주고 있다. 예를 들어, 시골출신인 학습자 M은 다른 학생들보다 자신의 영어

실력이 낮은 것을 시골의 부실한 영어교육환경의 탓으로 돌리면서 영어에 대한 자신감 부족과 좌절감을 보이면서도 다른 한편 열심히 노력해야 한다고 스스로를 격려하는 갈등하는 자아의 이중적인 모습을 보였다. 이와는 달리, 미국에서 상당기간 체류한 경험이 있는 상위 수준의 학습자는 영어 학습에 대한 자기 나름의 신념, 가치, 주인의식ownership을 형성하면서 자신감을 보였다. 이러한 참가자들의 사례는 학습자들의 개별적인 영어 학습 경험들이 학습자 자신의 독특한 정체성을 형성하는데 기여하며, 이것이 또한 그들의 영어 학습에 긍정적 또는 부정적으로 영향을 미친다는 것을 보여준다.

제10장

교실수업을 통한 영어 습득*

영어 습득과 관련하여 우리의 관심 영역의 하나는 형식적 교수formal instruction, 즉 교실수업에서 이루어지는 문법 지도가 학습자의 언어 습득과 발달에 어떤 역할을 하는가이다. 본 장에서는 형식적 교수가 이루어지는 교실 언어습득 상황에 집중하여 형태초점지도form-focused instruction와 관련된 중요 문제를 살펴보도록 하겠다.

1. 제2언어 학습자의 언어 지식 체계

일반적으로 제2언어 학습자의 언어 지식은 명시적 지식explicit knowledge과 암시적 지식implicit knowledge의 이원 체계dual system로 이루어져 있다고

* 본 장은 박혜숙(1998) "문법지도가 제2언어 습득에 미치는 영향", 박혜숙(2008) "영어 습득과 영문법 교육"의 일부를 수정, 보완하였음.

가정한다. 명시적 지식의 특성은 의식적, 분석적, 추상적, 그리고 설명적이다. 반면에 암시적 지식은 무의식적, 발달적인 속성을 가진다. 제2언어 습득과 관련하여 논의의 쟁점이 되고 있는 것은 이러한 이원체계적 언어 지식간에 상호전환이 가능한가이다.

Krashen(1982)은 그의 모니터 모델에서 습득과 학습을 구분하면서 제2언어 학습자의 언어 지식을 습득지식과 학습지식으로 구분하였다. 습득은 무의식적 상태에서 언어를 자연스럽게 저절로 터득하는 것으로 의사소통적 상황에서 언어를 사용함으로써 얻어진다. 반면에 학습은 의식적으로 언어를 배우는 과정으로 목표어에 대한 형식적인 규칙들을 의식적으로 아는 것이다. 중요한 점은 Krasehn은 습득된 언어 지식은 언어산출을 추진시키는 작용을 하지만 학습된 지식은 제2언어 사용에 아주 제한적인 역할만을 한다는 것을 주장한다. 즉, 학습된 지식은 언어가 산출되기 직전에 최종적인 모니터 역할만을 한다는 것이다(그림 10.1).

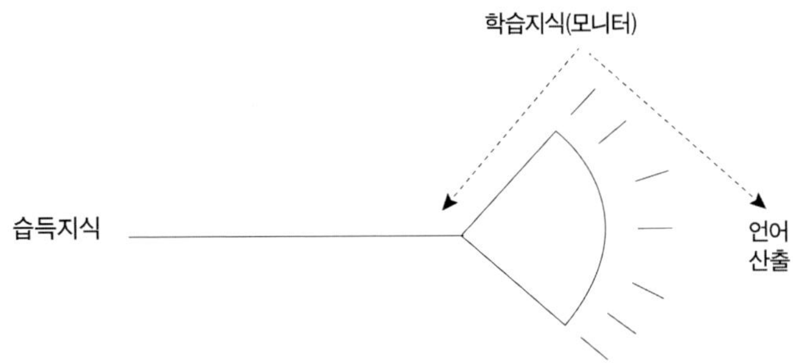

그림 10.1 성인 제2언어 수행모델(Krashen, 1982)

이러한 Krashen의 주장은 제2언어 학습자의 언어능력의 다양한 양상을 설명하기에는 다소 극단적이고 제한적이다. 보다 절충적인 입장의 Bialystok(1988)의 모델로 제2언어 학습자의 언어 지식의 이중적 체계를 살펴보자. 인지심리학적 구분에 기초한 Bialystok은 언어능숙도를 분석요인과 자동요인으로 설명한다(그림 10.2).

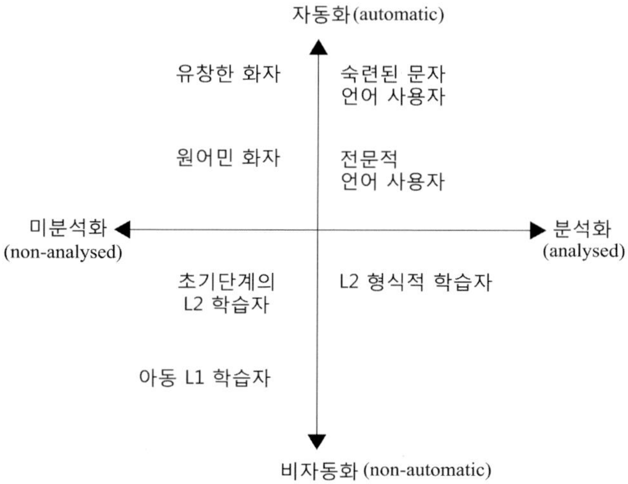

그림 10.2 Bialystok의 언어능숙도 모델 (Bialystok, 1988)

Bialystock은 제2언어 학습자의 언어능숙도를 분석적 차원과 자동적 차원으로 나누어 설명함으로써 제2언어 학습자의 언어능숙도의 변이성을 포착한다. 분석요인은 학습자가 언어구조에 어느 정도 의식을 하느냐와 관련된다. 미분석된 지식은 제2언어 학습의 초기단계의 특징인데 이 단계에서 학습자는 언어구조와 지식의 조직에 의식을 하지 못한다. 학습이 진전되면서 인식awareness이 증가하고 학습자는 언어의 구조를 확인할 수 있게 된다. 언어구조에 대한 인식을 가짐으로써 학습자는 새로운 상황에서 그 구조를 사용할 수 있으며 해석을 할 수 있고 다른 목적으로 그 구조를 변형 사용할 수 있다. 분석된 지식은 그것이 학습자에 의해서 작동되어질 수 있다는 것과 그럼으로써 작문과 같은 형식적 언어 사용에 이용될 수 있다는 것에 그 의의가 있다. 자동적 요인은 인지이론의 선언적·절차적 차원과 연결되는 것으로 언어 지식에 대한 학습자의 접근과 관련된다. 언어 사용 상황에 따라서 학습자에게 요구되는 정보회수능력이 다르다. 예를 들어, 유창한 대화에서는 대화자는 언어정보에 더 잘 접근해야 하며 작문이나 통제된 상황에서는 상대적으로 접근속도가 낮다. 학습이 일어남에 따라서 지식의 자동화는 향상되며 학습자는 언어지식에 더 쉽게 접근하며 더 유창하게 언어수행을 하게 된다.

이 모델에서 분석요인과 자동요인은 서로 독립적으로 존재한다. 즉, 분석차원의 발달은 자동차원의 발달과 독립적으로 이루어진다는 것이다. 이러한 구분은 학습자의 언어능숙도를 면밀하게 기술할 수 있다는 장점을 가진다. Bialystok(1988)의 모델로 Krashen(1982)의 습득은 미분석 되고 자동적 특징을 가진 지식으로 설명할 수 있으며 학습은 분석된 비자동적 언어 지식으로 기술할 수 있다. 두 차원이 각각 독립적으로 진행되어 나간다는 것은 동시에 두 차원의 모두를 요구하는 과제는 그렇지 않은 경우 보다 학습자에게 어려움을 줄 것이라는 것을 암시해 준다. 따라서 학습자는 자동화와 분석화 중 어느 하나를 선호하게 될 수 있으며 학습 환경이나 학습자의 성향이 이러한 발달에 영향을 미칠 수 있다.

Bialystok의 분석차원과 자동차원의 양 극점들 간의 관계는 유표성의 개념으로 기술되어질 수 있다. 즉, 분석요인은 미분석 요인과 비교해서 상대적으로 유표적이며, 자동요인은 비자동요인과 비교해서 유표적인 것이다. 이것은 학습자의 언어발달은 미분석 된, 비자동화 된 지식상태에서 언어 학습을 시작하여 자동화된 분석된 언어 지식상태로 나아갈 것이라는 것을 암시한다.

Krasehn(1982)의 모델이 학습지식(명시적 지식)은 습득지식(암시적 지식)으로 전환될 수 없다는 것을 강력하게 주장하는 반면에 Bialystok

(1988)의 모델은 언어능숙도를 분석요인과 자동요인으로 설명함으로써 형식적 지도의 역할을 인정하고 있다. 형식적 문법지도는 학습자에게 제2언어에 대한 분석지식을 갖도록 할 수 있으며 학습자에게 목표언어 구조에 대한 이해를 가능하게 해주며 형식적인 언어 사용에 도움을 줄 수 있다. 또한 연습과정을 통하여 분석지식은 자동화될 수 있다는 것을 제시한다.

2. 교실 언어습득과 자연스런 제2언어 습득

형식적 지도를 받는 교실 언어 학습과 자연스런 환경에서 제2언어를 습득하는 경우를 비교한다면 형태에 초점을 둔 지도가 제2언어 학습자의 언어 발달에 어떠한 영향을 미치는가를 이해하는데 도움이 된다. 학습자들이 만들어내는 오류 유형, 형태소 습득순서, 구문 습득 과정을 중심으로 교실환경과 자연환경을 비교한 연구들을 살펴보자.

먼저, 학습자들의 오류 유형에 대하여 살펴보자. 영어를 제2언어로 배우는 34명의 독일 학생들을 대상으로 Felix(1981)는 교실 학습자들의 오류유형과 자연 학습자들의 오류 유형을 비교하였다. 영어를 처음 배우는 학생들의 부정문, 의문문, 문장유형, 대명사 사용과 관련된 오류를 조사하였다. 일반적으로 자연 학습자들의 부정문의 초기형태는 'No you playing here', 'Mariana no coming today'와 같이 'no+verb'의 형태를 취하는데 교실 수업을 받은 학습자들의 자발적 발화에서도 이러한 형태들의 나타났다. 영어를 배운 처음 3주 동안에 학생들은 'It's no my comb', 'Britta no this... no have... this...'와 같이 'no'를 문장 안에 부정형태소로 삽입하여 부정문을 산출하였으며 'Doesn't he eat apples'와 같이 부정요소를 문장 밖에 위치시키는 외적 부정문external negative을 산출하였다. 의문문의 경우에서도 교실수업을 받은 학생들은 자연스런 습득에서 나타나는 형태들을 산출하였다. 예를 들어, 'It's big shoe?', 'It's a pencil big?'과 같이 평서문에 상승 억양을 사용하여 의문문을 산출하였으며 wh-의문문의 경우에도 도치를 하지 않은 'What they are picking?', 'How many turkeys she is feeding?'과 같은 교육받지 않은 듯한 비문법적인 문장들을 산출하였다. 이러한 Felix의 연구(1981)는 교실에서 문법지도를 받은 학습자들도 자연환경의 학습자들과 동일한 보편적인 언어습득 발달 과정을 따른다는 것을 보여주고 있다.

더 나아가 Pica(1983)는 조건이 서로 다른 세 집단의 형태소 습득을 비교 조사하였다. 교육만을 받은 집단, 자연상태에서 목표어를 접한 집단, 그리고 교육과 자연스런 접촉을 모두 경험한 집단으로 구성하였다. 각 피험자들의 대화 자료를 분석하여 각 집단의 형태소 정확도 순서를 산출하였다. 교육받은 집단의 형태소 습득순서는 다른 집단과 비슷하게 나타났다. 즉, 언어 학습 환경의 차이가 형태소 정확도순서에 직접적인 영향을 미치지 않았다. 그러나 집단에 따라서 형태소 사용상에 차이가 나타났다. 예를 들어, 교육을 받은 집단의 피험자들은 진행형 '-ing'나 복수형태소 '-s'를 다른 집단보다 두드러지게 사용하는 과잉사용 오류를 범하였다. 반면에 자연환경의 학습자들은 복수형태소를 생략하거나 자유형태의 양화사quantifier를 사용하여 다른 방식으로 복수plural를 표현하였다. 이러한 Pica(1983)의 연구결과는 교실에서 배운 학습자들은 다른 학습자들보다 표준 형태를 사용하려 하였으며 문장의 정확성을 유지하려고 한다는 것을 보여준다.

형태소 습득과 함께 제2언어 학습자들의 영어 부정문, 의문문의 과도기 구문 발달에 대한 종적 연구들에 대하여서 우리는 3장에서 살펴보았다. 이들 연구들은 제2언어 학습자들의 과도기 구문 발달에 자연스런 습득 단계가 있다는 것을 보여 주었다. 또한 영어 관계절 습득에 대한 연구들은 영어 관계절에 대한 형식적 지도를 받은 집단이나 그렇지 않은 집단이나 언어 보편적인 명사구 접근 위계noun phrase accessibility hierarchy와 일치하여 관계절을 습득한다는 것을 보여준다(Eckman 외, 1984; Gass, 1979; Park, 2000). 즉, 영어 학습자들은 접근 위계의 가장 상위에 있는 주격관계절을 가장 먼저 습득하며 다음으로 직접목적격, 간접목적격, 소유격의 순으로 습득한다는 것이다. 그렇다면 형식적인 문법 지도는 어떠한 차이를 가져올까? Pavesi(1984)는 형식적인 지도를 받은 집단의 관계절 습득과 그렇지 않은 집단의 관계절 습득에 동일하게 보편적 유표성 원칙이 적용되는가를 조사하였다. 즉, 언어보편적인 원칙이 교실 언어 학습자들에게도 암시적 보편성으로 작용하는가를 알아본 것이다. 형식적 학습자들은 이탈리아 고등학교에서 영어를 배우는 48명의 학생들이었으며 비형식적인 학습자들은 38명의 영국에서 직장생활을 하는 이탈리아인들이었다. 피험자들에게 그림을 제시하고 관계절을 이용하여 문장을 산출하도록 하는 방법을 사용하였다. 분석결과, 관계대명사의 습득이 무표적인 것에서 유표적인 것으로 나아갔다. 즉, 두 집단의 피험자들 모두가 Keenan과 Comrie(1977)의 접근위계accessibility hierarchy와 일치하는 결과를 보였다. 특이한 것은 Pavesi의 문법지도를 받은 형식적인 학습자들은 그렇지 않은 학습자들에 비하여 보다 많은 유표적인 언어자질들을 산출함으로써 양적인 언어발달을 보였다는 것이다. 이러한 연구결과는 영어를 교실에서 형식적으로 배우는 학습자들도 자연스런 학습자들과 마찬가지로 언어보편적인 원칙에 지배를 받는다는 것을 보여주는 것으로 형식적인 교육을 받는 경우나 그렇지 않은 경우나 유사한 언어 발달

과정을 거친다는 것을 암시한다.

이들 비교연구들을 통해서 알 수 있는 것은 교실환경이나 자연환경이나 언어습득의 전체적인 발달단계는 유사하다는 것이다. 형식적인 교실언어 학습을 통하여 언어발달 단계를 바꿀 수 있다기보다는 언어습득의 속도 면에서 학습자의 언어발달을 촉진시킬 수 있다는 것과 학습자들로 하여금 목표어의 정확성에 더 주의를 기울이도록 함으로써 언어발달의 조기화석화를 예방하는데 도움을 줄 수 있다.

3. 교수가능성

제2언어를 습득하는 학습자들의 언어 발달 과정에 대한 많은 연구들은 다양한 모국어 배경에도 불구하고 학습자들은 보편적인 언어 습득 단계를 거치면서 언어를 습득한다는 보여주었다. 언어 학습자들은 예측가능한 발달통로를 따라서 언어를 배워나간다는 것이다. 그렇다면 학습자의 언어발달과 조화되지 않는 특정 언어구조를 집중적으로 교육한다면 그 교육이 학습자의 언어습득에 기여할 수 있을까? 이와 관련하여 Pienemann(1984)은 독일어를 제2언어로 배우는 아동과 성인들의 흥미로운 결과를 제시하고 있다. Piennemann의 연구는 다차원모델multi-dimensional model을 토대로 하고 있다. 이 모델에서는 언어의 자질을 발달적 자질developmental features과 변이적 자질variational features의 두 유형으로 구분한다. 발달적 자질은 언어처리 메커니즘의 제약을 받는 자질로써 언어처리와 관련된 정신작용의 발달순서에 따라서 습득된다. 각 발달단계에 따른 처리작동체계processing operations가 있으며 그 작동체계가 일련의 언어구조의 산출을 가능하게 한다. 작동체계는 순서적인 속성을 가지며 학습자가 어떤 특정 발달단계와 관련된 작동체계를 수행할 수 있다는 것은 그 학습자가 이미 이전단계의 작동체계를 수행할 수 있다는 것을 의미한다. 언어 습득 과정은 한 단계에서 다음 단계로 갑작스럽게 진행되는 것이 아니며 학습자는 현재 발달단계와 관련된 처리작동체계에 지속적으로 작용하면서 다른 한편 다음단계와 관련된 처리작동체계를 습득하기 시작한다.

변이적 자질은 언어처리 메커니즘에 제약을 받지 않는 반면에, 학습자의 정신구조, 그 사회 안에서의 학습자의 위치와 사회심리적 요인 등에 영향을 받는다. 영어의 어순규칙은 발달적 자질의 예이며 연결동사 'be'의 사용은 변이적 자질이다. 변이적 자질은 학습자가 언어의 어떤 부분에 관심을 가지는가에 따라서 달라질 수 있다. 언어의 도구적 기능instrumental function에 우선을 두는 학습자는 언어의 형태보다는 의미전달에 더 관심을 가지며 따라서 단순화된 언어형태를 이용할 것이다(예, 'I Spanish'). 반면에 언어의 통합적 기능을 중요하게 생각하는 학습자는 목표어의 표준에 관심을 둘 것이며 따라서 'I Spanish'보다는 'I am Spanish'를 산출할 것이다.

이렇게 서로 상이한 특징을 지니는 발달적 자질과 변이적 자질은 상호 독립적인 언어발달을 거쳐나간다. 두 구분되는 언어자질에 근거한 다차원 모델의 제2언어 습득은 <그림 10.3>과 같다.

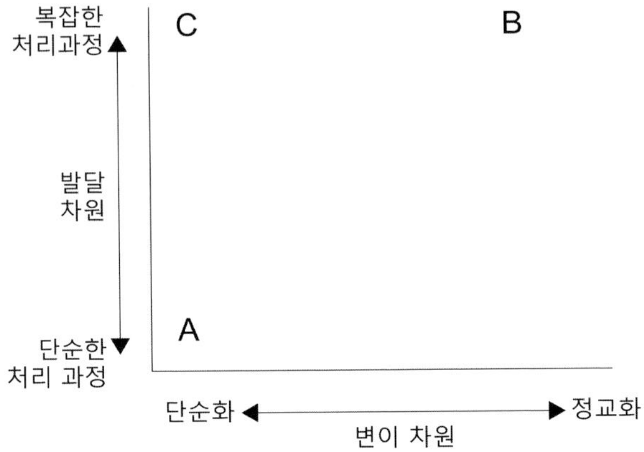

그림 10.3 다차원모델의 제2언어 습득(Ellis, 1990 참조)

C와 같은 학습자는 발달적 차원에서는 상당한 진행을 한 반면에 언어의 도구적 기능에 관심을 갖는 결과 단순하고 제한된 변이적 언어자질을 산출한다. A와 같은 학습자는 발달적 차원과 변이적 차원 모두에 있어서 초기단계이며 B와 같은 학습자는 두 차원 모두에서 상당히 진보한 학습자라고 설명할 수 있다.

Piennemann(1984)은 이러한 다차원 모델로 독일어를 배우는 아동들을 대상으로 문법지도가 언어습득에 미치는 효과를 설명한다. 발달적 자질인 독일어의 도치구조와 변이자질인 계사copula를 문법지도의 목표로 하였다. 자연스러운 독일어의 어순 습득순서는 다음과 같다.

1단계: Adverb preposing: 부사가 문장 앞으로 이동한다.
Da spielen Kinder. (There play children)

2단계: Particle: 비한정 동사는 절의 끝에 온다.
Ich mochte heute Abend ins Kino *gehen.* (I would this evening into the cinema go)

3단계: Inversion: 언어적 상황에 따라서 한정동사 형태는 주어를 선행한다.

Wann *gehen* wir ins Kino? (When go we into the cinema?)

4단계: Verb-end: 한정동사는 종속절의 끝에 위치한다.

Er gragte mich, warum ich traurig *war*. (He asked me why I sad was)

위의 독일어 어순 습득순서의 세 번째 단계인 도치구조inversion를 아동들에게 교육을 시킨 결과 아동 Teresa는 교실대화에서는 도치구조를 산출하기도 하였지만 그 밖의 상황에서는 도치구조를 생산적으로 사용하지 못하였다. 반면에 아동 Giovani는 도치구조를 교실에서와 교실 밖에서 잘 산출하였다. 두 명의 아동이 동일한 도치구조 문법지도를 받았지만 한명은 도치구조를 완전히 습득하였고 다른 한명은 도치구조를 제대로 습득하지 못한다. 이러한 결과에 대하여 Piennemann은 Teresa는 도치구조를 교육받을 당시에 아직 도치구조의 전단계인 2단계 particle 단계를 습득하지 못한 상태였지만 Giovani는 교육을 받을 당시 이미 particle 단계를 습득한 상태였다는 것을 제시한다. 즉, particle 단계를 습득한 상태에서 도치구조를 교육받은 피험자는 도치구조를 습득할 수 있었던 반면에 particle 단계를 아직 습득하지 못한 피험자는 도치구조를 습득할 수 없었다. 학습자의 심리언어학적 상태가 문법지도의 변인으로 작용한 것이다. 반면에 변이적 자질인 계사의 경우, 모든 피험자들은 교육을 받은 후에 계사를 생략하는 빈도가 상당히 줄었고 이러한 결과는 변이자질은 학습자의 심리언어학적 요인에 영향을 받지 않는다는 것을 보여준다.

이러한 연구결과로 Piennemann은 교수가능성teachability hypothesis을 제안하였다. 이 가설은 학습자의 중간언어가 교수될 언어구조를 습득하는 시기 근처에 도달하였을 때, 교육은 언어습득을 증진시킬 수 있다는 것이다. 즉, 문법교육은 학습자가 준비된 경우에는 자연스런 언어 습득 과정을 촉진시킬 수 있으며, 학습자의 언어습득 속도를 빨라지게 도울 수 있으며, 학습자가 다양한 언어적 상황에서 규칙을 적용할 수 있게 할 수 있다.

4. 명시적 지도와 암시적 지도

교실 제2언어 습득 과정은 명시적 지도와 암시적 지도로 구분할 수 있다(Hulstijin, 2005; N. Ellis, 2005; DeKeyser, 2003). 명시적 지도explicit instruction는 문법 용어나 문법 규칙을 분석과 설명을 통해 개별적으로 제시하여 학습자가 이를 명시적으로 인식하도록 하는 지도 방식이다. 이는 연역적 방법과 궤를 같이 하며, 특정 예들로부터 규칙을 발견하는 귀납적 방법을 취할 수도 있다. 반면에, 암시적 지도implicit instruction는 학습자가 경험하는 문법 항목을 무의식적, 암시적으로 습득하도록 유도하는 우연적 학습 과정incidental learning process이다.

학습자에게 문법을 명시적으로 교육하는 것이 효과적인가, 아니면 암시적, 묵시적으로 가르치는 것이 언어습득에 효과적인가에 대한 연구를 살펴보자. Scott(1989)는 불어를 배우는 학습자를 두 집단으로 나누어서 불어의 관계대명사와 가정법을 목표구조로 명시적인 문법지도와 암시적인 문법지도를 실시하였다. 실험 처치 후에 필기시험과 구두시험을 실시하였는데 명시적인 지도를 받은 집단이 필기시험에서 더 우수한 결과를 보였으며 구두시험의 경우에도 암시적 지도를 받은 집단에 뒤지지 않은 결과를 보였다.

Robinson(1995)은 다양한 조건에서 학습자들의 단순·복잡 규칙의 학습을 조사하였다. 영어를 배우는 일본어화자 94명, 한국어화자 5명, 중국어화자 5명을 대상으로 학습조건을 암시적 조건implicit condition, 무의식적 조건incidental condition, 규칙추론 조건rule-search condition, 교육 조건instructed condition으로 나누어서 실시하였다. 암시적 조건의 경우 학습자들에게 컴퓨터 스크린에 올라온 문장을 기억하도록 하였다. 예를 들어, 제시된 문장에 대하여 'Did the words Mary and fall occur next to each other in the sentence?'와 같은 질문이 주어졌다. 무의식적 조건의 경우 각 문장에 대하여 내용을 파악하도록 하였다. 규칙추론의 경우, 문장들에 의해서 나타나는 규칙을 찾아내도록 하였다. 교육조건의 경우는 컴퓨터 화면에 문법 설명이 주어져서 학습자들이 설명을 읽고 제시되는 문장들에 대하여 'Did the verbs agree in tense?'와 같은 상위언어학적 질문이 주어졌다. 각 조건에서 학습자들이 교육을 받은 후에 각 언어규칙에 해당하는 문법적인 문장들과 비문법적인 문장들로 구성된 문법판단과제를 실시하였다. 학습자들의 반응을 분석한 결과 암시적 조건과 무의식적 조건의 학습자들이 규칙추론 조건과 교육조건의 학습자들보다 복잡한 언어구조에 대하여 보다 우수한 수행을 나타내지 않았다. 반면에 교육을 받은 학습자들은 단순규칙에 대하여 다른 학습자들을 능가하는 수행을 나타냈다. 이러한 결과는 자극영역이 복잡할 때는 암시적 학습이 명시적 학습보다 더 효과적이라는 Reber(1989)의 주장을 반증하는 결과로 언어규칙을 인식하는 수준에서의 의식은 학습을 촉진시킨다는 것을 보여주는 결과이다.

다른 한편 최근에는 무의식적 암시적 학습방식으로 통사점화syntactic priming의 효과를 보고하는 연구들이 제시되고 있다(신선화, 이상기, 2016;

Chang, Dell, Bock & Grinffin, 2000). 목표 통사구문에 반복적으로 노출되면 학습자는 목표 구문과 그 의미간의 결합을 시도하게 되고 이것이 학습자에게 암시적인 유의미한 학습의 기회를 제공하게 된다. 암시적 언어 학습 방식에서 통사 점화가 이루어지는 과정을 살펴보자. 어떤 학습자가 'Tom teaches a trick to his monkey'와 같은 NP-V-NP-PP 구문에 익숙하지만 이에 대응하는 NP-V-NP-NP의 'Tom teaches his monkey a trick'과 같은 구문은 아직 학습되지 않았거나 또는 완전한 내재화가 이루어지지 않아서 이 구문을 회피할 수 있다. 이러한 경우에 교사는 통사 점화를 통해 NP-V-NP-PP 구문에 대한 노출의 기회를 의도적으로 극대화해 볼 수 있을 것이며 이를 통해 학습자는 발화 수행에 있어 이중 목적어 구문을 실제 사용하게 될 가능성이 더욱 높아지게 될 수 있다. 신선화와 이상기(2016)는 초등학생들을 대상으로 이중목적어 구문을 통사 점화의 암시적 지도로 교수하였다. 더 나아가 이들은 입력 분포의 유형을 왜곡 분포와 균형 분포로 나누어서 실험을 실시하였다. 왜곡 분포 조건의 경우에는 목표 구문을 잘 예시하는 전형적인 내용의 입력을 왜곡된 빈도로 부풀려 제시하는 방식이다. 예를 들어, 목표 구문 X에 대한 예시가 A, B, C, D를 통해 가능할 때 왜곡 분포 조건에서는 A-B-A-V-A-D-A-A와 같이 A를 다섯 번, 나머지 B, C, D를 한 번씩 입력으로 제시하는 반면에 균형 분포 조건에서는 A, B, C, D를 모두 두 번씩 균형 있게 제시한다. 실험결과 발화 수행의 경우 통사점화가 입력조건에 관계없이 긍정적인 학습효과를 가져왔으며 구문이해도 측면에서는 왜곡 분포 통사점화를 받은 집단만이 유의미한 효과를 보였다. 이들은 이러한 연구결과를 토대로 왜곡 우선 분포를 통한 입력의 제시가 우리나라 환경에서 최적화된 입력 구현의 방안이 될 수 있다고 제안하고 있다.

위의 연구들이 명시적·암시적인 문법지도를 연구한 반면에 명시적·

암시적 발음지도가 학습자들의 듣기이해능력의 발달에 어떠한 영향에 미치는가에 대한 연구도 최근에 발표되었다. 박혜경(2011)은 팝송을 활용한 명시적·암시적 발음 지도가 고등학생의 듣기 능력과 발음 능력에 어떠한 영향을 미치는지 연구하였다. 실험 결과, 듣기 능력과 발음 능력 분야 모두에서 명시적인 발음 지도가 암시적인 발음지도보다 더욱 효과적이라는 결과를 입증하였다. 하지만 학습자의 수준에 따른 명시적·암시적 발음 지도의 효과성에 대해서는 언급되지 않아 추후 이러한 요소를 모두 포함한 연구가 진행되어야 하는 필요성을 제언해주었다.

유현지와 이은주(2015)는 한국 중학생들을 대상으로 명시적·암시적 발음지도가 학습자들의 듣기능력과 정의적 측면에 미치는 영향을 조사하였다. 실험결과 명시적 집단과 암시적 집단 모두가 참여자들의 듣기이해능력의 향상을 이끌었지만 가장 향상을 많이 보인 집단은 명시적 발음 지도를 받은 하위수준의 집단이었다. 그 다음으로는 암시적 지도를 받은 하위집단, 명시적 지도를 받은 상위집단, 암시적 지도의 상위집단의 순으로 향상의 정도가 높았다. 다른 한편, 학습자들의 정의적 측면에 대한 조사를 보면 암시적 지도를 받은 집단이 모든 정의적 영역에서 의미 있는 향상을 보였다. 이러한 결과는 명시적·암시적 발음지도는 상위집단보다는 하위집단의 듣기 능력 향상에 보다 효과적이라는 것을 보여주며 또한 학습자의 언어수준에 따라서 명시적·암시적 지도의 효과가 달라질 수 있다는 것을 보여주고 있다. 학습자의 정의적 측면의 경우 명시적 발음지도보다는 암시적 발음지도가 학습자의 태도 및 인식변화에 보다 긍정적인 영향을 미친다는 것을 제시하고 있다.

위의 실험들을 정리하면 학습자들을 목표 언어형태로 명시적 또는 암시적으로 유도하는 것이 목표 언어의 형태나 구문 습득에 효과적이라는 것을 보여준다. 듣기이해능력의 경우에는 정의적 측면을 함께 고려할 때 목표 언어자질에 명시적으로 주의집중하도록 하는 명시적 발음지도가 암시적 지도보다 항상 효과적이지는 않다는 것을 보여준다. 교사가 지식을 직접적으로 전달하는 설명 위주의 명시적 지도방법과 학습자가 지식이나 원리를 스스로 또는 묵시적으로 깨닫는 암시적 지도방법 중에서 학습자의 수준과 정서에 따라서 어떠한 방법이 더 효과적인지 각 상황에 알맞은 지도방법에 대한 연구가 체계적으로 이루어져야 하겠다.

5. 부정적 입력증거와 제2언어 습득

학습자가 언어를 습득해 나갈 때 언어 지식의 발전을 이끄는 것은 무엇일까? 이것은 어떤 언어입력이 언어 발달을 야기하는가의 문제이다. 언어 습득에 이용되는 언어입력은 크게 긍정적 입력증거와 부정적 입력증거로 나누어진다. 긍정적 입력증거positive evidence는 언어 학습자에게 이용가능한 문법적이고 잘 형성된 발화를 말하며, 부정적 입력증거negative evidence는 어떤 발화의 부정확성에 대한 정보를 명시적 또는 암시적으로 제공해 주는 것을 가리킨다. 명시적 부정적 입력증거는 발화에 대하여 문법적인 설명을 제공하거나 그 발화가 비문법적인 것을 직접적으로 제시하는 입력인 반면에 간접적인 부정적 입력증거는 상대방의 발화를 적절한 문법적 형태로 재구성하여 다시 제시하는 대체표현제시recast, 상대방 발화의 의미에 대한 다양한 의미 협상 전략(반복, 의미의 명확성 요청 등) 등이 포함된다.

White(1988)는 제2언어 습득과 관련하여 긍정적인 언어증거만으로는 제2언어 학습자가 언어를 습득하기에 충분한 증거를 제공받지 못한다는 것을 주장한다. 학습자는 현재의 언어 지식을 바탕으로 영어의 어떤 규칙을 과잉 사용하는 경우 긍정적인 입력증거만으로는 이를 제어할 수 있는 어떤 정보도 주어지지 않기 때문이다. White는 제2언어 습득과 학습 가능성을 논하면서 문법 교육이 필요한 상황에 대하여 다음 <그림 10.4>와 같이 설명하고 있다.

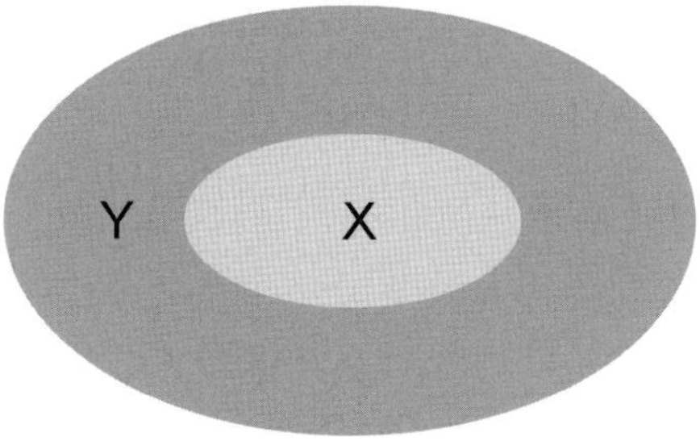

그림 10.4 부정적 입력증거와 제2언어 습득

Y는 학습자의 문법 체계에서 제거되어야 하는 부정확한 형태를 포함하는 상위 집합이고 X는 목표 언어의 정확한 형태를 포함하는 부분 집합이다. White는 이러한 상황에서 부정적 입력증거가 필요하며 부정적 입력증거를 통하여 학습자는 어떤 언어 형태는 목표 언어에 나타나지 않으며 비문법적이라는 사실에 주의를 집중하게 된다는 것이다.

예를 들어, 영어 능격동사ergative verb가 그 대표적인 경우이다. 영어 능격동사는 영어를 배우는 제2언어 학습자에게 가장 어려운 구조 중의 하나이다. 능격동사는 하나의 명사구를 하위범주로 가지며 자동사와 비슷하게 보이지만 의지적 통제가 결여되어 있는 동사군을 가리킨다. 다음의 예를 보자.

1. a The kids eat dinner early. (타동사)
    b. The kids eat early. (자동사)
2. a. The burglar broke the window. (타동사)
    b. The window broke. (자동사·능격동사)

(1a)와 (1b)에서는 'the kids'가 타동사 구문과 자동사 구문 모두에서 행동의 동작주agent이다. 그러나 (2a)의 타동사 구문에서는 'the burglar'가 동작주이고 'the window'가 피동자patient이다. 반면에 (2b)에서는 피동자인 'the window'가 문장의 주어이다. 더 나아가 능격동사는 대응하는 타동사구문이 있느냐에 따라서 다시 세분화되어서 'break'와 같은 유형과 'happen' 유형으로 나누어진다.

타동사 구문을 가지는 능격동사

3. a. The sun melted the ice.
    b. The ice melted.
4. a. The enemies sank the ship.
    b. The ship sank.

타동사 구문이 없는 능격동사

5. Something happened.
6. The guests arrived.
7. The leaves fell.

일반적으로 제2언어 학습자들은 영어 능격동사 구문을 산출하고 판단하는 데 많은 오류를 나타낸다. 예를 들어, 다양한 모국어 배경의 제2언어 학습자들은 다음과 같은 비문법적인 영어 문장들을 산출한다.

8. *Most people are fallen in love and marry with somebody. (Japanese; Zoble, 1989)
9. *First, the change of life-style will be happened. (Korean; Ju, 1997)
10. *You are arrived in the eternity city. (Italian; Oshita, 2000)

또한 다음과 같은 문법적인 능격 구문을 비문법적인 영어 문장으로 판단하며 이들 문장의 수동 구문을 선호하는 경향을 보인다.

11. The mirror shattered during the last earthquake. (Yip, 1994)
    The mirror was shattered during the last earthquake.
12. My car has broken down. (Yip, 1994)
    My car was broken down.

제2언어 습득에서 나타나는 위와 같은 영어 능격 구문에 대한 오류와 선호는 특정 모국어 화자에게 국한되어서 나타나지 않으며 중국어, 이탈리아어, 한국어, 스페인어, 타이어 등 다양한 모국어 배경의 영어 학습자에게서 관찰되며 또한 언어 능숙도가 낮은 학습자에서만 나타나는 것이 아니라 고급 수준의 학습자에게서도 높게 나타나는 오류라는 특징이 있다. 또한 위의 습득자료가 보여주듯이 학습자들은 능격동사를 수동 구문으로 처리하려는 경향을 보인다.

우리나라 학생들을 대상으로 한 연구에서 No와 Jung(2006)은 한국어 화자의 경우 한국어에 파생 수동형이 있는 동사에 대하여 학습자들이 더 많은 어려움을 겪는다고 보고하고 있다. 한국어 화자들의 경우 영어 능격동사의 내재적 요인과 함께 동사의 한국어 번역 상당어에 한국어 수동 형태소 '지, 이, 히' 등의 존재 여부가 습득에 영향을 미친다는 것이다.

한국어 파생 수동형

깨다 'break' 깨지다 'be broken'

바꾸다 'change' 바뀌다 'be changed'

닫다 'close' 닫히다 'be closed'

한국어 어휘 수동형

사라지다 'disappear'

떨어지다 'fall'

없어지다 'vanish'

실제로 No와 Jung(2006)의 연구에서 한국어 화자 피험자들은 대응하는 타동사 구문이 있으며 한국어 번역어에 수동 형태소를 포함하는 능격동사에 대하여 가장 어려움을 겪는 것으로 나타났다. 대부분의 학습자들이 'When the two planes crashed, one of them was broken into two pieces'를 문법적인 것으로, 'All the windows broke during the last earthquake'를 비문법적으로 판단하였다. 이러한 영어 능격 구문의 학습 가능성 문제는 제2언어 습득이 긍정적 입력증거만으로는 충분하지 못하다는 것을 보여 주며 학습자에게 특정 구조가 비문법적이라는 것을 지적해 주는 부정적 입력증거의 필요성을 제시한다. 학습자로 하여금 비문법적인 능격 구조가 영어에서 사용되지 않는다는 것을 우연히 주목하도록 방치하는 대신에 문법 교육을 통하여 능격 구조에 학습자의 주의 집중을 유도함으로써 학습자가 직면하는 학습 가능성의 문제를 해결하도록 할 수 있다.

아동과 성인의 제2언어 습득과 부정적 언어입력에 대한 다른 연구도 언어 습득에 부정적 입력증거가 차지하는 역할에 대한 긍정적 평가를 보여 주며 특히 성인의 경우 아동보다 부정적인 피드백에 민감하게 반응한다는 결과를 보고한다(Long, 1996; Oliver, 1995; Park, 2004; Spada & Lightbown, 1993; Trahey &White, 1993).

6. 형태 초점 접근의 출현

1980년대 이후 언어교육은 의사소통중심 교육이 지배적인 영향력을 행사하고 있었다. 그러나 1980년대 후반에 들어서면서 의사소통중심의 언어교육이 지나치게 언어의 기능과 내용에 치우치게 되는 것에 대한 우려가 나타나기 시작하였다. 문법이 결여된 의사소통중심의 언어교수는 학습자의 언어를 비문법적이고 피진화된 목표어의 형태로 화석화시킨다는 것이 보고되었고(Higgs & Clifford, 1982, Schmidt, 1983), 캐나다의 불어 몰입프로그램immersion program과 영어 집중 프로그램intensive ESL에 대한 보고서는 제2언어·외국어 습득에서 유창성과 동시에 정확성을 얻기 위해서는 형태에 초점을 맞추는 교육이 필요하다는 것을 제기하였다(Long, 1983, Rutherford & Sharwood Smith, 1988). Long(1991)은 제2언어 습득에서 형태에 초점을 둔 교육의 효과를 논하면서 언어 형태만을 떼어서 교육시키는 것이 아니라 '의미 있는 문맥상황'에서 언어 형태에 주의를 유도하는 것은 제2언어 습득 속도에 긍정적인 영향을 미칠 뿐만 아니라 궁극적인 제2언어 능숙도의 달성에도 긍정적이라는 것을 주장하였다. 또한 Norris와 Ortega(2000) 이외 많은 학자들이 제2언어 습득을 촉진하기 위해서는 언어에 대한 명시적인 초점이 필요하다는 것을 주장하였다.

Long과 Robinson(1998)은 언어교육의 접근법을 'focus on forms', 'focus

on meaning', 'focus on form'으로 구분하였다. 형태들 초점focus on forms 접근은 언어 형태들을 의사소통과는 별개로 분리된 문법 항목으로 지도하는 과거의 전통적인 교수방법이다. 언어 구조중심의 교육과정에 기초하여 언어 형태를 한 번에 하나씩 가르치거나 평가하는 언어교수법이 여기에 속한다. 교육적 자료나 자료와 함께 수반된 교실수업과정을 일련의 언어학적 형태들이나 형식을 연습하도록 고안되어지며 언어능력이란 언어지식을 축적하는 과정에서 언어체계에 대한 이해와 습관을 형성함으로써 향상된다고 전제한다. 의미 초점focus on meaning접근은 언어 학습에서 상황에 맞는 의미이해나 발화능력을 중요한 것으로 보며, 의사소통활동을 통하여 문법지식의 암시적 습득을 강조하는 교수방법이다. Wilkins의 분석적 교수요목 접근과 Krashen의 자연 교수법이 이에 속한다. 마지막으로 형태 초점focus on form 접근은 의미나 의사소통을 중심으로 학습자가 어려움을 가지는 형태에 주의를 기울여서 관심을 유도하고 지도하는 접근이다. Long(1991)이 언급한 바에 따르면 의미중심이거나 의사소통 중심의 수업에서 우연히 나타나는 언어적 요소들에 대해 학습자들이 집중을 할 수 있도록 하는 것이다. 이는 종래의 문맥이나 의사소통으로부터 언어 형태만을 추출하여 명시적으로 가르치는 방식이 아니라 학습자들이 의미 있는 문맥상황에서 의미협상을 진행하는 과정 중에 특정 언어형태에 주의집중을 유도하여 습득을 촉진시킨다. 최근의 형태 초점 접근은 학습자의 오류에 반응하여 학습자의 의식을 그 형태에 집중하게 하는 후행적reactive 접근뿐만 아니라 선행적 접근proactive도 포함하고 있으며 학습자의 주의가 의미에서 형태로 우연히 발생하도록 유도하는 학습 방법뿐만 아니라 Doughty와 Williams (1998)가 제안한 언어 형태에 대해 알고 싶어 하는 학습자의 언어적 필요까지 포함하고 있다.

민찬규(2002)는 이러한 세 접근법의 주요한 특징을 다음과 같이 정리하고 있다(표 10.1).

표 10.1 Focus on Meaning, Focus on Form, Focus on Forms (민찬규, 2002, p. 75)

교수법 / 특징	의미 초점 접근법 (focus on meaning)	형태 초점 접근법 (focus on from)	형태들 초점 접근법 (focus on forms)
교수 학습 초점	언어의 의미와 기능	언어의 형태, 의미, 기능	언어의 형태들
교수 학습 목표	유창성 중점 활동 수용가능한 문법	유창성과 정확성 신장	정확성 신장
교수 항목	의미-기능 교수 항목, 의사소통 항목	과제 중심 교수 항목	문법 중심 교수 항목
교사의 역할	학습의 관리자, 촉진자, 참여자	학습자료 및 피이드백 제공자	학습의 통제자, 조작자, 학습자료 제공자, 학습의 감시자
학습자의 역할	학습활동의 직접적인 참여자	학습활동의 적극적 참여자	학습 활동의 소극적 대응자
교수 학습 방법	의사소통 활동 중심의 암시적 학습	형태와 의미의 명시적, 암시적 종합적 학습활동	교사의 설명이나 연습 중심의 명시적 학습활동

(1) 다양한 형태 초점 지도법

언어 형태에 대한 지도의 필요성의 대두와 함께 의미와 의사소통 학습 상황에서 학습자의 주의를 언어 형태에 유도하는 다양한 방식의 형태 초점 지도법이 제안되었다. Doughty와 Williams(1998)는 이러한 형태 초점focus on form 지도법을 의사소통의 저해 정도를 기준으로 다음과 같이 제시하고 있다(표 10.2).

표 10.2 의사소통 저해 정도에 다른 형태 초점 지도법

형태 초점 지도법	Unobtrusive <——> Obtrusive						
입력포화input flood	×						
과제에 필수적인 언어task-essential language	×						
입력강화input enhancement		×					
의미협상negotiation		×					
대체표현제시recast			×				
출력강화output enhancement			×				
상호작용을 통한 강화interaction enhancement				×			
딕토글로스dictogloss					×		
의식고취consciousness-raising					×		
입력처리input processing						×	
가든패스garden path							×

표 10.2에서 보여 지듯이, 의사소통을 가장 저해하지 않는 방법이 입력포화input flood 기법이다. 이는 언어입력을 단기간에 집중적으로 제공해주는 방법이라고 하겠다. 반면에, 의사소통을 저해하는 정도가 가장 큰 방법은 가든 패스garden path로서, 의도적으로 학습자가 과잉일반화 오류를 만들어내도록 유도한 후에 이를 고쳐주는 방식으로 언어 형태에 주의를 집중시킨다. 대표적인 형태 초첨 지도법을 살펴보자.

1) 입력포화

학습자가 제2언어를 습득하기 위해서는 일차적으로 제2언어 입력에 노출되어야 한다. 그러나 입력에 노출되는 것으로는 충분하지 않으며 입력의 어떤 부분이 흡수되어 학습자의 단기기억에 저장되어야 하고 단기기억 속에 저장된 일부 언어입력은 장기 기억 속에 저장되어 제2언어

지식을 형성하게 된다. 이러한 제2언어 습득 과정을 간단하게 도식화하면 다음과 같다.

입력 ⟶ 흡수 ⟶ 제2언어 지식 ⟶ 산출

그림 10.5 언어습득의 전산 모형

입력의 지점에서 교사가 어떻게 목표 언어 자료를 제시하는가는 성공적인 제2언어 습득에 중요하다. 입력포화기법은 그 이름에서 알 수 있듯이 입력의 지점에서 교사가 목표 언어 형태를 포함하는 언어자료를 넘치도록 제공하는 방법이다. 예를 들어, 영어와 불어에서 부사의 위치는 다음과 같은 특성을 가진다.

표 10.3 영어와 불어의 부사 위치

<table>
<tr><td>ASVO
Often, Mary drinks tea.
Souvent, Marie boit du thé.</td></tr>
<tr><td>SVOA
Mary drinks tea often.
Marie boit du thé souvent.</td></tr>
<tr><td>SAVO
Mary often drinks tea.
*Mary souvent boit du thé.</td></tr>
<tr><td>SVAO
*Mary drinks often tea.
Marie boit souvent du thé.</td></tr>
</table>

S=주어 V=동사 O=목적어 A=부사

영어를 배우는 불어화자가 SAVO 문장 패턴을 영어의 문장으로 포함시키거나 불어를 배우는 영어화자가 SVAO 문장 패턴을 불어 문장으로 포함시키기는 쉽지 않다. 실제로 학습자가 목표어와 유사한 언어구조 패턴이 자신의 모국어에 존재할 때 그 유사한 모국어 언어구조를 목표어로 전이하여 사용하지 않기는 어려운 일이다. 이러한 배경에서 Trahey와 White(1993)은 영어를 배우는 10~12세의 불어 화자들을 대상으로 연구를 진행하였다. 특정 언어 형태에 높은 빈도로 노출되면, 즉 입력포화input flooding에 노출되면 그 형태에 대한 지식이 향상되고 그 형태의 사용상에도 효과가 있는가를 알아보기 위한 것이었다. 2주 기간 10시간 동안 학습자들은 영어 부사 위치에 대한 어떠한 교육도 받지 않은 채 영어문장에 부사가 들어가 있는 수많은 예들이 포함된 텍스트를 읽고 다양한 이해중심 활동에 참여하였다. 이러한 처치결과, 학습자들은 부사가 포함된 문장에 많이 노출됨으로써 영어문장구조에 대한 이해가 향상되었지만, 영어 부사 위치에 대하여 불완전한 학습상태를 벗어나지는 못하였다. 학습자들은 영어로는 문법적이지만 불어로는 그렇지 못한 문장, 'The children quickly leave school'을 수용하는 측면에서는 향상을 보였다. 그러나 학습자들은 계속해서 불어로 문법적이지만 영어로는 그렇지 않은 'The children leave quickly school'과 같은 문장을 올바른 영어문장으로 수용하였다. 이러한 결과는 입력포화가 학습자들이 중간언어에 새로운 언어형태를 추가하는 데는 도움이 되지만 모국어에 기반한 오류를 제거시키지는 못한다는 것을 보여주고 있다. 언어입력에 대한 노출은 학습자에게 긍정적인 입력을 제공해 줄 수 는 있지만, 부정적인 입력(어떤 언어 형태가 비문법적이라는 정보를 담은 언어입력)을 제공해 주지는 못하기 때문이다. 긍정적인 입력만으로는 학습자가 자신의 중간언어와 목표언어 형태 간의 차이를 주목하기에는 충분하지 않다는 것을 보여주는 연구이다.

2) 입력강화

입력강화input enhancement는 기본적으로 언어습득에서 주목noticing의 중요성을 가정한다. 언어습득 과정에서 주목은 필수적 전제조건이라는 가정에서 입력강화는 학습자의 주의를 특정 언어자질에 주목하도록 이끄는 수단으로 고려한다. 입력강화는 학습자의 주의를 끌기 위하여 목표 언어 형태를 고의적으로 두드러지게 조작하는 것이다(Sharwood Smith, 1993). 즉, 특정 어휘나 문법 항목의 글자 크기, 색깔, 모양 등을 달리하여 학습자의 눈에 쉽게 띄게 하거나 특정 부분의 구어의 억양이나 강세 등을 강조함으로써 학습자의 주목을 끄는 방식이다. 이때 주목한다는 것은 특정 언어 형태의 존재에 대하여 알아차린다는 것을 의미하는 것으로 그 규칙이나 원리를 이해한다는 것을 의미하는 것은 아니다. 예를 들어, 다음은 인칭대명사에 대하여 학습자의 주의를 끌기 위하여 진한 글씨체, 이탤릭체를 사용한 예이다.

Once upon a time there was a king. ***He*** had a beautiful young daughter. For ***her*** birthday, the king gave ***her*** a golden ball that ***she*** played with everyday.

The king and ***his*** daughter lived near a dark forest. There was a deep well near the castle. Sometimes, the princess would sit by the well and play with ***her*** ball. One day, the princess threw ***her*** golden ball in the air but it did not fall into ***her*** hands. It fell into the well. Splash! The well was deep and the princess was sure ***she*** would not see ***her*** ball again. So ***she*** cried and could not stop.

그림 10.6 입력강화의 예

입력강화는 연구마다 다양한 방식으로 이루어져서 연구 결과가 항상 일관성을 보이지는 않는다. 예를 들어, Jourdenais 외(1995)는 문자적 강화의 결과로 주목과 학습이 이루어졌다는 것을 발견했지만 Izumi(2002)는 학습자의 주목은 이루어졌지만, 강화된 입력이 학습되었다는 것은 찾아내지 못했다. 더 나아가 Leow(1997)는 주목과 학습의 결과를 모두 발견하지 못했다.

Lee와 Huang(2008)은 16개의 연구와 20개의 처리 집단을 통합하여, 메타 분석적 기법을 사용하여 입력강화의 효과를 조사하였다. 이들은 메타분석을 통하여 눈에 띄게 강화된 입력의 작지만 긍정적인 이점을 발견하였다. 다른 한편, 비록 시각적으로 강화된 입력에 노출될 때 학습자들의 목표 문법 항목에 대한 수행능력은 조금 향상 되었지만, 그들의 독해능력은 수정된 자료에 의해 부정적인 영향을 받았다. 그러나 강화된 입력에 의한 주목과 습득 사이의 관계는 메타 분석적 수준에서 분석될 수 없었다.

보다 최근의 연구로 한국 대학생들을 대상으로 한 Park, Choi와 Lee (2012)의 연구가 있다. 이들은 시각적 입력강화visual input enhancement가 학습자들의 문법 습득과 독해에 미치는 영향을 두 번의 실험을 통하여 조사하였다. 첫 번째 실험은 80명의 대학생들을 통제집단, 시각적 입력강화가 주어진 집단, 시각적 입력강화와 함께 교수자의 명시적 지도가 함께 이루어진 집단으로 나누어서 피험자들에게 영어 텍스트를 읽도록 하고 목표 형태와 독해 내용에 대한 질문에 답하는 평가를 실시하였다. 평가 결과, 시각적 입력강화와 명시적 지도가 함께 주어진 집단만이 문법 학습이 향상되었으며, 시각적 입력강화 집단과 명시적 지도를 받은 집단 모두에서 독해 이해도가 상당한 정도로 낮아졌다는 것이 나타났다. 특별히, 두 번째 실험에서는 피험자들의 눈동자의 움직임을 측정하는 눈-추적eye-tracking 장치를 사용하여 시각적 입력강화와 고의적 주의집중이 학습자들의 눈동자 움직임에 미치는 영향을 조사하였다. 기계를 통해서 측정하여 보았을 때, 시각적 입력강화 집단과 명시적 집단의 피험자들이 통제집단보다 목표 형태에서 눈동자의 고정 횟수가 많았고 고정 시간이 길게 나타났다. 그리고 입력강화 집단과 명시적 지도 집단의 피험자들이 통제집단 보다 문법 평가에서 보다 좋은 결과를 보였지만 독해 평가에서는 낮은 수행 결과를 보였다. 이들의 연구결과는 시각적 입력강화와 주의집중이 함께 주어질 때 문법 학습에서 의미 있는 향상이 있었다는 것을 통해서 시각적 입력강화가 단독으로 제시되는 것이 아니라 다른 교수 기법과 통합되어 질 때 효과적이라는 것을 제안하고 있다. 다음으로, 이들의 연구는 시각 입력강화와 주의집중이 학습자들이 텍스트를 읽고 의미 구성을 하는데 장애가 된다는 것을 보여 주었다. 이것은 시각적 입력강화를 수업에서 사용할 때 주의를 기울여야 한다는 것을 제시하는 것으로 시각적 입력강화를 다른 언어 기능과 통합할 때 주의를 기울여서 실제 수업의 효과성을 높여야 한다. 이들의 연구는 눈-추적 장치를 사용하여 시각적 입력강화와 주의집중이 실제로 눈동자의 움직임에 어떻게 영향을 미치는지, 그리고 눈동자의 움직임이 문법 학습과 독해 이해과정과 어떻게 연결되는가를 과학적 증거를 통해서 보여주고 있다.

3) 대체표현제시

대체표현제시recast는 대화의 과정에서 학습자가 비문법적인 발화를 산출하였을 때 올바른 문장으로 재구성하여 다시 던져주는 방식이다(그림 10.7).

〈예시 1〉 형태상의 오류에 대한 대체표현제시
학생 : This is Juan notebook.
교사 : Oh. That is Juan's notebook.

〈예시 2〉 의미상의 오류에 대한 대체표현제시
학생 : I need to look at the word in the dictionary.
교사 : You need to look up the word in the dictionary.

〈예시 3〉 사용상의 오류에 대한 대체표시제시
학생 : I arise at six in the morning.
교사 : OK. You get up at six in the morning.

그림 10.7 대체표현제시의 예

Lyster와 Ranta(1997)는 불어 몰입 프로그램의 수업에서 주어지는 교사의 오류 교정 피드백의 종류를 조사하였다. 조사 결과, 교실에서 일어나는 교정적 피이드백corrective feedback의 대부분은 학습자 발화의 주된 의미는 유지하면서 문장의 몇몇 요소만 바꾸어 반복하는 대체표현제시를 통한 간접적인 오류 교정이었다. 또한 학습자는 교사가 던져준 이러한 대체 표현을 통해 자신의 발화를 교정하였다. 이들의 연구는 교사가 학습자에게 대체표현을 제시하고 학습자는 자신의 발화와 주어진 대체표현을 비교함으로써 그 차이점을 인지하고 문제를 인식하여 올바른 언어 형태를 배우게 될 수 있다는 것을 보여준다.

4) 딕토글로스

딕토글로스dictogloss는 Wajnryb(1990)에 의해 제시된 기법으로 듣고 다시 쓰는 과정을 통하여 학습자로 하여금 특정 언어 형태에 초점을 맞추도록 유도하는 수업 방식이다. Wajnryb(1990)은 다시 듣고 쓰기의 교수 절차를 4단계로 나누어 제시하고 있는데 과거의 습관을 표현하는 'would'를 목표로 하는 수업 과정을 제시하면 다음과 같다. 첫 번째는 준비 단계로 듣게 될 텍스트의 주제를 설명하고 관련 어휘를 알려준다. 예를 들어, 여름방학을 주제로 한 다음과 같은 텍스트를 이용할 수 있다.

When I was a child we used to go to camping every summer. We'd choose a different place each year, and we'd drive around until we found a beach we liked. Then we'd pitch our tent, as near as possible to the beach. We'd usually spend most of the time on the beach or exploring the country round about. We never went to the same beach twice. (Thornbury, 1999, p. 83)

그림 10.8 딕토글로스의 예

다음으로 학습자에게 텍스트를 두 번 읽어 주고 학습자는 텍스트의 언어 형태와 어휘에 주의를 기울이면서 들은 텍스트의 내용어를 중심으로 적도록 한다. 세 번째로 모둠별로 적은 내용을 토대로 텍스트를 재구성하여 쓰도록 한다. 학습자들은 들은 것을 그대로 적는 것이 아니라 자신들이 다시 창의적으로 텍스트를 재구성한다. 마지막 단계에서 학습자들의 재구성한 텍스트와 원본을 비교하여 교사는 과거의 습관을 표현하는 'would'에 대하여 설명을 한다. 학습자는 자신이 재구성한 'We drove~'와 원본 'We'd drive~'의 차이에 주목함으로써 현재 언어능력과 목표 언어능력간의 차이를 인지할 수 있다. 학습자는 능동적인 활동을 통해 자신의 부족한 언어형태를 스스로 발견해 나갈 수 있다.

여경희(2002)는 우리나라 대학생들을 대상으로 듣고 다시 쓰기집단과 입력에 초점을 둔 입력강화 집단으로 나누어서 영어 분사 구문 습득을 연구하였다. 연구 결과 두 집단 모두 실험 전에 비해 실험 후에 유의미한 향상을 보였지만 듣고 다시 쓰기 집단이 Cloze 평가와 주관식 평가와 같은 표현능력 시험에서 입력강화 집단보다 유의미한 차이로 높은 점수를 얻었다.

5) 의식고취

의식고취consciousness-raising 기법은 학습자에게 언어자료를 제공하여 주고 그로부터 일반적인 문법 규칙을 추론해 내도록 유도한다. 의식고취는 언어 형태 중 어느 부분에 학습자의 주의를 유도하느냐에 따라서 문법 의식고취 과제grammar consciousness-raising task, 해석과제interpretation task, 형태 초점 의사소통 과제focus on form communication task로 분류할 수 있다(Ellis, 1993). 문법 의식고취과제는 학습자에게 문법 형태를 제시한 후 스스로 문법 규칙을 이해하여 명시적인 규칙을 만들어내도록 유도하는 과제이다. 예를 들어, 다음과 같이 'look, look like, look as if'를 포함하는 영어 문장들을 제시하여 주고 학습자에게 규칙을 만들어 내도록 한다.

1. Work with a partner. Look at the photos and decide who these sentences describes.
   a. He looks cheerful.
   b. They all look confident and relaxed.
   c. He looks like a genius.
   d. They look like businessmen.
   e. He looks as if he's going to say something about my family.
   f. They look as if they're chatting.

2. Complete the rules.

   There are three common phrases with the verb "look".

   a. look + ______________________

   b. look like + __________________

   c. look as if + _________________

3. Make three sentences about people in your class using the phrases.

그림 10.9 의식고취과제의 예

해석과제는 의미에 초점을 둔 의식고취과제로 목표 언어 형태에 대한 명시적 지식을 형성할 필요가 없이 형태와 기능 사이의 분석을 정확히 하고 문법 형태와 비슷한 항목끼리 함께 묶어 비교할 수 있도록 하는 것이 그 목표이다.

형태 초점 의사소통 과제는 직장 인터뷰, 예약하기, 보고서 작성과 같은 일련의 과제를 의사소통으로 수행하는 과정에서 부족하거나 꼭 필요한 언어적 요소에 주의를 기울이도록 유도한다. 목표 언어구조 자체가 과제의 내용으로 학습자는 목표어로 상호작용하면서 문법문제를 풀어나간다. 이것은 의미와 의사소통에 기반을 준 문법 지도법으로써 형태 초점 의사소통 접근법을 가장 효과적으로 구현할 수 있는 기법이다. 실제로, Fotos (1994)는 이러한 문법 의식고취과제를 통하여 학습자는 문법 내용이 결여된 의사소통과제와 거의 같은 정도의 의미협상의 기회를 가졌으며 목표 언어구조에 대한 능숙도를 상당히 증진시켰다는 것을 보고하였다.

6) 입력처리

입력처리input processing 지도법은 Van Patten의 언어입력 처리이론에 기초한다. Van Patten은 언어입력은 다음의 3단계를 거친다고 주장한다 (Van Patten, 1996, p. 154).

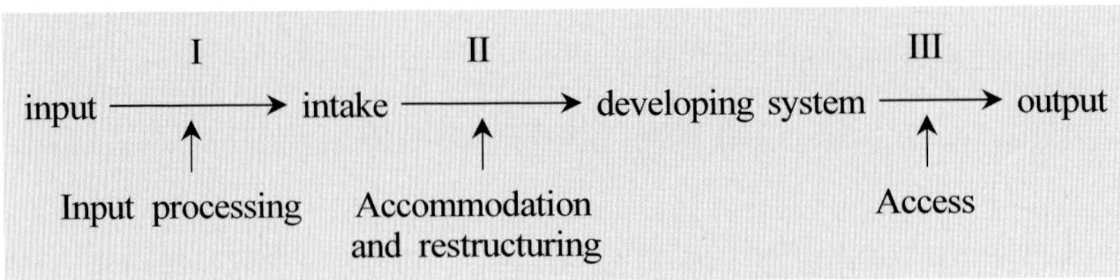

그림 10.10 Van Patten의 언어입력처리 모델

첫 번째 단계(Ⅰ)는 학습자들이 외부에서 주어지는 언어입력에 대하여 주의와 관심을 기울이는 단계이다. 이 단계에서 중요한 것은 학습자편의 주의attention와 탐색detection이다. 언어입력에 대하여 학습자들이 주의를 기울일 때 언어를 보다 잘 배울 수 있다. 두 번째 단계(Ⅱ)는 언어흡수intake 단계 후 정보들이 내재화되는 단계로 수용accommodation과 구조조정화restructuring를 거친다. 학습자는 새로운 정보를 기존 정보와 관련시켜서 체계화하며 또한 인지적 가지치기cognitive pruning가 일어나면서 새로운 정보를 위한 공간을 만들어 낸다. 세 번째 단계(Ⅲ)는 언어흡수, 수용, 구조조정화 과정을 통해서 내재화된 언어체계가 학습자의 실제적 언어 사용을 위한 자료의 저장고가 되는 단계이다. 학습자들은 이 저장고에 접근access하여 원하는 언어자료를 선택하여 언어를 출력하게 된다(정양수, 2013).

이러한 언어입력 처리모델을 바탕으로 Van Patten은 외부에서 주어지는 언어입력을 언어흡수로 전환시키는 효과적인 방법에 관심을 갖고 제안한 지도법이 입력처리 지도법input processing instruction이다. 입력처리 지도법은 학습자의 언어입력 처리과정을 훈련시킴으로써 언어입력의 흡수를 높이는 방식이다. 학습자들이 어려움을 겪는 언어형식에 대하여 명시적 설명과 충분한 예들을 제시하여 학습자들이 특정 언어형식에 주의를 기울이고 처리를 하도록 유도한다. 학습자들에게 목표 언어형식에 대한 교사의 설명이나 규칙제시를 통해 자신들에게 제공되는 해당 언어형식이 포함된 언어입력을 체계적으로 받아들여 분석함으로써 언어입력 처리과정을 촉진하도록 한다. 언어입력 처리과정을 촉진시키는 것이 목표이기에 발화 연습은 포함되지 않는다. 예를 들어, 목표 언어 형태가 영어의 능동·수동 구조의 구분에 초점을 두는 경우 다음과 같은 문장들을 들려주고 학습자로 하여금 동사 부분을 잘 듣도록 하면서 의미에 적절한 그림을 찾게 할 수 있다(그림 10.11 참고).

1. The King was driven to the airport
2. The King drove to the airport
3. The old man attacked a policeman
4. The old man was attacked by a policeman
5. The dog followed a cat
6. the dag was followed by a cat

그림 10.11 입력처리과제의 예

VanPatten과 Cadierno(1993)는 스페인어를 배우는 대학생들을 문법 교육을 받지 않은 집단, 전통적인 발화 연습 집단, 그리고 입력처리 집단의 세 집단으로 나누어서 실험을 하였다. 전통적 발화 연습 집단과 입력처리 집단은 새로운 언어 구조에 대하여 동일하게 명시적인 설명을 받았지만 전통적인 집단은 목표 언어 구조를 발화연습을 한 반면에 입력처리 집단은 목표 언어 형태에 집중하여 처리하여 입력을 이해하는 수업을 하였다. 사후 평가를 하였을 때 입력처리 집단의 학습자들이 이해과제와 발화과제에서 높은 점수를 얻었다. 이를 근거로 VanPatten과 Cadierno(1993)는 이해 중심 언어입력 처리과정 지도가 언어 학습의 초기단계에서 학습자의 기본 이해능력과 의사소통 수행의 향상에 도움을 준다는 것을 제시한다. 또한 VanPatten과 Oikkenon(1996)은 단순한 문법 설명만이 아닌 언어 구조에 초점을 두는 언어입력의 제공과 처리과정이 학습자의 문법체계를 발전시키는데 효과적으로 작용한다는 것을 보여주었다. 이들은 문법설명만 받은 집단, 구조화된 입력활동을 한 집단, 문법설명과 입력활동을 한 집단으로 나누어서 실험을 하였다. 실험결과, 문장을 듣고 일치하는 것을 고르는 해석과제에서는 문법설명만 받은 집단을 제외한 두 집단에서 상당한 향상이 나타났다. 목표형태를 넣어서 문장을 완성하는 산출과제의 경우, 모든 집단이 지도를 받기 전 보다 향상된 결과를 보였는데 그 중에서도 문법설명과 구조화된 입력활동을 한 집단이 가장 큰 향상이 있었으며, 문법설명만 받은 집단이 가장 저조한 향상을 보였다. 이들은 이 연구를 통하여 형태에 초점을 둔 언어입력의 처리과정이 학습자의 문법체계를 발전시키는데 효과적으로 작용한다는 것을 주장한다.

7) 가든 패스

학습자의 주의를 언어 형태에 집중시키는 방법으로 Tomasello와 Herron (1988, 1989)의 가든 패스garden path 기법이 있다. 이들은 학습자에게 특정 언어 구조와 관련하여 과잉일반화를 하도록 유도하여 오류를 범하게 하고 이에 대하여 오류 수정을 해 준 집단과 그렇지 않은 집단, 즉 문법 규칙과 예외 규칙을 모두 다 설명해 준 집단을 비교 하였다. 비교 결과 가든 패스 기법을 사용한 첫 번째 집단이 비교 집단보다 우수한 결과를 보였다. 이처럼 가든 패스 기법은 학습자에게 어떤 문법 항목을 가르치고자 할 때 문법 규칙과 예외 규칙을 다 가르치지 않고 과제를 하면서 학습자로 하여금 과잉일반화의 오류를 범하도록 유도 한다. 과잉일반화가 일어날 때 즉각적으로 수정을 해 주어 학습자가 중간언어와 올바른 형태의 인지적 비교를 통해 언어습득을 하도록 한다.

Path	
cute	the cutest
sexy	the sexist
grand	the grandest
Exception	
beautiful	the *beautifulest [-> Point out error here]

(Doughty & Williams, 1998, p. 209)

그림 10.12 가든 패스의 예

8) 상호작용 로그

상호작용 로그interactional logs는 학생들로 하여금 그들의 언어 사용에 대해 생각해 보고, 특히 그들의 L2 언어 사용과 원어민이나 매우 유창한 화자의 L2 언어 사용에 있어서의 차이를 생각하도록 훈련시키는 방법이다. 교실 수업에서 교사가 상호작용 로그를 학습자에게 과제로 줄 수 있다. 학습자에게 탐정가가 되는 방법을 제시하고 학습자가 그들 자신의 언어자료를 모으고, 증거를 분석하고, 가설을 만들고 검증하게 한다. 상호작용 로그는 유창한 화자는 무엇을 말하고 어떻게 말하며 어떤 상황에서 누구와 말하는지, 학습자의 발화에 원어민들은 어떻게 반응하는지 등에 대해 학습자가 써내려간 언어 일기이다. 상호작용로그의 장점은 학습자로 하여금 한 번 말하고 나면 잊혀 질 수 있는 자신들의 언어를 분석하게 한다. 학습자들은 자신들의 언어를 써서 기록할 수 있고 그들이 그것을 적절히 분석할 수 있을 때까지 저장한다. 1과 2의 예는 두 명의 학습자가 상호작용로그를 통하여 그들이 나눈 상호작용을 분석하면서 새로운 표현을 배워 나가는 것을 보여주고 있다.

1. I was talking about the bicycle with a secretary woman in the computer lab. When she said she bought her son Trumpet the day before and being a mother need to spend some money on the children's item, I wanted to "share the responsibility in communication." So I asked whether he liked it or not. She said "yes right now at least, but I'm not sure one month later, then she talked about other instrument she'd already bought for her son". Then I replied "Yes, really. I bought a bicycle for my son a week ago. The bike is expensive than I thought, partly because it has Star Wars decoration on." Then she asked me, "Did you? What kind of bike? The one with tri...neee...ll?" I couldn't catch her. It's a perfect time to use "manner of asking," because I understood rest of her talk except the last part. At that moment, I could guess it might be one part of bike, "I'm sorry,

Deb, Did you say tranee. . .l? What's that?" I just imitated her sound. Then with some gesture she explained, "training. . .eel! The wheels to train the for riding 2 big wheels." Actually I didn't catch her pronunciation at that point, because I have a difficult in listening "W" sound. However, I can understand what's it. "Oh, Training Wheel! O.K. . . I didn't know the name. It's training wheel. I thought it might be 'assisting wheels' or 'supporting' wheels."

2. Last Friday, in the communication class, we talked about the interaction logs, one of the classmates mentioned when she went to the supermarket, the cashier asked her if she wanted to drive out or not. So I learned that phrase from her. Last Sunday, when I went to the supermarket, I was ready to hear that again and I was so excited about it. Because most of time, I was so nervous when the cashier asked me some questions and they all spoke quickly. But not this time, finally, after the cashier packed all my stuff into the plastic bag, he asked "Do you want to drive _______?" "No, thanks. . ." I said. But I noticed he seemed to say some word instead of "out." The last word sounded like "off" or "up" or I was wrong. But I checked it up in the dictionary, "drive out" has a different meaning.

(Gass 외, 2013, pp. 408-409)

학습자 1은 'training wheels'이라는 표현을 알아듣지 못하다가 마침내 'training wheel'을 알게 되는 과정을 잘 보여 주고 있으며 학습자 2의 경우 이전까지 주목하지 못하였던 'drive up'이라는 표현에 주목하게 되는 과정을 잘 보여주고 있다.

이외에도 언어형태에 학습자들의 주의집중attention과 인식awareness을 높이는 다양한 활동이 교실 수업에 효과적으로 사용될 수 있다. 제선미, 손태호, 조윤경(2014)은 한국 대학생들을 대상으로 노트필기note-taking와 밑줄긋기underlining와 같은 주목유도활동이 학습자들의 언어습득에 미치는 영향을 조사하였다. 실험절차는 다음과 같았다. 첫 번째 단계에서 학습자들은 그림을 보고 이야기글을 작문하면서 어려움을 느낀 부분에 대하여 필기하였다. 예를 들어, 학습자들은 어휘·표현, 문법, 내용, 철자 등과 같은 유형을 기준으로 작문시 어려움에 대하여 적도록 하였다. 두 번째 단계에서 학습자들은 자신이 작문한 글과 원어민이 작문한 모델글을 비교하였다. 이때 필기하기 집단은 모델글과 자신의 작문을 비교하면서 주목한 것을 필기하였으며, 밑줄치기 집단은 모델글과 자신의 작문을 비교하면서 주목한 것을 밑줄치도록 하였다. 통제집단은 모델글을 단순히 눈으로 읽으면서 자신의 작문과 비교하도록 하였다. 세 번째 단계에서 학습자들은 첫 번째 단계에서 작성한 작문을 그림과 함께 보면서 수정하였다. 다음으로 네 번째 단계는 지연된 사후시험delayed posttest으로 한 달 뒤에 세 번째 단계와 동일하게 진행되었다. 연구결과, 학습자들이 1차 작문에서 어려움을 보고한 요소들에 대해 2차, 3차 작문에서 수정한 빈도와 수정의 적절성의 비율은 노트필기 집단, 밑줄긋기 집단, 통제집단 간에 의미 있는 차이가 나타나지 않았다. 다른 한편, 학습자들이 1차 작문시 어려움을 보고하였고 작문에 그 사항을 시도하지 않은 요소들의 경우, 모델글과의 비교단계에서 필기하기와 밑줄긋기 활동을 실시한 집단이 통제집단에 비교해서 더 높은 비율로 수정한 것으로 나타났다. 이는 1차 작문시 어려움을 느꼈지만 작문에서는 시도하지 않았기에 인지적 처리과정이 1차 단계에서 일어나지 않았을 것이다. 그 다음 자신의 작문과 모델글을 비교하는 단계에서 모델글에서 주목한 것을 필기하거나 밑줄치는 활동이 인지적 처리를 촉진했을 것이다. 다음으로 학습자들이 1차 작문에서 어려움을 느끼지 않은 요소를 모델글에서 주목하여 2, 3차 작문에서 수정하였는데, 노트필기를 한 집단이 밑줄긋기 집단보다 2차 작문에서 더 많은 비율로 수정을 하였다. 이는 노트필기 활동이 밑줄치기 활동보다 상대적으로 더 많은 시간과 깊은 인지적 사고과정을 요하였고 그 결과 학습자들의 장단기 기억에 도움을 주었기 때문이다.

그러나 학습자들이 1차 작문시 어려움을 보고하고 해당 요소를 모델글에서 주목한 요소들 가운데 절반 정도가 한 달 후에 실시한 3차 작문에서는 반영되지 않았다. 즉, 학습자들이 주목한 요소들을 한 달 후에는 잘 기억하지 못하였으며, 이는 비록 단기 기억에는 노트필기 활동이 밑줄치기 활동보다 효과적일지라고 이 효과가 지속성을 갖기 위해서는 그 언어요소에 계속적으로 노출되거나 지속적인 인식의 강화가 이루어져야 한다는 것을 시사해 주는 결과이다.

제 11장

영어 습득 연구방법론

본 장에서는 영어(제2언어) 습득 연구방법론으로 먼저 정성적 연구방법과 정량적 연구방법을 살펴보고 종단적 연구와 횡단적 연구 방법에 대하여 살펴본다. 그리고 영어 습득 연구를 위한 자료수집 방법과 학습자 언어 자료 분석에 대하여 살펴보자.

1. 정성적 연구방법과 정량적 연구방법

(1) 정성적 연구방법

정성적 연구방법qualitative research methods은 제한된 수의 학습자 또는 한 사람의 학습자에 대하여 대상자의 언어와 언어행위를 상세하게 기술하는 것에 초점을 둔 연구이다. 정성적 연구는 면접interview, 관찰observation과 자기성찰introspection의 방식을 주로 사용한다. 관찰을 사용하는 경우는 연구자가 참여자들을 관찰하고 학습자의 배경과 언어 행동을 상세하게 기록한다. 자기성찰 방식은 생각 말하기think aloud를 사용하거나 학습자에게 일기를 적도록 하여 학습자 자신의 언어 사용을 성찰하도록 한다. 이러한 정성적 연구방법을 Creswell(2013)은 내러티브 연구narrative research, 현상학적 연구phenomenological research, 근거이론 연구grounded theory research, 사례연구case study와 민족문화기술연구ethnographic research의 다섯 가지 접근법으로 구분하였다.

내러티브 연구는 한 두 사람을 대상으로 그들의 이야기를 수집하여 자료를 모으고 이야기를 주요 요소들(예, 시간, 장소, 구조, 장면 등)로 분석하여 연대기적 순서로 그 이야기를 이해가 되는 틀로 재구성한다. 내러티브 연구는 연구 참여자에 대한 광범위한 정보들을 수집하고 개인의 인생맥락에 대해 잘 이해해야 한다. 개인의 경험을 포착하기 위해 특정한 이야기의 원재료를 확인하는 데는 날카로운 시선이 필요하다. 내러티브 연구가 한 개인이나 소수의 사람들의 경험에 대한 이야기를 보고하는 반면에, 현상학적 연구는 하나의 개념이나 현상에 대하여 여러 개인들이 체험한 공통적 의미를 기술한다. 참여자들이 어떤 현상에 대하여 공통적으로 어떻게 경험하는 가에 초점을 두고 있다. 연구자는 어떤 형상을 확인하고 그 현상을 경험한 개인들로부터 자료를 수집하여 모든 참여자들에게 나타나는 경험의 본질에 대한 다각적인 기술을 전개한다.

근거이론 연구는 참여자들의 생애와 경험을 기술하는 수준을 넘어서 과정 혹은 행동을 위한 이론의 생성과 발견에 목적을 둔다. Creswell에 따르면, 근거이론 연구는 참여자들의 관점에 의해 형성된 과정, 행동, 상호작용에 대한 일반적인 설명을 도출해 내는 발달적이고 귀납적인 특성을 가진 질적 연구 설계이다. 근거이론 연구자는 가능한 특정 이론의 개념과 설명을 배제하면서 면접을 통하여 얻은 자료를 분석함으로써 실체이론을 생성하도록 해야 한다. 이렇게 만들어진 실체이론은 그것이 특정 표본이나 인구집단으로 일반화할 수 있는지 결정하기 위하여 이후에 양적 자료를 활용한 경험적 검증을 할 수 있다.

사례연구case study는 연구의 분석단위로 정의되는 하나의 사례에 대한 연구이다. 이때 사례란 학습자, 교사 등과 같은 개인이나 학교, 교실, 언어프로그램 등과 같은 집단을 가리킬 수 있다. 사례연구는 주어진 환경에서 한 개인이나 집단이 어떻게 행동하는가를 상세하게 기술함으로써 대상자의 경험과 인식을 종합적으로 분석할 수 있다. 하지만 상황을 통제하지 않고 있는 그대로 보존하여 기술하는 사례연구는 그 결과를 다른 상황에 일반화하여 적용하기에는 많은 주의를 요하는 연구 방법이다.

민족문화기술연구ethnographic research는 하나의 문화단위를 구성하는 사람들과 그들의 사회적 관습에 대한 광범위한 기술과 해석에 초점을 둔다. 문화공유집단이 갖고 있는 가치, 행동, 신념, 언어의 공유되고 학습된 패턴을 기술하고 해석하는 질적 연구 설계이다. 민족문화기술연구는 연구대상자의 실제상황에서 진행되며 연구기간이 비교적 긴 종단적인longitudinal 특성을 지닌다. 현장 연구 방법을 사용하고 장기간의 연구현장 방문과 체류를 통해서 밀도 있는 기술적 분석과 설명을 하며 무엇보다도 문화적 현상에 대한 총체적인 연구와 행위에 대한 문화적인 해석이 이루어져야 한다. 민족문화기술연구는 연구 참여자의 태도, 신념, 행위 및 관습에 초점을 두어 내부자적 관점emic perspective을 제공한다는 특징을 가지며 특정한 상황에서 사람들이 어떻게 사회적 문화적 세계를 경험해 나가고 있는지에 대한 심층적인 이해에 초점을 두고 있다(조홍식 외, 2015).

(2) 정량적 연구방법

정량적 연구방법quantitative research methods은 일반적으로 언어 학습과 관련된 변인들에 대한 체계적인 측정과 수량화, 수량적 자료에 대한 통계적 분석, 통계적 논의의 사용, 수학적 모형과 인과관계의 사용을 강조하는 연구 방법이다. 정량적 연구방법은 크게 실험연구experimental studies과 설문연구survey studies로 나누어진다.

실험연구는 연구하고자 하는 특정 변인을 제외하고는 다른 조건들을 동일하게 두고 특정 변인의 영향을 분석하고자 한다. 특정 변인 이외의 다른 조건들은 통제하고 실험집단과 통제집단으로 나누어 처치를 시행한 후에 그 처치의 결과를 측정하는 것이다.

설문연구는 설문지나 인터뷰를 통하여 정보를 수집한다. 제2언어 습득에서 설문연구는 언어와 언어 학습에 대한 학습자들의 의견과 개인적인 경험을 조사하기 위하여 이루어진다. 예를 들어, 동기와 태도에 대한 설문연구를 생각할 수 있다. 설문 문항을 제작할 때는 확실한 이론적 근거를 바탕으로 연구자 스스로 직접 제작하여 사용할 수 도 있고 보다 손쉬운 방법으로는 이미 많이 시행되어 타당도가 검증된 알려진 설문 문항을 사용할 수도 있다. 설문지를 사용하여 연구를 실행할 때는 설문지의 내적 타당도를 사전에 검사하도록 반드시 예비실험pilot test과 본 실험main test을 구분하여 실시하도록 한다. 예비실험은 보통 15~30명의 학습자들을 대상으로 시행할 수 있다. 본 연구에 참여하는 인원은 100명 이상으로 하는 것이 통계 분석을 사용하는데 용이할 수 있다.

실험연구와 설문연구를 통하여 얻어진 자료 분석에는 통계방법 중에 대응표본 t-검증, 분산분석ANOVA, 상관관계 분석correlation, 요인분석factor analysis, 회귀 분석regression analysis 등이 사용되며 최근에는 구조방정식 모형structural equation modelling 등이 사용된다.

이러한 정량적 연구와 정성적 연구의 차이를 정리하면 다음과 같다 (Glesne & Peshkin, 1992, 재인용 신규철, 2002).

표 11.1 정량적 연구와 정성적 연구의 비교

구분	정량적 연구	정성적 연구
목적	인간 행동의 원인과 결과를 탐구한다.	인간의 해석과 지각을 이해하려고 한다
실재	정체성: 실재는 변화하지 않는 사실로 구성되어 있다.	역동성: 실재는 인간의 지각이 변화됨에 따라 변화한다.
관점	실재는 양으로 나타낼 수 있는 자료로 존재하고 있다.	실재는 인간이 존재하고 있다고 지각하는 것이다
가치	가치는 적절한 방법론적 절차로 통제할 수 있다.	가치는 영향력을 가지며 연구를 수행하고 보고할 경우 이해되고 고려되어야 한다.
초점	미리 선택하고 정의한 변인을 연구한다.	전체적 또는 완전한 상황이 추구된다.
방향	미리 설정한 가설을 검증한다.	수집한 자료에서 이론과 가설을 발견한다.
도구	미리 구성한 검사, 관찰기록, 질문지, 평정척도 등을 사용한다.	인간이 일차적 자료수집의 도구이다.
조건	통제된 조건하에서 연구를 수행한다.	자연적 상태에서 연구를 수행한다.
결과	엄격하고 반복 가능한 자료를 얻기 위한 실험설계와 절차를 강조한다.	실제적이고 풍부하며 총체적 자료를 얻기 위한 연구설계와 절차를 강조한다.
접근방법	가설과 이론이 선행된 조작과 통제 형식적 도구 사용 실험적 연역적 요소의 분석 규준의 탐색 수량화 추상적 언어	가설과 기초 이론의 발견 묘사(기술) 도구로서의 연구자 자연적 귀납적 패턴의 탐색 다원성과 복합성의 탐색 비수량화 구체적 언어
연구자의 역할	공정성, 객관적 기술	개인적 관여와 편파성, 공감적 이해

2. 종단적 연구와 횡단적 연구

제2언어 습득 연구를 구분하는 기준의 하나는 종단적 또는 횡단적 연구이다. 종단적 연구longitudinal research는 여러 시기에 동일한 학습자나 집단의 언어 발달을 조사하여 자료를 수집한다. 따라서 종단적 연구를 수행하기는 쉽지 않고 몇 개월 또는 몇 년이 걸릴 수 있다. 대표적으로 Hakuta(1974a)의 연구를 들 수 있다. Hakuta는 Harvard 대학교에 방문교수로 2년간 있으면서 자신의 딸 Uguisu가 영어를 어떻게 습득하여 나가는지를 알아보기 위하여 체류기간 동안 딸의 주변 환경과 딸의 자발적 발화를 수집하여 기록하였다. 유치원과 초등학교에서 딸 Uguisu가 친구들과 어울려서 영어를 배워나가는 과정을 고스란히 담고 있다. 종단적 연구의 경우 학습자의 자발적 발화를 수집하는 것이 일반적이지만 경우에 따라서 연구자가 특정 언어형태에 대하여 관심을 갖고 접근할 수 있다. 예를 들어, 영어학습자들의 과거시제past tense 발달에 대하여 관심 있게 살펴보고자 하는 경우에는 학습자에게 주기적으로 이전에 있었던 일에 대하여 이야기 하도록 하여 발화를 수집할 수 있다. 종단적 연구는 일반적으로 기술적이며 질적인 설명의 형태를 띄며, 양적인 자료분석이 그 목적이 아니지만 경우에 따라서는 언어형태의 빈도수와 같은 것을 보고할 수 있다. 종단적으로 수집된 자료를 분석하는 경우 일반적으로 학습자 발화의 특정 예를 제시하고 그 발화에 대한 해석적 설명을 제시하는 방식을 취한다.

반면에 횡단적 연구cross-sectional research는 상이한 여러 학습자집단들의 언어발달을 동시에 조사한다. 각각의 학습자집단이 특정 시점의 언어발달 단계를 대표하는 것으로 가정한다. 일반적으로 횡단적 연구는 자발적 발화 대신에 통제된 산출 자료를 기본으로 한다. 연구자가 미리 정한 과제를 학습자들에게 수행하도록 하여 자료를 수집한다. 참여 학습자들의 개별 배경정보가 자세하게 기술되지 않는다. 횡단적 연구는 다수의 피험자들을 대상으로 하여 연구의 설계나 분석에 있어서 실험적 형식을 취하고 결과도 통계적 분석을 활용한 정량적 형식을 취하며 종단적 연구에서 나타나는 기술적 특성이 적게 나타난다. 예를 들어, de Villiers(1973)는 21명의 아동들을 대상으로 횡단적 연구를 실시하여 영어를 배우는 아동들의 형태소 발달순서를 밝혀내었다. 언어 수준이 다른 각 집단에게 동일한 평가를 실시하여 비교함으로써 한 학습자가 시간을 거치면서 어떻게 언어를 발달시켜 나아가는가를 종단적으로 살펴보는 것과 같은 결과를 산출할 수 있다.

3. 연구자료의 추출방법

(1) 일반적인 언어능숙도 측정

영어(제2언어) 습득에서 학습자들의 언어능숙도proficiency를 측정하기 위해서 일반적으로 많이 사용하는 것은 표준화된 평가, 학년, 그리고 특정 연구목적에 맞추어 설계된 평가 등을 이용할 수 있다. TOEFL, TOEIC과 같은 표준화된 평가를 통하여 특정 수준 이상의 점수를 받은 학습자들을 초급, 중급, 고급으로 범주화할 수 있다. 문제는 제2언어 습득 연구자마다 초급, 중급, 고급의 기준점이 동일하지 않기에 연구 간의 비교가 상당히 어렵다. 또 다른 방식으로는 학습자들이 영어를 공부한 기간을 중심으로 능숙도를 구분한다. 그러나 이 방식은 영어를 공부한 공식적 기간과 능숙도가 비례하지 않는다는 문제점을 가진다.

(2) 학습자언어 자료 유도방법

가장 일반적인 기법은 유도 모방 과제elicited imitation task를 실시하는 것이다. 피험자들에게 문장을 듣게 하고 그것을 정확하게 반복하도록 한다. 문장이 길게 되면 피험자는 그 문장을 단기 기억 안에 온전히 담아둘 수가 없다. 그렇게 되면 피험자는 그 문장을 의미단위로 저장을 하고 자신이 할 수 있는 구문처리를 하여 문장을 말하게 된다. 이를 통하여 연구자는 학습자의 문법 체계에 대한 실마리를 얻을 수 있다. 예를 들어, 영어 대용어anaphoara 사용에 대한 연구에서 Flynn(1987)은 다음과 같은 모방과제를 실시하였다.

자극문장: The doctor called the professor <u>when he</u> prepared the breakfast.

피험자 반응: The doctor called the professor <u>and the doctor</u> prepared the breakfast.

이 모방과제는 학습자들이 영어 대용어에 대하여 어떠한 문법을 구성하고 있는가를 알아보고자 종속절 안에 대명사 주어가 사용된 자극문장을 피험자들에게 모방하도록 하였다. 이러한 과정에서 중요한 것은 필요한 정보를 얻기 위해서는 현재 관심을 갖고 알아보고자 하는 언어구조가 포함된 적정한 수의 충분한 문장들을 사용해야 한다. 또한 사용된 문장들이 길이, 어휘의 난이도, 발음의 난이도의 관점에서 비교 가능한 것들이어야 한다.

제2언어 습득연구에서 가장 많이 사용되는 방법은 학습자의 언어적 직관을 이용하는 문법판단 과제grammatical judgement task이다. 피험자들에게 특정 언어구조의 문장을 제시하고 문법적인 것인지 아닌지를 물어보는 방식이다. 예를 들어, Johnson과 Newport(1991)는 피험자들에게 다음과 같은 문장들을 듣고 문법적 판단을 하도록 하였다.

a. The teacher knew the fact that Janet liked math.
b. *What did the teacher know the fact that Janet liked?
c. What did the teacher know that Janet liked?
d. *What the teacher did know that Janet liked?

이러한 문법판단과제는 언어학과 모국어 습득연구에 널리 사용되어 왔고 제2언어 습득연구에도 채택되어 사용되고 있는 대표적인 방법이다. 원어민 화자들에게 문법판단과제를 실시함으로서 그 언어의 문법적 특질을 추론하는데 유용한 정보를 얻을 수 있다. 한 예로, 특정 문장이 그 언어의 문법에서 생성된 것인가를 알아내기 위하여 이 과제를 실시할 수 있다. 언어 화자들의 자발적인 발화를 관찰함으로써 확인할 수 있는 문제이지만 판단과제를 실시함으로써 산출 자료만을 가지고 얻을 수 있는 것보다 더 많은 것을 알아낼 수 있다. 그러나 이러한 문법판단과제를 제2언어 습득에서 사용하는 것이 적절한가에 대한 비판에 주목할 필요가 있다. 먼저, 강요된 유도로 산출된 언어자료가 제2언어 습득연구에 적절한 자료인가에 대한 문제이다. 예를 들어, Selinker(1972)와 같은 학자는 제2언어 습득 연구자들은 학습자들이 목표어 문장을 말하려고 시도함으로서 산출된 발화인 관찰 자료만을 분석해야 한다는 것을 주장한다. 반면에 Corder(1973)는 학습자언어의 특정 부분에 대한 정보를 얻기 위하여 유도 절차를 사용하는 것은 필요하다고 주장한다. 또 다른 차원의 논점은 제2언어 학습자 언어 지식의 불확실성indeterminancy의 문제이다. 제2언어 학습자의 경우, 현재 목표어를 배워나가는 상태이고 따라서 불완전한 지식 체계를 가진 상태에서 학습하고 있는 언어에 대하여 문법적 판단을 하도록 요구하는 것이 과연 타당한가의 문제이다. 원어민 화자의 경우에도 자신의 모국어에 대하여 어느 정도의 불확실성을 갖고는 있지만 제2언어 학습자가 목표어에 지니는 불확실성은 원어민 화자보다 훨씬 넓은 범주를 포함한다. 일반적으로 문법판단과제를 실시하는 경우, 학습자들이 아직 통제력을 갖지 못한 학습자의 지식수준을 웃도는 문장들에 대하여 판단하도록 요구하는 경우가 많이 있다. 이러한 경우 학습자들의 언어 지식에 대한 정보를 제대로 얻지 못하며 결과적으로 문법판단과제는 목표언어에 대한 학습자들의 추측 이상을 보여주지 않는다. 이러한 점들을 잘 고려하여 실시한다면 문법판단과제는 학습자의 자발적인 산출에서는 나타나지 않는 문장구조에 대한 유용한 정보를 알아내는 방법으로 사용될 수 있다.

이외에, 언어습득 연구자들은 자연스런 상황에서 학습자들이 산출하는 언어자료에 많은 관심을 가진다. 보다 자연스럽고 자발적인 언어자료를 얻기 위하여 연구자들은 피험자에게 이야기를 하도록 하거나, 영화나 책을 보고 말이나 글로 표현하게 하거나, 작문을 하도록 하거나, 다양한 의사소통과제를 통해서 상대방과 대화를 하도록 유도할 수 있다. 예를 들어, 두 명의 참가자가 짝을 지어서 한 사람이 다른 사람에게 자신이 가지고 있는 그림을 설명해 주면 다른 참가자가 그림을 그리도록 하는 정보차 과제information gap task를 실시할 수 있다.

제2언어 학습자들의 화용능력pragmatics을 연구하기 위하여 사용되는 것으로 담화-완성 과제discourse-completion task가 있다. 학습자들이 사과, 칭찬, 거절, 요청과 같은 특정 화행speech acts을 어떻게 습득하는가를 연구하기 위하여 많은 연구에서 사용된 방법이다. 예를 들어, 다음과 같은 미니-대화를 제시하고 학습자들에게 적절한 답변을 적도록 함으로써 학습자의 거절 화행 능력을 알아볼 수 있다.

Worker: As you know, I've been here just a little over a year now, and I know you've been pleased with my work. I really enjoy working here, but to be quite honest, I really need an increase in pay.

You: ____

Worker: Then I guess I'll have to look for another job.

(Beebe 외, 1990, p. 69)

(3) 코퍼스 자료

과학기술의 발달과 함께 코퍼스corpus 자료의 활용은 언어학과 언어습득 연구에 새로운 활력을 주고 있으며 코퍼스 분석은 중요한 연구 분야로 그 지위를 확보하고 있다. 코퍼스는 일반적으로 구어 또는 문어로 구성된 실제 사용하는 언어 모음으로 정의된다. Chafe(2007)는 코퍼스를 자연스러우면서도 관찰 가능한 자료로 정의하였다. 관찰 가능한 언어라는 점에서 코퍼스는 검증이 가능한 자료이며 또한 인공 자료가 아닌 자연스러운 자료라는 점에서 인간 정신의 실제성을 관찰할 수 있는 자료하는 장점을 가진다.

영어 코퍼스의 시작은 1960년대 1백만 단어의 Brown Corpus의 수집에서 시작하여 현재까지 다양한 코퍼스의 개발과 기존 코퍼스의 확장이 지속적으로 이루어지고 있다. 1980년대에는 Birmingham Corpus, Bank of English와 같은 수백만 단어의 코퍼스가 개발되었고 1990년대 후반에는 웹기반 사이버 코퍼스가 등장하여 실시간 자료를 코퍼스로 사용할 수 있게 되었다. 2000년대 이후, Michigan Corpus of Academic Spoken English(MICASE)와 같은 특수목적 코퍼스가 개발되었으며 American National Corpus(ANC)와 같은 메가 코퍼스가 구축과 British National Corpus(BNC)의 확장이 지속적으로 이루어졌다. 그 결과 현재 웹상에서 수백만 단어의 영어 코퍼스에 접속할 수 있다.

원어민 화자들의 자료뿐만 아니라 학습자 코퍼라learner corpora와 교수 코퍼라pedagogic corpora가 구축되어 있으며 몇 몇 자료는 CD나 DVD 형태로 또는 온라인상에서 이용가능하다. 대표적으로 Sylviane Granger 교수가 이끄는 벨기에 루벤대학교에 있는 Center for English Corpus Linguistics (CECL)가 관리하는 웹사이트가 있다(그림 11.1). 하단에 링크된 웹사이트를 보면 다양한 나라에서 구축한 학습자 코퍼스들의 목록이 나열되어 있다. 이곳에 등재된 학습자 코퍼스 중 한국인 학습자언어를 기반으로 구축된 코퍼스로 The Gachon Learner Corpus, The Neungyule Interlanguage Corpus of Korean Learners of English(NICKLE), 연세대학교에서 구축한 연세 영어학습자 코퍼스YELC: Yonsei English Learner Corpus, 서울대학교 학생들의 영작문으로 구축한 학습자 코퍼스SKELC: SNU Korean English Learner Corpus, 권예은의 The EFL Teacher Corpus(ETC)가 등재되어 있다.

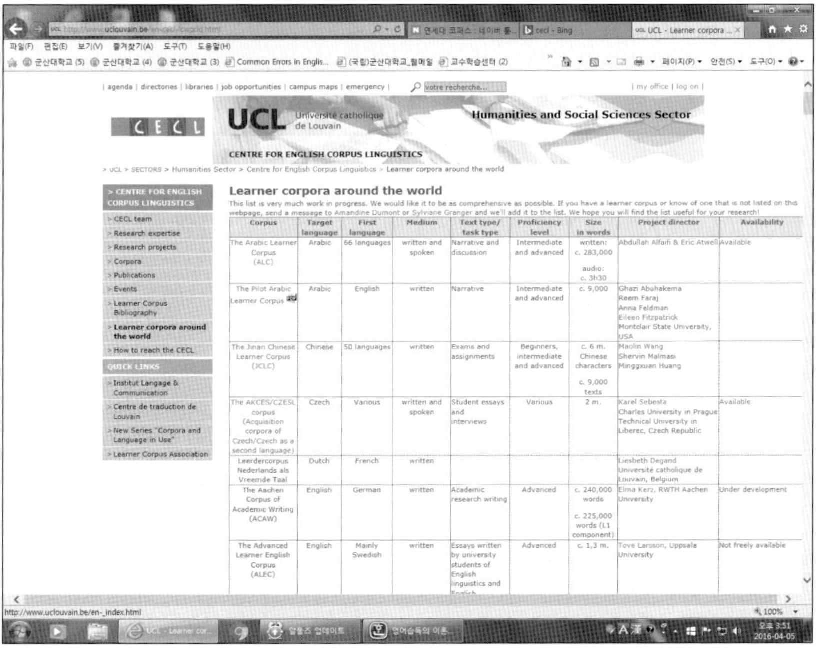

Corpus	Target language	First language	Medium	Text type/ task type	Proficiency level	Size in words	Project director	Availability
The Arabic Learner Corpus (ALC)	Arabic	66 languages	written and spoken	Narrative and discussion	Intermediate and advanced	written: c. 283,000 audio: c. 3h30	Abdullah Alfaifi & Eric Atwell	Available
The Pilot Arabic Learner Corpus	Arabic	English	written	Narrative	Intermediate and advanced	c. 9,000	Ghazi Abuhakema Reem Faraj Anna Feldman Eileen Fitzpatrick Montclair State University, USA	
The Jinan Chinese Learner Corpus (JCLC)	Chinese	50 languages	written	Exams and assignments	Beginners, intermediate and advanced	c. 6 m. Chinese characters c. 9,000 texts	Maolin Wang Shervin Malmasi Minggxuan Huang	
The AKCES/CZESL corpus (Acquisition corpora of Czech/Czech as a second language)	Czech	Various	written and spoken	Student essays and interviews	Various	2 m.	Karel Sebesta Charles University in Prague Technical University in Liberec, Czech Republic	Available
Leerdercorpus Nederlands als Vreemde Taal	Dutch	French	written				Liesbeth Degand Université catholique de Louvain, Belgium	
The Aachen Corpus of Academic Writing (ACAW)	English	German	written	Academic research writing	Advanced	c. 240,000 words c. 225,000 words (L1 component)	Elma Kerz, RWTH Aachen University	Under development
The Advanced Learner English Corpus (ALEC)	English	Mainly Swedish	written	Essays written by university students of English linguistics and	Advanced	c. 1,3 m.	Tove Larsson, Uppsala University	Not freely available

그림 11.1 CECL의 세계 학습자 코퍼스 목록 화면

이러한 코퍼스 자료를 이용하여 기본적으로 단어 빈도의 통계, 연어들(collocations: 서로 함께 나타나는 단어들)에 대한 정보를 얻을 수 있다. 연구자, 교재개발자, 학습자는 용어색인concordancing 프로그램을 이용하여 단어들을 실제 맥락 속에서 살펴보고 분석할 수 있다. 예를 들어, 학습자 코퍼스와 원어민 코퍼스 자료를 비교, 분석함으로써 영어 학습자들의 동사 'discuss'의 사용의 특징에 대하여 실제적으로 접근할 수 있다. 다음 <그림 11.2>는 Tom Cobb가 구축한 학습자 코퍼스인 TC Learner를 자료로 동사 'dicuss'의 사용을 용어색인프로그램으로 찾아낸 결과이다.

그림 11.2 학습자 코퍼스에서 'discuss' 용어색인 결과

<그림 11.3>는 원어민 코퍼스(BNC Speech 사용, 10 million 단어)를 자료로 'discuss'를 검색한 결과이다.

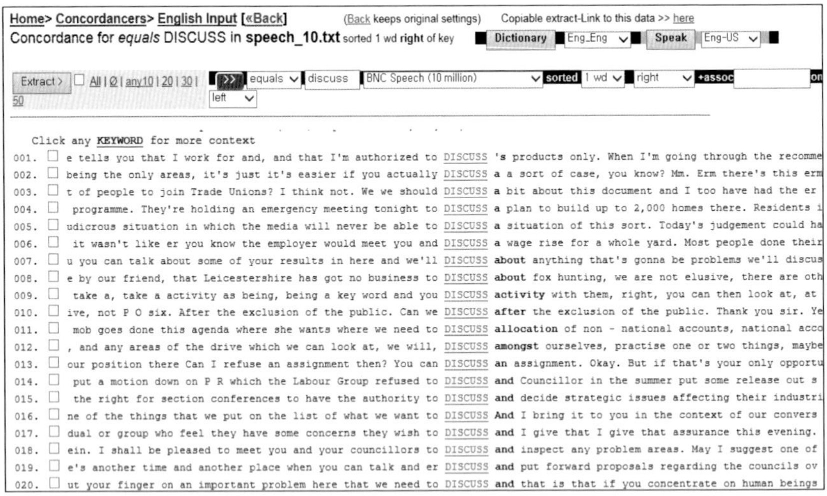

그림 11.3 원어민 코퍼스에서 'discuss' 용어색인 결과

학습자 코퍼스에서는 동사 'discuss' 다음에 'about' 사용된 경우가 3회 정도 나타난 반면에 원어민 코퍼스에서는 'discuss' 다음에 'about'가 사용한 경우가 1회에 지나지 않았다. 자료로 사용한 학습자 코퍼스가 150,000 단어인 반면에 원어민 코퍼스는 10 million 단어인 것을 고려해 볼 때 영어학습자들이 'discuss' 다음에 'about'를 많이 사용한 다는 것을 알 수 있다.

(4) 학습자 리포트 수집하기

언어를 사용하는 동안 학습자가 어떠한 인지적 처리과정을 거치는가에 대하여 조사하고자 할 때 연구자는 학습자의 언어 리포트verbal reports를 수집할 수 있다. 학습자에게 특정 과제를 수행하면서 무슨 생각을 하는지를 소리 내어 말하도록 한다. 이러한 언어 리포트에는 생각 말하기think-aloud, 과제를 수행하는 녹화 자료를 보면서 특정 상황에 대하여 기억을 유도하는 방식인 자극된 기억stimulated recall, 면담interview이 포함된다.

(5) 언어처리 자료 수집하기

학습자들이 언어를 처리할 때 실제로 무엇을 하는가를 알아보기 위한 방법으로 반응 시간reaction time과 눈-추적eye tracking의 방법이 있다. 두 방법은 모두 자극에 대한 반응은 학습자가 언어를 처리하는 방식을 반영해준다는 것을 전제로 한다. 반응 시간 연구는 특정 자극에 대한 반응에는 시간이 걸린다는 것을 전제로 자극에 반응하는 시간의 정도를 조사함으로써 인지처리과정을 추론한다. 일반적으로 이러한 연구에서는 피험자에게 자극을 제시하고 버튼을 누르거나 단어를 반복하는 것과 같은 일정한 방식으로 반응을 하도록 요구한다. 자극 제시부터 반응이 일어나기까지의 시간을 측정한다. 대표적으로 학습자의 어휘지식에 대한 정보를 수집하기 위하여 어휘-결정 과제를 실시할 수 있다. 피험자에게 영어단어와 영어단어가 아닌 단어를 확인하도록 할 수 있다. 영어 단어인 경우 '예' 버튼을 누르도록 하고 아닌 단어의 경우 '아니오' 버튼을 누르게 하여 반응 시간을 측정한다. 단어의 빈도, 길이, 친근성 등과 같은 요인들이 반응 시간에 영향을 미칠 수 있다.

최근에 사용되는 방법으로 눈-추적 방법이 있다. 이를 위해서는 눈동자의 움직임을 추적할 수 있는 특수 기계가 사용된다. 눈-추적 장치는 사람의 눈이 어디를 응시하고 있는가를 정확하게 파악할 수 있다. 따라서 독해(읽기) 연구에 자주 사용되고 있다. 글을 읽어 나갈 때 눈동자가 어떻게 움직이는가는 인간의 언어 행동에 풍부한 정보를 제공해 줄 수 있다. 또한 눈이 특정 자극에 고정되는 기간을 기록할 수 있는 눈-추적 장치는 주의집중 과정에 대한 증거를 제공해 줄 수 있어서 주의집중과 언어 학습에 대한 실증적 증거를 제공하는 연구에 유용하게 사용될 수 있다.

(6) 언어외적인 자료 수집하기

동기와 태도 등과 같은 학습자의 언어 학습에 영향을 미치는 언어외적인 변인들의 경우 설문지를 이용하여 자료를 수집할 수 있다. 조사하고자 하는 변인들에 대한 확실한 이론적 근거를 바탕으로 설문 문항을 직접 제작하여 사용할 수도 있고 이미 많이 시행되어 타당도가 검증된 설문 문항을 사용할 수도 있다. 예를 들어, 영어학습자의 전략사용에 대하여 정보를 얻고자 한다면 가장 널리 사용되는 도구로 Oxford (1990)의 학습전략 목록표SILL: strategy inventory for language learning를 사용할 수 있다. 이 목록표는 이미 여러 언어로 번역되어 여러 나라에 사용되고 있다. 6개의 유형의 50문항으로 이루어진 SILL은 5점 리커트 척도로 구성되어 있으며 설문 응답자가 자신에게 해당하는 척도에 표시를 하는 형식으로 이루어져 있다.

4. 학습자언어 자료 분석하기

제2언어 습득 연구자들은 제2언어 학습자들이 얼마나 목표 언어항목을 정확하게 사용하는가를 측정하는 여러 가지 방식을 제시하였다. Brown(1973)은 언어 학습자가 목표 언어를 얼마나 정확하게 사용하는가를 측정하는 방식으로 '의무맥락에서의 적용SOC: supplied in obligatory context'을 처음 제안하였고 이것이 1970년대 제2언어의 형태소 습득 순서 연구에 주로 사용되었다. 의무맥락이란 목표 언어의 규칙이 반드시 사용되어야 하는 맥락을 의미한다. 예를 들어, 'Yesterday I play baseball for two hours' 같은 문장의 경우 문장 안에 부사 'yesterday'는 과거시제사용을 위한 의무맥락을 만들어 준다. 또한 'want'와 같은 특정한 동사 뒤에는 to 부정사를 목적어로 사용해야 하며 'mind'와 같은 동사에는 '-ing' 동명사형태가 사용되어야 하는 경우이다. 반드시 목표 언어 규칙이 적용되어야 하는 맥락이 의무맥락인 반면에, 특정 언어 규칙을 적용할 필요가 없는 경우를 '비의무맥락non-obligatory context'이라 한다. 예를 들어, 주어가 'they'인 경우 'comes', 'takes'와 같이 동사에 '-s'를 붙여서는 안 된다.

즉, 주어가 3인칭 단수이며 동사가 현재인 경우 동사에 '-s'를 붙이는 규칙의 비의무맥락이라 할 수 있다. Pica(1983)가 제안한 '의무맥락에서의 적용'의 구체적인 공식은 다음과 같다.

$$SOC=\frac{(\text{number of correct suppliances in obligatory contexts} \times 2) + (\text{number of misformations in obligatory contexts} \times 1)}{(\text{number of obligatory contexts} \times 2)}$$

이러한 SOC 계산 방식은 학습자들의 비의무맥락에서 목표 언어 항목을 사용한 경우를 고려하지 못하기 때문에 학습자의 목표 언어 항목의 사용 정확도를 과대 측정하는 단점을 가진다. 이에 학습자의 목표 언어 항목의 비의무맥락에서의 사용을 고려하여 Pica(1983)는 다음과 같은 '목표 언어 유사사용TLU: targe-like use' 공식을 제안하였다.

$$TLU=\frac{\text{number of correct suppliances in obligatory contexts}}{(\text{number of obligatory contexts}) + (\text{number of suppliances in non-obligatory contexts})}$$

다른 한편, 주어진 의무맥락에서 특정 언어 형태를 정확하게 사용하는 것과 비의무사용에서 특정 형태를 사용하지 않는 것을 고려하여 학습자가 목표 언어를 얼마나 정확하게 사용하는가를 측정할 수 있다. 다시 말하면, 목표어 사용의 정확도뿐만 아니라 학습자가 목표 언어 규칙을 자신의 언어 규칙으로 얼마나 내재화하여 사용하는가를 알아 볼 수 있다. 예를 들어, 학습자가 의무맥락뿐만 아니라 비의무맥락에서도 특정 언어 규칙을 적용하여 사용한다면 이 학습자는 그 언어 규칙을 과잉일반화overgrneralization하여 사용하는 증거이다. 반면에 학습자가 주어진 의무맥락에서 특정 언어 규칙을 모두 적용하지 않는 다면, 이 학습자는 그 언어 규칙을 저사용under-use하는 것이며 이는 그 언어 규칙을 아직 학습자의 언어체계에 내재화시키지 못하였다는 증거이다. 이러한 점을 고려하여 Master(1987)는 '의무맥락에서의 사용UOC: used in obligatory context' 공식을 제안하였다.

$$\text{UOC}=\frac{\text{the total number of suppliances in both obligatory and non-obligatory contexts}}{\text{number of obligatory contexts}}$$

이러한 Master의 공식으로 계산하면 학습자가 주어진 의무맥락에서 특정 언어 규칙을 모두 적용하여 사용하면 그 값이 1이 된다. 그러나 주어진 의무맥락뿐만 아니라 비의무맥락에서도 그 언어 규칙을 적용하여 사용한다면, 공식을 적용하여 나온 값은 1을 넘게 된다. 계산하여 측정한 값이 1을 넘게 되는 것은 학습자가 그 언어 규칙을 과일반화하여 사용하고 있다는 증거가 될 수 있다.

목표어 사용의 정확도뿐만 아니라 제2언어 학습자의 언어 발달을 측정하는 방법으로 Wolfe-Quintero, Inagaki와 Kim(1998)은 목표 언어 문자언어 발달의 정확성accuracy, 어휘 및 구조의 복잡성complexity, 유창성fluency을 측정하는 방법(CAF)을 제시하였다. 다음 <표 11.2>는 CAF의 분석 범주를 보여준다.

표 11.2 CAF 분석을 위한 측정도구

범주		측정도구
Lexical complexity	density	lexical words per words
	sophistication	sophisticated verb per verbs
		sophisticated word types per word types
		basic word types per word types
		sophisticated lexical words per lexical words
		individual lexical words per lexical words
	variation	word types per words
		verb types per verbs
		lexical word types per lexical words
Syntactic complexity	sentence complexity	clause per sentence
		complex T-unit ratio
	subordination	dependent clause per clause
		dependent clause per T-unit
		clause per T-unit
		T-unit per sentence
	coordination	coordinate phrase per T-unit
		coordinate phrase per clause
	particular structures	complex nominal per T-unit
		complex nominal per clause
		verb-phrase per T-unit
Accuracy	accuracy frequencies	error free T-units
		error free T-units/T-units
		errors per T-unit
	accuracy frequency ratios	error-free T-unit ratio
		error per clause ratios
Fluency	fluency frequencies	total number of words
		total length of sentences
		total length of T-units
	fluency frequency ratios	average length of sentences
		average length of error-free T-units

어휘 복잡도는 어휘 밀집도lexical density, 어휘 정교화lexical sophistication, 어휘 다양성lexical variation으로 측정할 수 있다. 어휘 밀집도는 텍스트의 전체 단어 수에서 문법적 단어가 아닌 어휘 단어의 수의 비율을 나타내는 것이며 어휘 정교화는 어휘의 희소성lexical rareness를 의미하는 것이다. 즉, 어휘 빈도수를 기준으로 드물게 나타나는 어휘의 사용 정도를 측정하는 방식이다. 어휘의 다양성은 학습자의 어휘 사용 범위를 나타내는 것으로 학습자가 어휘를 얼마나 다양한 범주range로 사용하는가의 정도를 가리킨다.

구문 복잡도는 문장복잡도sentence complexity, 종속화subordination, 등위화coordination, 또는 복합명사구와 같은 특정 구조의 사용 정도로 측정할 수 있다. 정확도 발달의 대표적인 측정으로는 오류가 없는 T-unit의 수error-free T-units, T-unit에서 오류없는 T-unit의 비율error-free T-units/T-unit, T-unit에서 오류의 수errors per T-unit를 측정한다. T-unit은 최소로 나누어질 수 있는 문법적으로 허용되는 가장 작은 문장 단위로 하나의 주절main clause과 그에 종속되는 절들subordinate clauses로 이루어진다.

유창성은 제2언어 학습자가 목표어를 얼마나 편안하게 산출하는가를 측정한다. 의미에 일차적으로 초점을 두고 실제 시간 안에서 언어를 처리하는 것과 관련된다. 가장 기본적인 측정 도구는 특정 단어, 절, 문장, T-unit 등의 빈도를 측정하는 방식과 비율 측정 방식으로 평균 절, 문장, T-unit 등의 길이를 측정하는 방식을 사용할 수 있다. 학습자의 유창성 발달의 측정은 총 단어수total number of words, 평균 문장 길이mean length of sentences, 평균 T-unit 길이mean length of T-units, 평균 절 길이average length of clauses를 측정하여 사용할 수 있다.

제12장

영어 습득과 미래방향

1. 통합된 다양한 접근의 필요성

지금까지 영어(제2언어) 습득과 관련된 다양한 접근과 연구들을 살펴보았다. 각각의 이론과 연구는 영어(제2언어) 습득 과정의 탐구적 중심 주제에 집중하면서 영어(제2언어) 습득에 대한 이해를 높이고 이 분야의 발전에 기여하고 있다는 것을 알 수 있다. 영어 습득에 대한 전반적인 이해에 접근하기에 앞서 1장에서는 제2언어 습득이론은 무엇을 담아내야 하는가와 제2언어 학습자들의 학습의 대상인 '언어'는 어떤 체계를 가지고 있는가를 먼저 살펴보았다. 다음으로 우리는 2장에서 일반적인 아동의 모국어 습득과 제2언어 습득의 발달 과정과 특성에 대하여 보았다. 특히, 연령과 관련하여 언어습득과 결정적 시기가설을 중심으로 사례연구와 실증연구들을 살펴보았다. 3장에서는 영어학습자의 언어발달을 형태소, 구문, 화용, 어휘를 중심으로 살펴보았다. 4장에서는 이 분야의 가장 오래된 전통인 행동주의 학습이론을 중심으로 아동 언어의 실제 자료를 분석하고 대조분석가설의 주장과 문제점을 알아보았다. 5장에서는 언어 보편성을 중심으로 언어학적 접근에서의 제2언어 습득을 살펴보았다. Chomsky가 언어습득의 논리적 문제를 제기하며 주장한 인간의 선천적 언어능력인 보편문법 개념과 모국어 습득, 보편문법과 제2언어 습득에 대한 여러 가지 가설을 살펴보았다. 또한 유형적 보편성과 제2언어 습득 연구와 Krashen의 모니터모델에 대하여 살펴보았다.

6장에서는 언어습득의 인지적 처리과정을 중심으로 처리적 접근과 발생주의적 접근에 속하는 이론과 모델에 대하여 정보처리모델과 연결주의이론을 중심으로 살펴보았다. 7장에서는 입력가설과 상호작용가설을 중심으로 상호작용과 제2언어 습득과의 관계를 다룬 다양한 연구들을 살펴보면서 영어교육에의 시사점을 찾아보았다. 8장에서는 Vygotsky의 이론과 행위이론을 중심으로 사회문화적 틀 안에서의 제2언어 습득현상을 살펴보았다. 근접발달영역, 비계, 미세발달이 제2언어 습득에 어떻게 적용되는가를 연구를 통해서 살펴보았다. 9장에서는 학습자의 개인적인 특성인 지능, 적성, 동기, 태도, 의사소통의지, 불안, 정체성과 제2언어 습득의 관계를 알아보았다. 10장에서는 교실 영어 습득과 관련하여 학습자의 언어 지식체계, 교수가능성가설, 명시적 지도와 암시적 지도를 포함하여 의사소통중심의 형태 초점 지도법을 살펴보았다. 11장에서는 이 분야의 연구방법과 분석방법에 대하여 소개하였다. 보편문법이론을 토대로 한 언어습득 연구 전통에서 나온 문법성판단과제에서부터 코퍼스 언어자료를 활용한 학습자 언어 분석에서 눈 움직임 추적장치와 같은 첨단 과학기기의 사용에 이르기까지 각 연구전통에 따른 전문적인 연구 절차를 확인할 수 있었다.

이러한 여정을 통하여 제2언어 습득을 이해하고 설명하기 위한 다양한 시도와 노력이 이루어져 왔다는 것을 확인할 수 있었다. 그리고 이러한 다양한 연구 전통은 분명 제2언어 습득의 중요한 어떤 현상을 포착하여 설명해 주고 있다. 그러나 제2언어 습득에 대한 각 접근방식과 이론이 제2언어 습득의 전체적인 그림을 설명하기에는 부족할 수 있다. 본 책에서 다루어진 다양한 접근(조각)들이 통합적으로 모였을 때 우리는 제2언어 습득이라는 큰 그림을 이해하고 조망할 수 있다. 또한 제2언어 습득에 대한 새롭고 다양한 접근방식이 이 분야에 진입하여 기존의 연구 전통과 함께 나란히 자리함으로써 제2언어 습득 분야를 풍성하게 만들어 줄 때 이 분야의 학문적 발전은 더욱 이루어질 수 있다.

2. 영어 습득 연구의 미래 방향

(1) 코퍼스와 영어 습득

미래의 제2언어 습득 연구 방향과 관련하여 두 분야에 대하여 언급하고자 한다. 첫째는 코퍼스 기반 영어(제2언어) 습득 연구가 더욱 활발하게 이루어지기를 기대한다. 현재 코퍼스의 개발과 활용은 언어학과 언어 습득·교육 분야에 유용한 정보를 제공하고 있다. 코퍼스corpus란 컴퓨터 상에 저장된 구어 또는 문어 텍스트의 모음을 의미하는 것으로 오늘날 코퍼스는 이론적 언어 연구, 사전편찬, 방언 연구, 대조분석, 언어습득 분야 등에서 널리 활용되고 있다. 제2언어 습득의 경우, 제2언어 학습자 언어 코퍼스 구축과 함께 적절한 분석 툴을 사용하여 학습자의 문법 발달과 언어 사용에 대하여 보다 체계적인 연구가 가능할 수 있다. 코퍼스

소프트웨어로 용어색인 프로그램concordancer을 활용하면 언어 자료의 축척 및 재분류와 편집을 통하여 다양한 말뭉치 유형과 패턴의 관찰이 가능하며 제2언어 학습자의 언어 사용에서 어휘와 문법의 특징, 연어collocations, 조립된 덩어리 표현의 역할 등에 대하여 보다 집중적으로 연구할 수 있다. 예를 들어, Kwon과 Lee(2014)는 학습자언어 코퍼스와 원어민 코퍼스를 비교하여 한국인 영어교사가 교실영어에서 사용하는 어휘 다발의 사용을 기능적 그리고 구문적 관점에서 비교 분석하였다. 연구를 통해서 이들은 한국인 영어교사는 원어민과 비교하여 제한적인 기능범주를 사용하며 특정 어휘 다발을 과도하게 사용한다는 것을 보여주었으며 교사교육에 어휘 다발 교수의 필요성을 제안하였다. 또한 영어학습자 코퍼스와 원어민 코퍼스를 사용하여 학습자가 산출한 구어와 문어 텍스트를 분석할 수 도 있다. 예를 들어, DeCock(2011)은 학습자와 원어민 코퍼스에서 나타난 긍정적인 평가 형용사와 부정적인 평가 형용사의 사용을 분석하였고, 이춘희(2015)는 한국 학생들의 영어 여격동사구문 활용 특성을 원어민 코퍼스와 비교 분석하기도 하였다.

학습자언어 코퍼스를 사용하여 연구를 수행할 때 다음의 단계를 밟아서 수행할 수 있다. 먼저 학습자 코퍼스의 선택과 편집이다. 적절한 코퍼스가 이미 구축되어 있는지? 어느 정도 크기의 코퍼스가 필요한지? 언어 배경에 따른 학습자 코퍼스가 필요한지에 대한 것이다. 현재 온라인에서 무료로 이용 가능한 학습자 코퍼스로 SPLLOC(www.splloc. soton.ac.uk/splloc2/index.html), the Internaional Corpus of Crosslinguistic Interlanguage(http://cblle.tufs.ac.ip/llc/icci/search.php?menulang=en) 등이 있다. 이외에 유료로 제공되는 더 많은 코퍼스가 이용가능하다. 다음으로 자료 주석 달기이다. 품사나 다른 언어적 자질에 대하여 태킹이 필요한지? 필요하다면 문법 또는 오류 태거로 학습자언어의 불규칙성을 처리할 수 있는가에 대하여 고려해야 한다. 세 번째로는 자료의 추출이다. 용어색인 프로그램을 사용하여 어떤 유형의 자료를 추출할 것인가? 예를 들어, 특정 언어적 환경에서 나타나는 연어, 빈도수, 오류 유형 등에 대하여 추출할 수 있다. 마지막으로 분석과 해석하기이다. 분석의 초점은 무엇이며 분석의 결과는 학습자의 언어 사용과 관련 이론에 대하여 무엇을 시사해 주는가에 대하여 고려해야 한다.

우리나라의 대표적인 학술지인 '영어교육'에 발표된 코퍼스 기반 연구를 주제별로 분류한 결과에 따르면 우리나라에서 2015년까지 가장 연구주제로 많이 다루어진 분야는 어휘 연구였다(이은주, 2015). 어휘에 관한 연구는 코퍼스에 나타난 어휘의 특징, 개별 어휘의 분석, 그리고 연어 분석으로 분류가 되었다. 어휘 연구 다음으로 문법 항목 분석과 담화 분석이 그 뒤를 이었다. 코퍼스를 사용하여 학습자의 전치사 사용, 문법 항목 분석, 구문 분석, 메타 담화 분석이 이루어졌다. 그 외에 우리나라에서 코퍼스를 활용하여 외국과 비교해서 활발하게 시도되고 있는 분야는 실제 교육에 코퍼스를 적용하여 관찰한 연구이다. 교사나 학습자에게 온라인 코퍼스 활용 훈련을 실시하고 그 효과를 고찰한 연구들이 상대적으로 많이 발표되었다. 코퍼스를 기반으로 하는 영어 습득과 교육 연구는 2002년에 처음 발표된 후에 현재까지 활발하게 진행되고 있으며 앞으로 제2언어 습득과 관련하여 더욱 다양한 연구가 이루어질 것으로 기대된다.

(2) 뇌과학과의 만남

다음으로는 뇌과학과 영어(제2언어) 습득 연구이다. 제2언어를 습득할 때 인간은 어떤 메커니즘을 통해서 언어를 처리하는가에 대하여 지금까지 많은 연구자들이 여러 방식의 조사와 경험을 토대로 이론화를 시도하여 왔다. 그러나 최근에는 뇌과학의 발달과 함께 보다 객관적인 방법으로 우리 인간의 인지처리과정에 대한 연구가 이루어지고 있다. 과거에는 실어증환자를 대상으로 언어와 뇌에 대한 연구가 진행되었으나 최근에는 뇌기능 계측 장치인 PET, fMRI, 광토포그래피와 같은 뇌기능 이미지화법을 사용하여 인체를 손상시키지 않고 뇌기능을 계측하는 방법이 개발되어 정상인을 대상으로 제1언어뿐만 아니라 제2언어 습득의 경우에 대해서도 실험을 진행하여 흥미로운 연구결과를 보고하고 있다(이혜문, 2013).

PET는 뇌혈류량 중의 포도당과 산소를 측정하여 에너지 대사를 직접 측정함으로써 국소 뇌혈류량을 측정하는 장치이다. 이러한 PET 장치를 이용하여 Stromswold 외(1996)는 글의 이해에 브로카 영역의 일부가 밀접하게 관여한다는 것을 시각적으로 관측하였다. 보다 최근에 개발된 fMRI는 혈액 중에 포함되어 있는 환원헤모글로빈 양을 측정하여 뇌의 활동에 수반되는 혈류량의 변화를 파악하는 계측기이다. 약물 등을 체내에 주입하지 않는 비침습적인 방법으로 공간해상도가 높은 이점이 있어서 현재에도 널리 사용되고 있다(이혜문, 2013). 예를 들어, Michael 외(2001)는 fMRI를 이용하여 모국어의 경우 동일한 텍스트를 듣기를 할 때와 읽기를 할 때 두뇌 활성화 영역에 차이가 있다는 점을 알아냈다. 이들은 듣기는 읽기에 비해 우뇌를 더 잘 사용하며 듣기 시에는 읽기 시보다 브로카 영역이 활성화된다는 것을 보고하였다.

또 다른 뇌기능 계측방법으로 빛을 사용하여 뇌혈류의 산소화 상태를 단층영상으로 측정하는 방법이 광토포그래피법이다. 신경 활동이 활발해지면 대뇌피질이 활동하여 그 신경 근처의 혈행동태가 변화하고 그 활동에 필요한 산소를 공급하기 위해 산소를 운반하는 산화헤모글로빈의 농도가 진해진다. 혈액 중의 헤모글로빈 양이 많을수록, 즉 혈류량이 많을수록 흡수되는 빛의 양은 증가하기 때문에 대뇌피질의 혈류량이 관측되어 대뇌의 활성 상태가 관측된다. 광토포그래피는 대뇌피질의 혈류에 포함되어 있는 산화헤모글로빈 및 환원헤모글로빈의 농도 변화와 그 총합인 총 헤모글로빈을 측정한다. 측정과 연산 처리에 걸리는 시간이 0.1초 정도이기 때문에 언어 과제를 제시한 동안의 뇌활성 상태를 실시간으로 측정할 수 있으며, 헤모글로빈의 농도 변화가 2차원 동영상으로 표시되기 때문에 뇌부위의 혈류 상태를 영상화할 수 있어 어떤 부위에 어떤 경로로 혈류가 나타나는지를 시각적으로 확인할 수 있다는 것이 이 장치의 큰 장점이라고 한다.

이러한 광토포그래피를 이용하여 Oishi는 흥미로운 연구결과를 보고하고 있다. 2002년 연구에서 Oishi는 일본어 모국어화자에게 일본어 과제와 영어 과제를 제시하고 혈류량을 비교하여 일본어화자에게 일본어 과제를 제시하였을 때는 영어 과제를 제시할 때 보다 듣기나 읽기에서 모두 혈류량의 증가가 적다는 것을 발견하였다. 또한 Oishi와 동료는 후속연구에서 영어 초급학습자와 고급학습자의 뇌혈류량을 측정하였다. 초급 학습자와 비교하여 고급 학습자는 언어 처리와 관계된 부위에 혈류가 선택적으로 집중된다는 결과를 보고하였다. 더 나아가 Oishi는 일본어화자들의 영어 능숙도에 따른 뇌활성 상태를 조사하여 학습자의 능숙도와 뇌활성 상태를 다음과 같이 제시하였다.

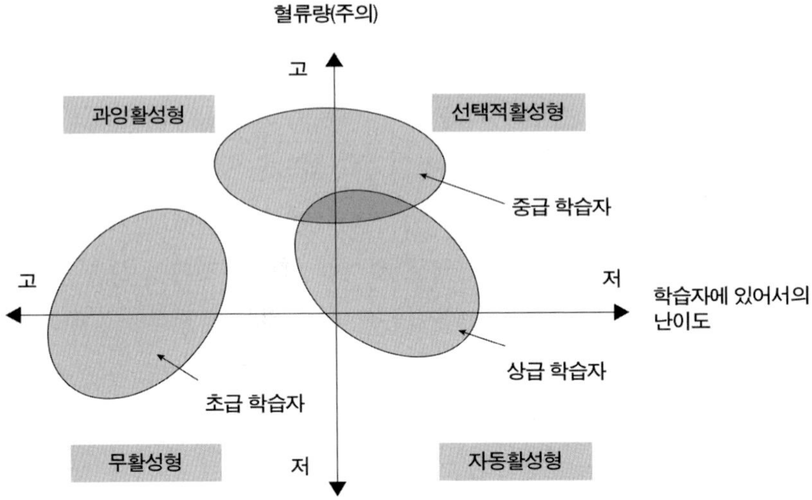

그림 12.1 영어학습자의 능숙도와 뇌활성 상태 (이혜문, 2013, p. 240)

가로축은 학습자의 수준, 세로축은 혈류량을 나타낸다. 따라서 학습자의 능숙도와 뇌활성 상태는 초급학습자에서 상급 학습자로 올라감에 따라 무활성형, 과잉 활성형, 선택적 활성형, 자동 활성형으로 옮겨진다는 것을 추론할 수 있다. Oishi는 이러한 결과를 바탕으로 영어 능력이 높아짐에 따라 이에 비례하여 혈류 증가량이 고취하지만 일정 수준을 넘어서는 상급 학습자는 모국어 화자처럼 자동적 처리 상태가 되거나 혈류 증가가 낮게 되면서 모국어 화자에 가깝게 된다는 것을 제안하고 있다. 이러한 Oishi의 연구는 뇌과학을 이용한 제2언어 습득 연구의 미래 방향을 잘 보여주고 있다.

최근 언어와 뇌의 연구가 그 어느 때 보다도 빠른 속도로 진행되고 있다. 이러한 뇌과학 분야의 발달은 제2언어 습득 연구의 새로운 활력소가 될 수 있으리라 생각된다. 뇌, 언어의 모듈성, 언어의 좌뇌 우위성,

학습 환경과 언어수준에 따른 뇌활성 상태, 워킹메모리와 영어 학습 등을 포함하는 문제들에 대한 뇌과학적 해결이 기대된다.

3. 영어(제2언어) 습득과 영어교육

제2언어 습득 분야는 앞서도 여러 번 언급하였듯이 제2언어가 어떻게 습득(학습)이 되는가를 다양한 시각에서 연구하는 학문 분야이다. 따라서 제2언어 습득 분야는 일차적으로 인간의 가장 중요한 특성인 언어 학습 과정이라는 인간 정신의 가장 본질적인 부분을 탐구하고 설명하는 인문 분야라고 하겠다. Chomsky(1968, p. 100)가 언급하였듯이, 인간의 언어를 연구할 때, 우리는 인간의 가장 본질적이며 특징적인 인간 정신에 접근하는 것이기 때문이다.

다른 한편 제2언어 습득은 이 분야 탄생의 뿌리가 된 언어교육과 밀접한 관계를 가진다. 제2언어 습득의 객관적 과학적 연구결과는 영어교사의 교실 수업에 실질적 도움을 주어야 한다. 실제로 Krashen의 모니터 모델은 'Natural Approach'이라는 언어교수법의 탄생을 가져왔다. 외국어 교육을 효과적으로 하기 위해서는 효과적인 교수방법을 개발해야 할 것이며 이러한 개발을 위해서는 제2언어 습득 과정에 대한 정통한 이해가 바탕이 되어야 하기 때문이다. 제2언어 습득 연구자료가 주로 영어를 대상으로 하고 있지만 비단 영어를 가르치고 배우는 분야만이 아니라 모든 외국어를 가르치고 배우는 전공분야에서 유용한 통찰력을 얻을 수 있다. 특히, 최근 한류의 영향으로 외국인들을 대상으로 하는 한국어교육이 활발하게 이루어지고 있는데 한국어 교육과정과 교재개발에도 제2

언어 습득 연구 분야는 많은 시사점을 제공해 줄 수 있다.

나아가 제2언어 습득은 국내의 외국어 교육 정책이나 계획에 활용될 수 있다. 외국어 정책과 계획과 관련된 많은 결정사항들은 상당부분 제2언어가 어떻게 학습되는가에 대한 이해에 바탕을 두어야 하는 것들이다. 또한 다문화 가정을 위한 한국어교육 정책이나 계획에도 제2언어 습득 연구는 통찰력을 제공해 줄 수 있다. 영어(제2언어) 습득·학습에 대한 정통한 지식과 정보, 제2언어 학습에 영향을 미치는 여러 가지 환경적 요인과 학습자 정서적 요인들, 영어(제2언어) 습득·학습을 촉진하는 교수의 유형 등에 대한 지식과 정보는 우리나라 언어교육 정책과 계획에 중요한 자원이 될 수 있다.

최근의 영어(제2언어) 습득 연구는 다양한 개념과 설명을 제공하고 있어서 교사들이 자신들의 교실 경험을 해석하고 보다 잘 이해할 수 있도록 도움을 줄 수 있다. 또한 보다 넓고 다양한 범주의 교실 기법을 선택할 수 있도록 선택의 폭을 넓혀 주고 있다. 예를 들어, 영어(제2언어) 습득 연구는 학습자들이 비교적 일정한 학습의 진로를 따르며 이 진로의 과정에서 구조조정restructuring과 퇴보backsliding의 단계가 나타난다는 중간언어발달에 대한 기술적 설명을 제공하고 있다. 이러한 설명은 교사가 학습자의 오류를 이해하고 교사의 수업 내용과 학습자의 학습 내용의 관계가 직접적이기 않다는 것을 받아들일 수 있게 해 줄 것이다. 또한 최근 제2언어 습득 문헌에서 소개되는 대체표현제시recast, 부정적 입력증거negative evidence, 비계scaffolding의 역할에 대한 이해를 통하여 교사는 자신의 수업에 대하여 더욱 성찰하고 교실 수업에서 자신의 역할에 대하여 의미 있는 통찰력을 얻을 수 있다. 교실수업을 통한 영어 습득 분야는 영어 교사들에게 더욱 특별한 도움과 함께 연구 동반자로서의 참여의 기회를 제공하고 있다. 또한 뇌과학을 통한 제2언어 습득 연구는 영어

교육에 새로운 비전을 제시하며 이를 바탕으로 한 효과적인 영어 학습법에 대한 제안이 나오고 있다(박순, 2010). 언어 습득과 최적의 뇌활성 상태에 대한 연구는 학습전략, 과제 난이도, 과제 제시방법에 대한 새로운 통찰력을 교사에게 제공할 것이다. 무엇보다도 영어(제2언어) 습득이 영어교육에 기여하기 위해서는 교실 교육자들의 '실제적인 이론'과 제2언어 습득 연구로부터 나오는 보다 추상적인 이론 간의 끊임없는 대화가 필요해 보인다. 최근 우리나라의 경우 영어교육의 현장 교사와 함께 수행하는 연구들이 학술지와 학술발표회에서 꾸준히 발표되고 있는 상황이다. 앞으로 더욱 활발히 영어(제2언어) 습득 연구결과와 해석이 연구실에 머물지 말고 영어교육 분야의 교사를 포함하여 보다 다양한 분야의 청중들에게 소개되고 알려져서 영어(제2언어) 습득 연구와 언어교육 분야가 서로에게 발전적 동력이 되기를 바란다.

■ 참고문헌

강혜순. (1987). 「영어학습자 오류와 제2언어습득 과정의 이해」. 고려대학교 석사학위논문.

김영숙, 이지연. (2008). 「한국 대학생의 영어학습동기, 의사소통의지와 영어전용공간 활용에 대한 연구」. 『영어어문교육』, 14(4), 223-245.

김태영. (2013). 『영어학습동기연구의 최근 경향』. 서울: 한국문화사.

김태영. (2015). 「영어 학습의 사회문화적 의미와 영어교육에의 함의: 네 가지 사회학적 접근법」. 『영어영문학연구』, 41(3), 105-134.

김현진. (2005). 「언어 불안감, 자각능력, 의사소통의지 및 동기와 제2언어 의사소통 빈도의 관계: 한국 EFL 상황을 중심으로」. 『외국어교육』, 12(1), 161-184.

노경희. (2002). 『초등영어습득론』. 서울: 한국문화사.

민찬규. (2002). 「형태 초점 의사 소통 접근 방법: 교수법적 특징과 영어교육에의 적용 방안」. 『외국어교육』, 9(1), 69-87.

박경자, 이희경. (2001). 『영어습득론-FLA를 중심으로-』. 서울: 우용출판사.

박경자, 장미경, 오은진.(역). (2001). 『제2언어 습득』. 서울: 박이정.

박 순. (2010). 『뇌과학으로 알아보는 혁신적 영어 학습법. 서울: 국제영어대학원대학교 출판부.

박정숙 (1996). 「영어학습에 있어서 언어불안의 역할에 대한 실증연구」. 『영어교육』, 51, 91-115.

박혜경. (2011). 「팝송을 활용한 명시적·암시적 발음지도가 고등학생의 발음능력과 듣기능력 향상에 미치는 영향」. 한국외국어대학교 교육대학원, 석사학위 논문.

박혜숙. (1996). 『영어학습과 보편문법 -한국어화자에 대한 실험연구-』. 고려대학교 박사학위논문.

박혜숙. (1998). 「문법지도가 제2언어 습득에 미치는 영향」. 『영어교육』, 53(1), 158-178.

박혜숙. (2000). 「효과적인 문법교육 접근 방안-인지과정과 의사소통능력을 토대로」. 『영어영문학연구』, 26(1), 411-434.

박혜숙. (2008).『영어 습득과 영문법 교육』. 양현권, 정영국 (편),「교육 영문법의 이해」, (pp. 113-136), 서울: 한국문화사.

박혜숙, 이호정. (2013b).「제2언어 동기적 자아와 의사소통의지가 영어학습에 미치는 영향: 구조 방정식 모형을 바탕으로」.『Studies in English Education』, 18(2), 259-284.

배태일. (2011).「제2언어 의사소통 의사 구조 모형 연구」.『영어교육』, 66(4), 307-327.

신규철. (2002).『영어습득론 입문』. 서울: 한국문화사.

신선화, 이상기. (2016).「통사 점화와 입력 분표 유형이 문법 학습에 미치는 영향」.『영어교육』, 70(2), 133-154.

신현정, 김비아. (역). (2012).『마이어스의 심리학개론』. 서울: 시그마프레스.

양현권, 정영국. (편). (2008).『교육 영문법의 이해』. 서울: 한국문화사.

위혜정, 조정순. (2010).「학습동기, 학습 전략, 학업 성취도의 관계: 한국 고등학교 영어학습자의 경우」.『한국영어학회』, 10(4), 807-838.

이은주. (2015).「영어교육에 게재된 코퍼스 기반 연구 분석: 학습자 코퍼스와 응용코퍼스 언어학 연구를 중심으로」.『영어교육』, 70(5), 193-214.

이재희, 유범, 양은미, 한혜령, 백경숙, 안경화, 나경희. (2011).『영어교육을 위한 화용론』. 서울: 한국문화사.

이춘희. (2015).「원어민 코퍼스와의 비교를 통한 한국 대학생의 여격동사 구문 활용 특성 분석」.『영어영문학연구』, 41(4), 167-184.

이혜문. (역). (2013).『뇌과학과 제2언어습득론』. 서울: 성균관대학교출판부.

이효웅. (2004).「대학생의 영어듣기 책략과 불안리 성취도에 미치는 영향」.『영어교육연구』, 13(1), 179-203.

이효웅, 오준일. (2000).『영어 학습 태도와 능력간의 상관관계』.『영어교육』, 55(4), 389-410.

이희경, 신수정, 황명환, 김민주, 이현아, 송현주. (2015).「한국형 성인 영어 우수 학습자 특성에 관한 연구」.『현대영어교육』, 16(3), 185-211.

정양수. (2013).『현대 영어·교수 학습론』. 서울: 신아사.

제선미, 손태호, 조윤경. (2014).「영작문 피드백으로서의 모델글과 주목유도활동」.『외국어교육』, 21(3), 129-154.

조윤경, 박신향. (2012).「출력활동이 목표문법항목에의 주목 및 학습에 미치는 영향」.『영어학』, 12(4), 825-852.

조흥식, 정선욱, 김진숙, 권지성. (공역). (2015). 『질적연구방법론: 다섯가지접근』. 서울: 학지사.

한국심리학회. (2014). 심리학용어사전. 월드와이드웹. (2015년 9월 15일 검색) 954-967.

Abraham, R. (1985). Field independence-dependence and the teaching of grammar. *TESOL Quarterly*, 19, 689-702.

Adjemian, C. (1976). On the nature of interlanguage system. *Language Learning*, 26(2), 297-320.

Alenan, R. (1995). Input enhancement and rule presentation in second language acquisition. In R. Schmidt (Ed.), *Attention and awareness in foreign language learning* (pp. 259-299). Honolulu: University of Hawaii Press.

Aljaafreh, A., & Landolf, J. P. (1994). Negative feedback as regulation and second language learning in the zone of proximal development. *The Modern Language Journal*, 78, 465-485.

Allen, P., Swain, M. Harley, B., & Cummins, J. (1990). Aspects of classroom treatment: Toward a more comprehensive view of second language education. In Harley et al. (Eds.), *The development of second language proficiency. Cambridge*: Cambridge University Press.

Alpert, R., & Haber, R. (1960). Anxiety in academic achievement situations. *Journal of Abnormal and social Psychology*, 61, 207-215.

Alptekin, R., & Atakan, S. (1990). Field dependence-independence and hemisphericity as variables in L2 achievement. *Second Language Research*, 6, 135-149.

Andersen, R. (1979). *The acquisition and use of Spanish and English as first and second languages*. Washington D. C.: TESOL.

Andersen, R. (1990). Models, processes, principles, and strategies: second language acquisition inside and outside of the classroom. In B. Van Patten & J. Lee, J, (Eds.), *Second language acquisition-foreign language learning* (pp. 45-68). Clevedon: multilingual Matters.

Anderson, J. (1983). *The architecture of cognition*. Cambridge, MA: Harvard University.

Aoyama, K., Guion, S. G., Flege, J. E., Yamada, T., & Akahane-Yamada, R.

(2008). The first years in an L2-speaking environment: A comparison of Japanese children and adults learning American English. *International Review of Applied Linguistics*, 46, 61-90.

Armstrong, T. (1993). *Seven kinds of smart: Discovering and using your natural intelligences*. New York: Plume/Penguin.

Bailey, N., Madden, C., & Krashen, S. (1974). Is there a natural sequence in adult second language learning? *Language Learning*, 24(2), 235-243.

Bardovi-Harlig, K. (2000). *Tense and aspect in second language acquisition: Form, meaning, and use*. Oxford: Blackwell.

Bardovi-Harlig, K., & Dörnyei, Z. (1998). Do language learners recognize pragmatic violations? Pragmatic versus grammatical awareness in instructed L2 learning. *TESOL Quarterly*, 32, 233-262.

Beebe, L., Takahashi, T., & Uliss-Weltz, R. (1990). Pragmatic transfer in ESL refusals. In R. C. Scarcella, E. S. Andersen, & S. D. Krashen (Eds.), *Developing communicative competence in a second language* (pp. 55-73). New York: Newbury House.

Bialystok, E. (1988). Psycholinguistic dimensions of second language proficiency. In W. Rugherford & M. Sharwood-Smith (Eds.), *Grammar and second language teaching* (pp. 31-50). Rowley, MA: Newbury House.

Bialystok, E., & Hakuta, K. (1999). Confounded age: Linguistic and cognitive factors in age differences for second langauge acquisition. In D. Birdsong (Ed.), *Second language acquisition and the critical period hypothesis* (pp. 161-182). Mahwah, NJ: Erlbaum.

Bley-Vroman, R. W. (1989). What is the logical problem of foreign language learning? In S. M. Gass & J. Schachter (Eds.), *Linguistic perspectives on second language acquisition* (pp. 41-68). Cambridge: Cambridge University Press.

Bongaerts, T., van Summeren, C., Planken, B., & Schills, E. (1999). Age and ultimate attainment in the pronunciation of a foreign language. *Studies in Second Language Acquisition*, 19, 447-465

Brown, H. D. (1991). *Breaking the language barrier*. Yarmouth, ME: Intercultural Press.

Brown, H. D. (2000). *Principles of language learning and teaching* (4th Ed.). Englewood Cliffs, NJ: Prentice Hall Regents.

Brown, R. (1973). *A first language: The early stages*. Cambridge: Cambridge University Press.

Brown, R., Waring, R., & Donkaewbua, S. (2008). Incidental vocabulary acquisition from reading, reading-while-listening, and listening. *Reading in a Foreign Language,* 20(2), 136-163.

Bruner, J. (1985). Vygotsky: a historical and conceptual perspective. In Wertsch, J. (Ed.), *Culture, communication and cognition: Vygotskian perspectives* (pp. 21-34). Cambridge: Cambridge University Press.

Bygate, M. (1988). Units of oral expression and language learning in small group interaction. *Applied Linguistics*, 9, 59-82.

Canale, M., & Swain, M. (1980). Theoretical bases of communicative approaches to second language teaching and testing. *Applied Linguistics*, 1, 1-47.

Carroll, J., & Sapon, S. (1959). *The modern language aptitude test*. San Antonio, TX: Psychological Corporation.

Cazden, C., Cancino, E., Rosansky, E., & Schumann, J. (1975). *Second language acquisition in children, adolescents and adults. Final Report.* Washington D. C.: National Institute of Education.

Chafe, W. (2007). The importance of corpus linguistics to understanding the nature of language. In W. Tuebert & R. Krishanmurthy (Eds.), *Corpus linguistics: critical concepts in linguistics* (pp. 41-57). New York: Routledge.

Chang, F., Dell, G. S., Bock, K., & Grinffin, Z. M. (2000). Structural priming as implicit learning: A comparison of model of sentence production. *Journal of Psycholinguistic Research*, 29, 217-229.

Chapelle, C., & Green, P. (1992). field independence/dependence in second language acquisition research. *Language Learning*, 42, 47-83.

Chesterfield, C., & Chesterfield, K. (1985). Natural order in children's use of second language learning strategies. *Applied Linguistics*, 6, 45-59.

Chihara, T., & Oller, J. (1978). Attitudes and proficiency in EFL: A sociolinguistic study of adult Japanese speakers. *Language Learning*, 28,

55-68.

Cho, Young Ah & Ma, Jee Hyun. (2013). The effects of word exposure frequency and elaboration of word processing on incidental L2 vocabulary acquisition through reading. *Studies in English Language & Literature*. 38(1), 339-367.

Cho, Young Ah & Ma, Jee Hyun. (2015). Task Effectiveness and Word Learning in a Second Language Acquisition. *Studies in English Language & Literature*. 41(1), 313-336.

Choi, Sunhee. (2012). Effects of a web-based English learning program for Korean adults learners. *Studies in English Language & Literature*, 38(4), 368-377.

Chomsky, C.(1969). *The acquisition of syntax in children from 5 to 10*. Oxford, England: The MIT Press.

Chomsky, N. (1968). *Language and mind.* New York: Harcourt Brace Jovanovich.

Chomsky, N. (1981). *Lectures on government and binding*. Dordrecht: Foris.

Christison, M. (2005). *Multiple intelligences and language learning: A guidebook of theory, activities, inventories, and resources*. San Francisco, CA: Alta Bank Center Publishers.

Clark, E. V. (1990). On the pragmatics of contrast. *Journal of child Language*, 17, 417-431.

Cohen, A., & Aphek, E. (1981). Easifying second language learning. *Studies in Second Language Acquisition,* 3, 221-236.

Corder, S. (1971). Idiosyncratic dialects and error analysis. *International Review of Applied Linguistics*, 9, 147-159.

Crago, M. (1992). Communicative interaction and second language acquisition: An Inuit example. *TESOL Quarterly*, 26(3), 487-505.

Creswell, J. W. (2013). *Qualitative inquiry and research design: Choosing among five approaches*. Los Angeles: Sage.

Crookes, G., & Schmidt, R. (1991). Motivation: Reopening the research agenda. *Language Learning*, 41, 469-512.

Cummins, J. (1983). Language proficiency and academic achievement. In J. Oller (Ed.), *Issues in language testing research* (pp. 108-129). Rowley, MA: Newbury House.

de Villiers, J. G., & de Villiers, P. A. (1973). A cross-sectional study of the acquisition of grammatical morphemes. *Journal of Psycholinguistics Research*, 2(3), 267-278.

DeCock, S. (2011). Preferred patterns of use of positive and negative evaluative adjectives in native and learner speech: An ELT perspective. In A. Frankenberg-Garcia, L. Flowerdew, & G. Aston (Eds.), *New trends in corpora and language learning* (pp. 198-212). London: Continuum.

DeKeyser, R. (2000). The robustness of critical effects in second language acquisition. *Studies in Second Language Acquisition*, 22(4), 493-533.

DeKeyser, R. (2003). Implicit and explicit learning. In C. Doughty & M. Long (Eds.), *The handbook of second language acquisition* (pp. 313-347). Malden, MA: Blackwell.

Donato, R. (1994). Collective scaffolding in second language learning. In J. P. Lantolf and G. Appel (Eds.), *Vygotskian approaches to second language research*. Norwood, NJ: Ablex Publishing Corporation, 33-56.

Dörnyei, Z. (1998). Motivation in second and foreign language learning. *Language Teaching*, 31, 117-135.

Dörnyei, Z. (2005). The L2 motivational system. In Z. Dörnyei & E. Ushioda (Eds.), *Motivation, language identities and the L2 self* (pp. 9-42). Bristol, UK: Multilingual Matters.

Dörnyei, Z., Csizer, K., & Nemeth, N. (2006). *Motivation, language attitudes and globalization: A Hungarian Perspective*. Clevedon: Multilingual Matters.

Dörnyei, Z., & Skehan, P. (2003). Individual differences in second language learning. In C. J. Doughty & M. H. Long (Eds.), *The handbook of second language acquisition* (pp. 589-630). Oxford: Blackwell.

Dörnyei, Z., & Ushioda, E. (2009). *Motivation, language identities and the L2 self*. Bristol, UK: Multilingual Matters.

Doughty, C. (1991). Second language acquisition does not make a difference: Evidence from an empirical study of SL relativization. *Studies in Second Language Acquisition*, 13, 431-469.

Doughty, C., & Williams, J. (1998). Pedagogical choices in focus on form. In C. Doughty & J. Williams (Eds.), *Focus on form in classroom second language acquisition* (pp. 197-261). Cambridge: Cambridge University Press.

Dulay, H., & Burt, M. (1973). Should we teach children syntax? *Language Learning*, 23, 245-258.

Dulay, H., & Burt, M. (1974). A new perspective on the creative construction process in child second language acquisition. *Language Learning*, 24(2), 253-277.

Dulay, H., Burt, M., & Krashen, S. (1982). *Language two*. New York: Oxford University Press.

Eckerth, J., & Tavakoli, P. (2012). The effects of word exposure frequency and elaboration of word processing on incidental L2 vocabulary acquisition through reading. *Language Teaching Research*, 16, 227-252.

Eckman, F. (1977). Markedness and the contrastive analysis hypothesis. *Language Learning*, 27(2), 315-330.

Eckmam, F., Bell, L., & Nelson, D. (1988). On the generalization of relative clause instruction in the acquisition of English as a second language. *Applied Linguistics*, 9(1), 1-20.

Ellis, N. C. (2005). At the interface: How explicit knowledge affects implicit language learning. *Studies in Second Language Acquisition*, 27, 305-352.

Ellis, N., & Schmidt, R. (1997). Morphology and longer distance dependencies: laboratory research illuminating the A in SLA. *Studies in Second Language Acquisition*, 19, 145-171.

Ellis, R. (1985). *Understanding second language acquisition*. Oxford: Oxford University Press.

Ellis, R. (1988). The role of practice in classroom language learning. *AILA Review*, 5, 20-39.

Ellis, R. (1990). *Instructed second language acquisition*. Cambridge, MA.: Basil Blackwell.

Ellis, R. (1996). *The study of second language acquisition*. Oxford: Oxford University Press.

Ellis, R. (1997). *Second language acquisition*. Oxford: Oxford University Press.

Erhman, M., & Oxford, R. (1989). Effects of sex differences, career, choice, and psychological type on adult language learning strategies. *Modern Language Journal,* 73, 1-13.

Felix, S. (1981). The effect of formal instruction on second language acquisition. *Language Learning*, 31, 87-112.

Felix, S. (1985). More evidence on competing cognitive systems. *Second Language Research*, 1, 47-72.

Fernald, A., & Morikawa, H. (1993). Common themes and cultural variations on Japanese and American mothers' speech to infants. *Child Development*, 64, 637-656.

Flose, S. K. (2006). The effect of type of written exercises on L2 vocabulary retention. *TESOL Quarterly*, 40, 273-293.

Flynn, S. (1987). *A parameter-setting model of L2 acquisition*. Dordrecht, The Netherlands: Reidel.

Fotos, S. (1994). Integrating grammar instruction and communicative language use through grammar consciousness-raising tasks. *TESOL Quarterly*, 28, 323-351.

Gallaway, C., & Richards, B. J. (1994). *Input and interaction in language acquisition*. Cambridge: Cambridge University Press.

Gardner, H. (1993). *Multiple Intelligences: The theory in practice*. New York: Basic Books.

Gardner, R. C. 7 Lambert, W. E. (1972). *Attitudes and motivation in second language learning*. Rowley, MA: Newbury House.

Gass, S. (1979). Language transfer and universal grammatical relations. *Language Learning*, 29(2), 327-343.

Gass, S. (1997). *Input, interaction, and second language acquisitio*n. Mahwah, NJ: Lawrence Erlbaum.

Gass, S., Behney, J., & Plosky, L. (2013). *Second language acquisition.* New York: Routledge.

Gass, S., & Varonis, M. (1994). Input, interaction, and second language production. *Studies in Second Language Acquisition*, 16, 283-302.

Genesee, F. (1976). The role of intelligence in second language learning. *Language Learning*, 26 (2), 267-280.

Genesee, F., & Hamayan, E. (1980). Individual differences in second language learning. *Applied Psycholinguistics*, 1, 95-110.

Gleason, J. (2005). *The development of language*. London: Allyn and Bacon and Longman Publishers.

Glesne, C., & Peshkin, A. (1992). *Becoming qualitative researchers*. New York: Longman.

Goo, J., & Mackey, A. (2013). The case against the case against recasts. *Studies in Second Language Acquisition*, 35, 127-165.

Hakuta, K (1974a). A preliminary report on the development of grammatical morphemes in a Japanese girl learning English as a second language. *Working Papers in Bilingualism*, 3, 18-43.

Hakuta, K. (1974b). Prefabricated patterns and the emergence of structure in second language learning. *Language Learning*, 24, 287-297.

Hakuta, K. (1976). Becoming bilingual: A case study of a Japanese child learning English. *Language Learning*, 26, 321-351.

Hammerly, H. (1982). *Synthesis in second language teach: An introduction to languistics*. Blaine, Wash.: Second Language Publications.

Harley, B. (1986). *Age in second language acquisition*. Clevedon: Multilingual Matters.

Hatch, E. (1978). Acquisition of syntax in a second language. In J. Richards (Ed.), *Understanding second and foreign language learning* (pp. 34-70). Rowley, MA: Newbury House.

Heath, S. B. (1983). *Ways with words*. Cambridge; Cambridge University Press.

Higgins, E. T. (1987). Self-discrepancy: A theory relating self and affect. *Psychological Review*, 20(2), 29-70.

Higgs, T., & Clifford, R. (1982). *The push toward communication*. In Higgs(Ed.), Curriculum, competence and the foreign language teacher. Skokie, Illinois: National textbook Company.

Howitz, E., Horwitz, M., & Cope, J. (1986). Foreign language classroom anxiety. *Modern Language Journal*, 70, 125-132.

Huebner, T. (1983). *A longitudinal analysis of the acquisition of English*. Ann Arbor, MI: Karoma.

Hulstijn, J. (2005). Theoretical and empirical issues in the study of implicit and explicit second language learning: Introduction. *Studies in Second Language Acquisition*, 27, 129-140.

Hyltenstam, K. (1984). The use of typological markedness conditions as predictors in second language acquisition: The case of pronominal copies in relative clauses. In R. Andersen (Ed.), *Second language: A crosslinguistic perspective*. Rowley, Mass.: Newbury House.

Izumi, S. (2002). Output, input enhancement, and the noticing hypothesis: an experimental study on ESL relativization. *Studies in Second Language Acquisition*, 24(4), 541-577.

Jia, G., & Aaronson, A. (2003). A longitudinal study of Chines children and adolescents learning English in the United States. *Applied psycholinguistics*, 24, 131-161.

Jia, G., & Fuse, A. (2007). Acquisition of English grammatical morphology by native Mandarin-speaking children and adolescents: Age-related differences. Journal of Speech. *Language and Hearing Research*, 50, 1280-1299.

Johnson, J., & Newport, E. (1989). Critical period effects in second language learning: The influence of maturational state on the acquisition of English as a second language. *Cognitive Psychology*, 21(1), 60-99.

Jourdenais, R., Ota, M., Stauffer, S., Boyson, B., & Doughty, C. (1995). Does textual enhancement promote noticing? A think-aloud protocol analysis. In R. Schmidt (Ed.), *Attention and awareness in foreign language learning* (pp. 183-216). Honolulu, HI: University of Hawaii Press.

Ju, Min Kyong. (1997). Overpassivization errors of Korean second language learners of English. Paper presented at the Second Language Research Forum, East Lansing, MI.

Kasper, G., & Rose, K. R. (2002). Pragmatic development in a second language. *Language Learning*, 52, Supplement 1.

Kearsley, G. (1976). Questions and question-asking in verbal discourse: a cross-disciplinary review. *Journal of Psycholinguistic Research*, 5, 355-375.

Keenan, E., & Comrie, B. (1977). Noun phrase accessibility and universal grammar. *Linguistic Inquiry*, 8, 63-99.

Kim, Hui Sook. (1987). *Typological approach to language universals and language transfer in second language acquisition*. Seoul: Hanshin Publishing Co.

Kim, K. H. S., Relkin, N. R., Lee, K.-L., & Hirsch, J. (1997). Distinct cortical areas associated with native and second language. *Nature*, 388, 171-174.

Kim, Shin-hye & Edwards, Peter. (2005). Willingness to communicate among Korean learner of English. *Studies in Modern Grammar, 42,* 217-236.

Kim, Tae-Young. (2009). The dynamics of L2 self and L2 learning motivation: A qualitative case study of Korean ESL students. *English Teaching, 64*, 133-154.

Kim, Tae-Young. (2010). Ideal L2 self and sensatization in L2 motivation: A case study of two Korean ESL students. *Korean Journal of English Language and Linguistics, 10*, 321-351.

Kim, Tae-Young. (2012). The L2 motivational self system of Korean EFL students: Cross-grade survey analysis. *English Teaching, 67*, 29-56.

Kim, Y. J. (2008). The role of task-induced involvement and learner proficiency in L2 vocabulary acquisition. *Language Learning*, *58*(2), 285-325.

Knight, S. M. (1994). Dictionary use while reading: The effects on comprehension and vocabulary acquisition for students of different verbal abilities. *The Modern Language Journal*, 78(3), 285-299.

Krashen, S. (1982). *Principles and practice in second language acquisition.* London: Pergamon.

Krashen, S. (1985). *The input hypothesis: Issues and implications*. Harlow: Longman.

Krashen, S., & Terrel, T. (1983). *The natural approach*. Hayward, CA: Alemany Press.

Kwon, Y.-E., & Lee, E.-J. (2014). Lexical bundles in the Korean EFL teacher talk corpus: A comparison between native and non-native English teachers. *Asia TEFL*, 11(3), 73-103.

Lado, R. (1957). *Linguistic across cultures*. Ann Arbor: University of Michigan Press.

Lantolf, J. P. (2000). Second language learning as a mediated process. *Language*

Teaching, 33, 79-96.

Lantolf, J. P., & Genung, P. B. (2002). I'd rather switch than fight: An activity theoretic study of power, success, and failure in a foreign language. In C. Kramsch (Ed.), *Language acquisition and language socialization: Ecological perspectives* (pp. 175-196). London: Continuum.

Larsen-Freeman, D. (2001). Teaching grammar. In M. Celce-Murcia (Ed.), *Teaching English as a second or foreign language*. Boston: Heinle & Heinle.

Laufer, B., & Hulstijin, J. (2001). Incidental vocabulary acquisition in a second language: The construct of task-induced involvement. *Applied Linguistics*, 23, 1-26.

Leeman, J. (2003). Recasts and second language development: beyond negative evidence. *Studies in Second Language Acquisition*, 25, 37-64.

Leow, R. (1997). The effects of input enhancement and text length on adult L2 readers' comprehension and intake in second language acquisition. *Applied Language Learning*, 8, 151-182.

Lightbown, P. M. (1983). Exploring relationships between developmental and instructional sequences in L2 acquisition. In H. Seliger & M. H. Long (Eds.), *Classroom oriented research in second language acquisition* (pp. 217-243). Rowley, MA: Newbury House.

Lightbown, P., & Spada, N. (2006). *How languages are learned*. Oxford: Oxford University Press.

Long, M. (1980). *Input, interaction and second language acquisition*. University of California, Los Angeles, PhD dissertation.

Long, M. (1983). Linguistic and conversational adjustments to non-native speakers. *Studies in Second Language Acquisition*, 5, 177-194.

Long, M. (1991). Focus on form: A design feature in language teaching methodology. In K. de Bot, D. Coste, R. Ginsberg, & C. Kramsch (Eds.), *Foreign language research in cross-cultural perspectives* (pp. 39-52) Amsterdam: John Benjamins.

Long, M. (1996). The role of the linguistic environment in second language acquisition. In W. C. Ritchie & T. K. Bhatia (Eds.), *Handbook of language acquisition: Vol. 2. Second language acquisition* (pp. 413-468). New York:

Academic.

Long, M. (2003). Recasts in SLA: The story so far. Paper presented at the Second Language Lecture Series at Michigan State University.

Long, M., Adams, L., Mclean, M., & Castanos, F. (1976). *Doing things with words: Verbal interaction in lockstep and small group classroom situations*. In Franselow & Crymes (Eds.), *On TESOL '76* (pp. 137-153). Washington. D. C.: TESOL.

Long, M., & Crookes, G. (1987). Intervention points in second language classroom processes. In Das (Ed.), *Patterns of classroom interaction* (pp.177-203). Singapore: SEAMEO Regional Language Center.

Long, M., & Porter, P. (1985). Group work, interlanguage talk, and second language acquisition. *TESOL Quarterly*, 19, 207-228.

Long, M. H., & Robinson, P. (1998). Focus on form: theory, research, and practice. In C. Doughty & J. Williams (Eds.), *Focus on form in classroom second language acquisition* (pp. 15-41). Cambridge: Cambridge University Press.

Lu, X. (2010). Automatic analysis of syntactic complexity in second language writing. *International Journal of Corpus Linguistics*, 15(4), 474-496.

Lukmani, Y. (1972). Motivation to learn and language proficiency. *Language Learning*, 22, 261-274.

Luppescu, S., & Day, R. (1993). Reading, dictionaries and vocabulary learning. *Language Learning*, 43(2), 263-287.

Lyster, R., & Ranta, L. (1997). Corrective feedback and learner uptake: Negotiation of form in communicative classrooms. *Studies in Second Language Acquisition*, 19(1), 37-61.

MacIntyre, P. D., Baker, S. C., Clément, R., & Conrod, S. (2001). Willingness to communicate, social support, and language-learning orientation of immersion students. *Studies in Second Language Acquisition*, 23, 36-388.

MacIntyre, P. D., & Charos, C. (1996). Personality, attitudes and affect as predictors for second language communication. *Journal of Language and Social Psychology*, 15, 3-26.

Mackey, A., Gass, S., & McDonough, K. (2000). How do learners perceive implicit negative feedback? *Studies in Second Language Acquisition*, 21, 557-588.

Mackey, A., & Oliver, R. (2002). Interaction feedback and children's L2 development. *System*, 30, 459-477.

Mackey, A., & Philp, J. (1998). Conversational interaction and second language development: recasts, responses and red herrings? *Modern Language Journal*, 82, 338-356.

MacWhinney, B. (2015). Language emergency. In B. Macwhinney & W. O'Grady (Eds.), *The Handbook of Language Emergence* (pp. 1-31), Malden, Ma: Whley Blackwell.

MacWhinney, B., Bates, E., & Kliegl, R. (1984). Cue validity and sentence interpretation in English, German, and Italian. *Journal of Verbal Learning and Behavior*, 23, 127-150.

MacWhinney, B. & O'Grady, W. (2015). *The handbook of language emergence.* Malden, MA: Whley Blackwell.

Marcus, H. R., & Nurius, P. (1986). Possible selves. *American Psychologist*, 41,

McDonough, K,. & Mackey, A. (2006). Responses to recasts: repetition, primed production, and linguistic development. *Language Learning*, 56(4), 693-720.

McLaughlin, B. (1987). *Theories of second language learning*. London: Edward Arnold.

McLaughlin, B., Rossam, T., & McLeod, B. (1983). Second language learning: An information-processing perspective. *Language Learning, 36*, 109-123.

Mercer, N. (1995). *The guided construction of knowledge*. Clevedon: Multilingual Matters.

Michael, E. B., Keller, T. A., Carpenter, P. A., & Just, M. A. (2001). fMRI investigation of sentence comprehension by eye and by ear: Modality fingerprints on cognitive processes. *Human Brain Mapping*, 13(4), 239-252.

Mihaljevic Djigunovic, J., & Vilke, M. (2000). Eight years after: wishful thinking versus facts of life. In J. Moon & M. Nikolov (Eds.), *Research into teaching English to young learners* (pp. 75-89). Hungary: University of Pecs Press.

Mitchell, R., & Myles, F. (2004). *Second language learning theories*. London: Hodder Arnold.

Monõz, C. (2006). The effects of age on foreign language learning: The BAF project. In C. Monoz(Ed.), *Age and rate of foreign language learning* (pp. 1-40). Clevedon: Multilingual Matters.

Naiman, N., Fröhlich, M., Stern, H. H., & Todesco, A. (1978). *The good language learner*. Toronto: Ontario Institute for Studies in Education.

Nassaji, H., & Cumming, A. (2000). What's in a ZPD? A case study of a young ESL student and teacher interacting through dialogue journals. *Language Teaching Research*, 4(2), 95-121.

Natalicio, D., & Natalicio, L. (1971). A comparative study of English pluralization by native and non-native English speakers. *Child Development*, 42, 1302.

Nation, P. (2001). *Learning vocabulary in another language*. Cambridge: Cambridge University Press.

Nemser, W. (1971). Approximative systems of foreign language learners. *International Review of Applied Linguistics*, 9, 115-123.

No, Gyunghee & Chung, Taegoo. (2006). Multiple effects and the learnability of English unaccusatives. *English Teaching*, 61(1), 19-40.

Nobuyoshi, J., & Ellis, R. (1993). Focused communication tasks. *English Language Teaching Journal*, 47, 203-210.

Norris, J., & Ortega, L. (2000). Effectiveness of L2 instruction: A research synthesis and quantitative meta-analysis. *Language Learning*, 50, 417-528.

Norton, P. B. (1995). Social identity, investment, and language learning. *TESOL Quarterly*, 29(1), 9-31.

O'Grady, O., Kwak, H.-Y., Lee, O.-S., & Lee, M. (2011). An emergentist perspective on heritage language acquisition. *Studies in Second Language Acquisition*, 33, 223-245.

O'Malley, J. M., & Chamot, A. (1990). *Learning strategies in second language acquisition*. Cambridge: Cambridge University Press.

O'Malley, J. M., Chamot, A., & Kupper, L. (1989). Listening comprehension strategies in second language acquisition. *Applied Linguistics*, 10, 418-437.

Ohta, A. S. (2001). *Second language acquisition process in the classroom: Learning Japanese*. Mahwah, NJ: Lawrence Erlbaum.

Oishi, H., & Kinoshita, T. (2003). Cortical activation patterns in listening:

Reading as revealed by optical topography. A paper presented at annual conference of American Association of Applied Linguistics. Arlington, Virginia, USA.

Oliver, R. (1995). Negative feedback in child NS-NNS conversation. *Studies in Second Language Acquisition*, 17, 459-481.

Oshima-Takane, Y., Goodz, E., & Derevensky, J. L. (1996). Birth order effects on early language development: Do second born children learn from overheard speech? *Child Development*, 67(2), 621-634.

Oshita, H. (2000). What is happened may not be what appears to be happening: a corpus study of 'passive' unaccusatives in L2 English. *Second Language Research*, 16(4), 293-324.

Oxford, R. (1990). *Language learning strategies: what every teacher should know*. New York: Newbury House.

Oyama, S. (1976). A sensitive period for the acquisition of non-native phonological system. *Journal of Psycholinguistic Research*, 5, 261-285.

Paribakht, T., & Wesche, M. (1993). Reading comprehension and second langauge development in a comprehension-based ESL program. *TESL Canada Journal*, 11, 9-29.

Park Hyangsook, Choi Sungmook & Lee Minho. (2012). Visual input enhancement, attention, grammar learning, & reading comprehension: An eye movement study. *English Teaching*, 67(4), 241-265.

Park, Hyesook & Lee, Ho Jung. (2013a). The relationships of WTC and motivation in Korean EFL learners' oral communicative competence. *Studies in English Language & Literature*, 39(1), 243-271.

Park, Hyesook. (2003). Korean EFL learner' development of L2 writing: With a special reference to strategy use. *Journal of PAAL*, 7(2), 299-313.

Park, Hyesook. (2004). The role of interaction in child L2 acquisition. *English Teaching*, 59(4), 217-237.

Park, Hyesook. (2005). Korean EFL learners' orientation, anxiety and English speaking performance. *Modern English Language & Literature*, 49(2), 241-262.

Park, Hyesook. (2010). An exploratory study of Korean English learners' identities. *Studies in English Language & Literature*, 36(4), 221-242.

Patkowski, M. (1980). The sensitive period for the acquisition of syntax in a second language. *Language Learning*, 30, 449-472.

Pavesi, M. (1984). The acquisition of relative clauses in a formal and in a informal setting: Further evidence in support of the markedness hypothesis. *Language Learning*, 33, 465-497.

Penfield, W., & Roberts, L. (1959). *Speech and brain mechanisms*. New York: Athenaeum.

Phakiti, A. (2003). A closer look at gender and strategy use in L2 reading. *Language Learning*, 53, 649-702.

Phillips, E. (1992). The effects of language anxiety on students' oral test performance and attitudes. *Modern Language Journal*, 76, 14-26.

Pica, T. (1983). Adult acquisition of English as a second language under different conditions. S*tudies in Second Language Acquisition*, 6, 186-214.

Pica, T. (1992). The textual outcomes of native speaker-non-native speaker negotiation: What do they reveal about second language learning. In Kramsch & McConnell-Ginet (Eds.), *Text and context: Cross-disciplinary perspectives on language study*. Lexington, Mass.: D. C. Heath and Company.

Pica, T. (1994). Research on negotiation: What does it reveal about second language learning conditions, processes, and outcomes? *Language Learning*, 44, 493-527.

Pienemann, M. (1984). Psychological constraints on the teachability of languages. *Studies in Second Language Acquisition*, 6, 186-214.

Pieneman, M. (1998). *Language processing and second language acquisition: Proccessability theory*. Amsterdam: John Benjamins.

Pienemann, M. (1999). *Language processing and second language development: Processability Theory.* Amsterdam: John Benjamins.

Pieneman, M. (2003). Language processing capacity. In C. J. Doughty & M. H. Long. (Eds.), *The handbook of second language acquisition* (pp. 679-714). Oxford: Blackwell Publishing.

Pienemann, M. (2007). Processability theory. In B. VanPatten & J. Williams

(Eds.), *Theories in second language acquisition: An introduction* (pp. 137-154). Mahwah, NJ: Lawrence Erlbaum Associates.

Pienemann, M., & Johnston, M. (1987). Factors influencing the development of language proficiency. In D. Nunan (Ed.), *Applying second language acquisition research* (pp. 45-141). Adelaide, Australia: National Curriculum Resorce Centre, AMEP.

Pienemann, M., Johnston, M., & Brindley, G. (1988). Constructing an acquisition-based procedure for second language assessment. *Studies in Second Language Acquisition*, 10(2), 217-243.

Pimsleur, P. (1966). *The Pimsleur Language Aptitude Battery*. New York: Harcourt, Brace, Jovanovic.

Prator, C. (1967). Hierarchy of difficulty. Unpublished classroom lecture, University of California, Los Angeles.

Puchta, H., & Rinvolucri, M. (2007). *Multiple intelligences in EFL: Exercises for secondary and adult students*. Cambridge: Cambridge University Press.

Qi, D. S., & Lapkin, S. (2001). Exploring the role of noticing in a three-stage second language writing task. *Journal of Second Language Writing*, 10(4), 277-303.

Ranta, L.(2002). The role of learners' language analytic ability in the communicative classroom. In P. Robinson (Ed.), *Individual differences and instructed language learning* (pp. 159-180). Amsterdam: John Benjamins.

Reber, A. S. (1993). *Implicit learning and tacit knowledge*. oxford: Clarendon.

Reid, J. M. (1993). *Teaching ESL writing*. Englewood Cliffs, NJ.: Regents/Prentice Hall.

Robinson, P. (1995). Learning simple and complex second language rules under implicit, incidental, rule-governed, and instructed conditions. *Studies in Second Language Acquisition*, 17, 27-67.

Rose, K. (2005). On the effects of instruction in second language pragmatics. *System*, 33, 385-399.

Rost, M., & Ross, S. (1991). Learner use of strategies interaction: Typology and predictability. *Language Learning*, 41, 235-273.

Rumelhart, D., & McClelland, J. (1986). On learning the past tense of English verbs. In J. McClelland & D. Rumelhart (Eds.), *Parallel distributed processing: Explorations in the microstructure of cognition. Vol. 2: Psychological and biological models*. Cambridge (pp. 216-271). MA: MIT Press.

Rutherford, W., & Sharwood Smith, M. (1988). *Grammar and second language teaching: A book of readings*. Rowley, Mass.: Newbury House.

Sachs, J., Bard, B., & Johnson, M. (1981). Language learning with restricted input: Case studies of two hearing children of deaf parents. *Applied Psycholinguistics*, 2(1), 33-54.

Schachter, J. (1974). An error in error analysis. *Language Learning*, 24(2), 205-214.

Schauer, G. A. (2007). Finding the right words in the study abroad context: Contrast and development. *Language Learning*, 56, 269-318.

Schieffelin, B. (1990). *The give and take of everyday life: Language Socialization of Kaluli children*. Cambridge; Cambridge University Press.

Schmidt, M. (1980). Coordinate structures and language universals in interlanguage. *Language Learning*, 30(2), 397-416.

Schmidt, R. (1983). Interaction, acculturation and the acquisition of communication competence. In N. Wolfson & E. Judd (Eds.), *Sociolinguistics and second language acquisition*. Rowley, Mass.: Newbury House.

Schmidt, R. (1990). The role of consciousness in second language learning. *Applied Linguistics*, 11, 129-158.

Schmitt, N. (1998). Tracking the incremental acquisition of second language vocabulary: A longitudinal study. *Language Learning*, 48, 281-317.

Schmitt, N. (2008). Instructed second language vocabulary learning. *Language Teaching Research*, 12(3), 329-363.

Schumann, J. (1979). The acquisition of English negation by speakers of Spanish: a review of the literature. In R. W. Andersen (Ed.), *The acquisition and use of Spanish and English as first and second languages*. Washington, DC: TESOL.

Schumann, J. (1980). The acquisition of English ralative clauses by second language learners. In Scarcella & Krashen (Eds.), *Research in second language acquisition*. Rowley, Mass.: Newbury House.

Scott, V. (1989). An empirical study of explicit and implicit teaching strategies in French. *The Modern Language Journal*, 73, 14-22.

Selinker, L. (1972). Interlanguage. *IRAL*, 10, 209-231.

Sharwood Smith, M. (1981). Consciousness-raising and the second language learner. *Applied Linguistics*, 2, 159-169.

Sharwood Smith, M. (1993). Input enhancement in instructed SLA: Theoretical bases. *Studies in Second Language Acquisition*, 15(2), 165-179.

Snow, C. (1995). Issues in the study of input: fine-tuning, universality, individual and developmental differences, and necessary causes. In P. Fletcher & B. MacWhinney (Eds.), *The handbook of child language* (pp. 180-193). Oxford: Blackwell.

Snow, C., & Hofnagel-Höhle. (1978a). Age differences in second language acquisition. In E. Hatch (Ed.), *Second language acquisition: A book of readings* (133-146). Rowley. MA: Newbury House.

Snow, C., & Hofnagel-Höhle. (1978b). The critical period for language acquisition: Evidence from second language learning. *Child Development*, 49, 1114-1128.

Song, M., & Suh, B. (2008). The effects of output task types on noticing and learning of the English last counterfactual conditional. *System*, 36(2), 295-312.

Spolsky, B. (1989). *Conditions for second language acquisition*. Oxford: Oxford University Press.

Stansfield, C., & Hansen, J. (1983). Field dependence-independence as a variable in second language cloze test performance. *TESOL Quarterly*, 17, 29-38.

Stenson, N. (1974). Induced errors. In J. Schumann & N. Stenson (Eds.), *New frontiers of second language learning*. Rowley, Mass.: Newbury House.

Stromswold, K., Caplan, D., Alpert, N., & Rauch, S. (1996). Localization of syntactic comprehension by positron emission tomography. *Brain and Language*, 52, 452-473.

Swain, M. (1985). Communicative competence: Some roles of comprehensible input and comprehensible output in its development. In S. Gass & C. Madden (Eds.), *Input in second language acquisition* (pp. 235-253). Rowley, MA: Newbury House.

Swain, M. (1995). Three functions of puput in second language learning. In G. Cook & B. Seidhofer (Eds.), *Principles and practice in applied linguistics; Studies in honour of Widdowson* (pp. 125-144). Oxford: Oxford University Press,

Swain, M. (2000). The ouput hypothesis and beyond: Mediating acquisition through collaborative dialogue. In J. Lantolf (Ed.), *Sociocultural theory and second language learning* (pp. 97-114). Oxford: Oxford University Press,

Swain, M., & Lapkin, S. (1998). Interaction and second language learning: two adolescent French immersion students working together. *The Modern Language Journal*, 82, 320-337.

Taguch, T., Magid, M., & Papi, M. (2009). The L2 motivational self system among Japanese, Chinese, and Iranian learners of English: a comparative study. In Z. Dörnyei & E. Ushioda (Eds.), *Motivation, language identities and the L2 self* (pp. 66-97). Bristol, UK: Multilingual Matters.

Takimoto, M. (2007). The effects of input-based tasks on the development of learners' pragmatic proficiency. *Applied Linguistics*, 26, 90-120.

Tarone, E., & Liu, G. (1995). Situational context, variation, and second language acquisition theory. In G. Cook & B. Seidlhofer (Eds.), *Principle and practice in applied linguistics* (pp. 107-124). Oxford: Oxford University Press.

Thornbury, S. (2000). How to teach grammar. White Plains, NY: Pearson Education.

Tomasello, M., & Herron, C. (1988). Down the garden path: Inducing and correcting overgeneralization errors in the foreign language classroom. *Applied Linguistics*, 9(3), 237-246.

Tomasello, M., & Herron, C. (1989). Feedback for language transfer errors: The garden path technique. *Studies in second Language Acquisition*, 11(4), 384-395.

Trahey, M., & White, L. (1993). Positive evidence and preemption in the second language classroom. *Studies in Second Language Acquisition*, 15(2),

181-204.

Turnbull, M., Lapkin, S., Hart, D., & Swain, M. (1998). Time on task and immersion graduates' French proficiency. In S. Lapkin (Ed.), *French second language education in Canada: Empirical studies* (pp. 31-55). Toronto: University of toronto Press.

Uggen, M. (2012). Reinvestigating the noticing function of output. *Language Learning*, 62(2), 506-540.

Vandergrift, L. (2003). Orchestrating strategy use: Toward a model of the skilled L2 listener. *Language Learning*, 53, 461-494.

VanPatten, B., & Cadierno, T. (1993). Explicit instruction and Input processing. *Studies in Second Language Acquisition*, 15(2), 225-243.

VanPatten, B., & Oikkenon, S. (1996). Explanation versus structural input in processing instruction. *Studies in Second Language Acquisition*, 18, 495-510.

Vygotsky, L. S. (1987). *The collected works of L.S. Vygotsky: Volume 1. thinking and speaking.* New York, NY: Norton.

Wagner-Gough, J. (1975). Comparative studies in second language learning. *CAL-ERIC/CLL Series on Language and linguistics*, 26.

Wajnry, R. (1990). *Grammar dictation.* Oxford: Oxford University Press.

Waring, R., & Takaki, M. (2003). At what rate do learners learn and retain new vocabulary from reading a graded reader? *Reading in a Foreign Language*, 15(2), 130-163.

Webb, S. (2007). The effects of repetition on vocabulary knowledge. *Applied Linguistics*, 28(1), 46-65.

Weber-Fox, C., & Nerville, H. (1999). Functional neural subsystems are differentially affected by delays in second language immersion: ERP and behavioral evidence in bilinguals. In D. Birdson (Ed.), *Second language acquisition and the critical period hypothesis* (pp. 22-38). Mahwah, NJ: Lawrence Erlbaum.

Weinreich, U. (1953). *Languages in contact: findings and problems.* The Hague: Mouton.

Wells. G. (1999). *Dialogic inquiry: toward a sociocultural practice and theory of education.* Cambridge: Cambridge University Press.

White, L. (1988). Implications of learnability theories for second language learning and teaching. Presented at TESOL, Chicago.

White, M. (1992). Teacher questions-form, function, and interaction: a study of two teachers. Unpublished paper, Tokyo: Temple University, Japan.

Whitman, R., & Jackson, K. (1972). The unpredictability of contrastive analysis. *Language Learning*, 22, 29-41.

Wode, H. (1978). Developmental sequences in naturalistic L2 acquisition. In E. M. Hatch (Ed.), *Second language acquisition: A book of readings* (pp. 101-117). Rowley, MA: Newbury House.

Wolfe-Quintero, K., Inagaki, S., & Kim, H.-Y. (1998). *Second language development in writing: Measures of fluency, accuracy & complexity*. Honolulu, HI: University of Hawaii Press.

Wood, D., Bruner, J., & Ross, G. (1976). The role of tutoring in problem sloving. *Journal of Child Psychology and Psychiatry*, 17, 89-100.

Yashima, T. (2002). Willingness to communicate in a second language: The Japanese EFL context. *The Modern Language Journal*, 86, 54-66.

Yip. V. (1994). Grammatical consciousness-raising and learnability. In T. Odlin (Ed.), *Perspectives on pedagogical grammar* (pp. 123-138). Cambridge: Cambridge University Press.

Yu, M.-C. (2004). Interlinguistic variation and similarity in second language speech act behavior. *The Modern Language Journal*, 88, 102-119.

Yule, G., & McDonald, D. (1990). Resolving referential conflicts in L2 interaction: the effect of proficiency and interactive role. *Language Learning*, 40, 539-556.

Zimmerman, C. B. (2009). *Word knowledge: A vocabulary teacher's handbook*. Oxford: Oxford University Press.

Zoble, H. (1983). Markedness and projection problem. *Language Learning*, 33(3), 293-313.

Zoble, H. (1989). Canonical typological structures and ergativity in English L2 acquisition. In S. Gass & J. Schachter (Eds.), *Linguistic perspectives on second language acquisition* (pp. 203-221). New York: Cambridge University Press.

■ 찾아보기

(ㄷ)

(ㅁ)

(ㅂ)

(ㅈ)

(ㅊ)

(ㅋ)

(ㅌ)

제2언어로서의 **영어 습득의 이론과 실제**

1판1쇄 발행 2016년 9월 20일

지 은 이 박 혜 숙
펴 낸 이 김 진 수
펴 낸 곳 **한국문화사**
등 록 1991년 11월 9일 제2-1276호
주 소 서울특별시 성동구 광나루로 130 서울숲 IT캐슬 1310호
전 화 02-464-7708
전 송 02-499-0846
이 메 일 hkm7708@hanmail.net
홈페이지 www.hankookmunhwasa.co.kr

책값은 뒤표지에 있습니다.

잘못된 책은 구매처에서 바꾸어 드립니다.

ISBN 978-89-6817-397-4 93740

이 도서의 국립중앙도서관 출판예정도서목록(CIP)은 서지정보유통지원시스템 홈페이지(http://seoji.nl.go.kr)와 국가자료공동목록시스템(http://www.nl.go.kr/kolisnet)에서 이용하실 수 있습니다.(CIP제어번호: CIP2016020900)